W　I　Z　A　R　D

財産を失っても、自殺しないですむ方法

マーク・リッチーのトレーディングバイブル

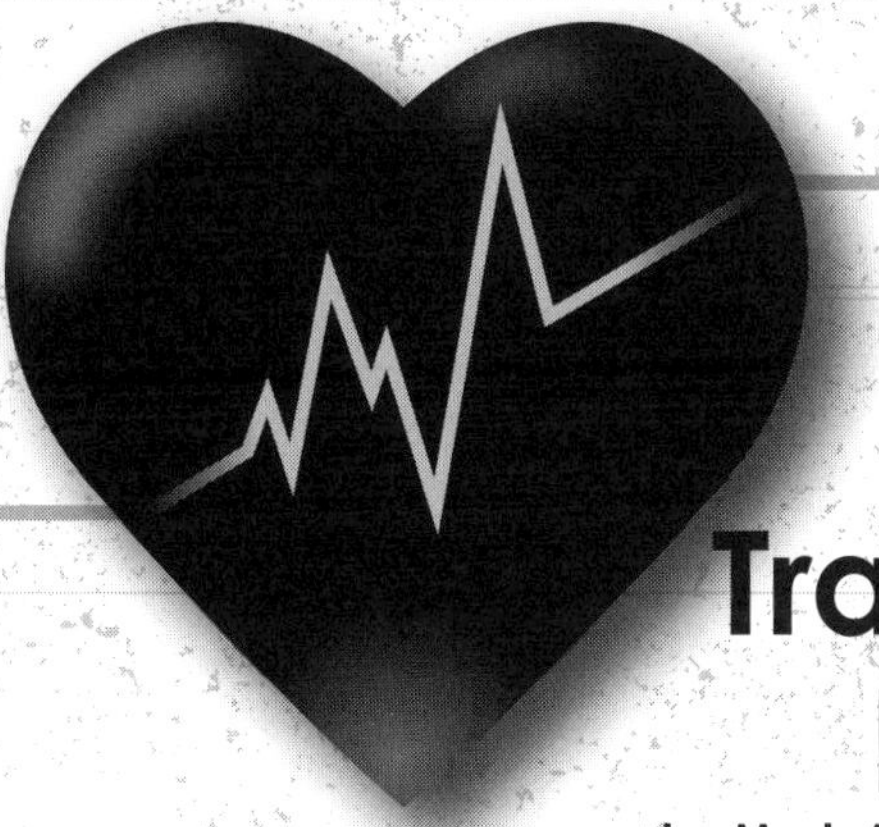

My Trading Bible

by Mark Andrew Ritchie

マーク・リッチー［著］

長岡半太郎［監修］　山口雅裕［訳］

Pan Rolling

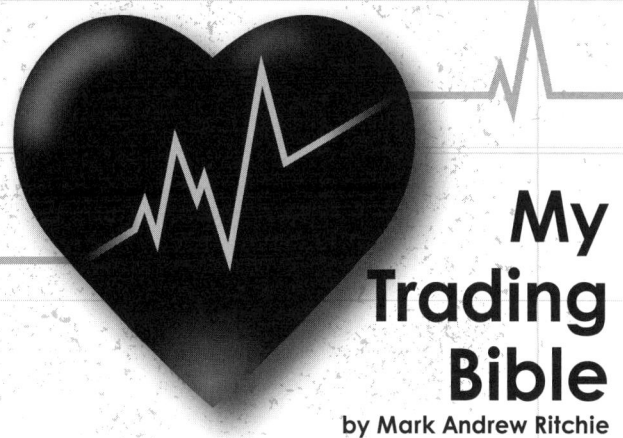

My Trading Bible
by Mark Andrew Ritchie

Japanese translation rights arranged with Island Lake Press
through Japan UNI Agency, Inc., Tokyo

【免責事項】

仮想上あるいはシミュレーションされたパフォーマンスの結果には固有の限界があります。実際の運用成績の記録とは異なり、シミュレーションによる結果は実際のトレード結果を表しません。また、トレードは実際に執行されていないため、その結果は流動性の不足のような市場の影響を十分に取り除いていないか、過度に取り除いている可能性があります。さらに、プログラムによるシミュレーションは一般に、過去を振り返って設計されるという前提があります。いかなる口座でも、本書で示されたことと同様の利益または損失を生じる可能性が高いという表明をするものではありません。

商品のトレードでは、利益が出るという保証はありません。損失が実際に発生することもあります。ほかの投資と同様に、読者は自分が商品先物をトレードするのにふさわしいか、また投資した資金をすべて失うリスクを負えるかを慎重に検討する必要があります。本書で示された理論、システム、手法あるいは指標によって、利益を出せるとも損失が発生しないとも考えるべきではありません。

本書に含まれる情報は信頼できると考えられる情報源によるものですが、正確さや完全性を保証するものではなく、予告なく変更されることもあります。どのトレード手法を使用する場合でも、そのリスクは使用者が負うものとします。

監修者まえがき

本書はジャック・シュワッガーのインタビュー集である『**新マーケットの魔術師――米トップトレーダーたちが語る成功の秘密**』（パンローリング）に取り上げられたマーケットウィザードのひとり、マーク・リッチーの著した〝My Trading Bible〟の邦訳である。これはほかの投資関連書籍とは著しく異なっており、その特徴の一つは「安易にトレードなどするな」という主張が一貫して繰り返されている点である。

投機の一種であるトレードは特殊な世界である。これが投資であれば、対象資産が安定したキャッシュフローを生むものでありさえすれば、たとえそれを割高で購入したとしても長い間にはその失敗は経済的に癒されることになる。しかし、トレードにはそうした長期保有による救済は一切ない。だから、トレードは現実世界の事実のみに基づいて冷厳に行わなければならない。そこには個人の主義主張や信条やエゴといったものを差し挟む余地はない。もしそれらを捨てられないならば、初めからトレードはすべきではないのである。

著者はそれらの障害について、キリスト教のドグマによる原理主義的な考えや行動を例にとって警告を発しているが、客観的な科学を軽視し個人の経験による素朴概念やどこかの権威に弱い私たち日本人は、その忠告をより真摯に受け止めなければならないだろう。

一方で、リッチーが当初意図した原書のタイトルが「財産を失っても自殺しないですむ方法」であるように、彼は戒めだけではなく「聖杯」の章に強い希望も記している。一般にトレードでの失敗のほとんどは、売り買いの巧拙ではなくマネーマネジメントに原因がある。したがって、私たちはそれに留意するだけで限りなく成功に近づくことができる。この世界では「一〇〇%のトレーダーが儲けている」とリッチーが断言するのもまた真実なのである。

翻訳にあたっては以下の方々に感謝の意を表したい。まず山口雅裕氏には読みやすい翻訳をしていただいた。そして阿部達郎氏は丁寧な編集・校正を行っていただいた。また本書が発行の機会を得たのはパンローリング社社長の後藤康徳氏のおかげである。

二〇二一年一二月

長岡半太郎

目次

CONTENTS

はじめに

一言、説明させてもらいたい。この本はもともと、「ハウ・トゥ・ルーズ・ア・フォーチュン・アンド・アボイド・スアサイド（財産を失っても、自殺しないですむ方法）」というタイトルにしていた。そのせいで、タイトルを決める権利は自分たちにある、と出版社が私に言ってきた。また、内容の一部について方針が変わったのも同じ理由だ。そんなタイトルは耐えがたいという読者も多いと思うが、それを褒める人もいる。自殺を試みて死にかけた経験のある人で、「そろそろ、だれかが勇気を出してこの言葉をタイトルに使うときだ」と言ってきた人もいた。それでも、さんざんバカにされた揚げ句、このタイトルは退けられた。ところが、これが最初の章の見出しで使われていた。ああ、出版社には章の見出しも自由に変える権利があるのだ。売るためには、何らかの制約は避けられない。それが現実だ。しかし、投資の世界が厳しいものであることもまた現実だ。タイトルが何であれ、私がテーマを無視することはない。

この本を書くために、私はギャンブルをしていた時期を除いて、四〇年近くを振り返る必要があった。偶然にも、そして驚いたことに、私はトレードで勝つ人の分かりづらい特徴を見つけた可能性がある。今は聞かないでいただきたい。しかし、あなたの好奇心をほんの少しだけ満たして、勝つトレーダーの視点で考え始めてもらうために、トレードで負ける人の特徴が何かを先に言っておこう。それはトレードで勝つ人の特徴を今すぐに知って、残りの九つの章を読む手間を省きたいという衝動に駆られるタイプだ。申し訳ない。だが、包み隠さず正直に言ってしまうのは、トレードで勝つために欠かせない特徴の一つなのだ。

欠かせないと言えば、トレーダーであろうとなかろうと、助けてくれる人々がいると役に立つ。スティーブ・バン・ルーイはこの本を書くようにと言っただけでなく、完成させるための「仕事」もしてくれた。「次の章はどこにあるんですか？」という声は私の耳にしばらく響き続けるだろう。彼が頑張ってくれなかったら、この本は完成していなかった。

実を言うと、ルーイの励ましに突然、焦点を当てたのは、あるトレーダー仲間からセミナーで話をしてほしいと招待されたからだ。私はジム・プリンスには会ったことがなく、彼のトレードスタイルについても何も知らなかった。彼は私の本を自分の顧客たちに販売していて、好奇心が旺盛だった。そして、そのセミナーはシカゴで開催される予定だった。

私は彼に何の話をしてほしいのか尋ねた。彼は、「あなたの本は非常に役に立ち、手際よくまとめられていて、とても理論的でした。でも、公の場でその本について弁明しておく必要があります。つべこべ言わずに、やるのかやらないのか決めてください」と言った。いやいや、彼に確かめるのは待ってほしい。彼はそんな言い方はしなかった。正確には、「お越しいただいて、少し話をしていただけたら光栄です」と言った。しかし、私の耳には先ほどの「やるのか、やらないのか」という言葉が聞こえてきたのだ。多くの商品先物トレーダーは幻聴を経験する。私たちはできるかぎり、それらを無視しようとする。彼があとから、シカゴ・カブス球場のライトを見下ろせるシェフィールドアベニューの特別観覧席にも行くという情報を伝えてくると、即座に講演を引き受ける約束をした。

その週、私は聴衆の反応に衝撃を受けた。彼らは私の話した内容がほかの惑星に関するものであるかのような反応をしたのだ。「こんな話はこれまで聞いたことがない」というコメントはいろいろな解釈ができる。それが褒め言葉かどうかは読者に委ねよう。少なくとも、私はそれで仕事を進めるようにというルーイの催促を思い出したのだ。

そして、ほかにも助けてくれた人々がいた。テッド・ドリューは私を励まして、編集をし、表紙のさまざまな案を考え、完成まで私にあれこれと口を出した。あなたが私のような人間なら、何かを最後まで「やり終える」までぶっとばすことを恐れない友だちを作ったほうがよい。そして、ほかのみんなにも感謝する――まず、私の素晴らしい妻（第5章と裏表紙を参照）、最後の章を書いてくれたマーク・リッチー二世、批評と励ましをしてくれたピーター・ブラント、私のいとこのカート・フリー博士、マイク・フィッシャーとキャシー・フィッシャー、アネット・ロス、リック・コーデル、パメラ・スモザーマン、故ニール・クヌーセン、故ラリー・バーケット、ノーマン・ガイスラー教授、そして、長い年月がたっても私を鼓舞してくれる一九六六年の同級生たちに。

第1章

財産を失っても、自殺しないですむ方法

HOW TO LOSE A FORTUNE AND AVOID SUICIDE

私の妻は家の隣に六〇〇〇坪ほどの土地を買いたがった。実は、私たちは家の一方にすでに六〇〇〇坪ほどの土地を買っていた。だが、彼女は反対側にも土地を欲しがった。まあ、正直に言えば（正直さはこの本では疑いの目を向けられるだろう）、私もその土地がとても欲しかった。確かに、私が育ったところ（オレゴン州、テキサス州、アフガニスタン）ではどこでも、大金を払わなくても広々とした土地が手に入った。私たちは二～三年前に家を建てたので、湖に面した土地を売ってくれた土地開発業者のことは少し知っていた。その人から家の一方に六〇〇〇坪ほどの土地を買ったことがあるので、反対側も彼から買うつもりだった。私は不動産屋にこちらの希望する価格を伝えるように頼んだ。それに対して、開発業者は逆にとても高い価格を提示してきた。それはバカげていると思うほどの価格だった。だが、あなたもおそらく分かっているように、ある人にとってはバカげた価格でも、ほかの人にとってはそれだけの価値がある。とはいえ、価値は変わるものだ。これが初耳と言うのなら、あなたは手に取った本を間違えている。価値は時に素早く変わって、バカげているという言葉しか当てはまらないときもある。

それで、私が彼の逆提示を無視していると、数日のうちに値下げした価格を不動産屋に伝えてきた。話が面白くなってきた。私は彼の提示に対して、私が最初に出した希望購入価格よりもさらに安い価格を逆に提示した。すでに言ったように、相場は変わるものなのだ。それに、最近はうれしいことに、「この不動産の価値は絶対に下がりません」とは言わない不動産屋にときどき出会う。いずれにしろ、二〜三年もすれば、彼らはこの状況を悟ることになるだろう。

開発業者は私の引き下げた希望価格を受け入れなかった。彼は私が最初に出した価格に非常に近い数字を不動産屋に提示して、「あなたのマーク・リッチーという顧客はずる賢いユダヤ人だ」と付け加えた（この点について本書では繰り返し扱うことになるので、先にここで説明しておくほうがよいだろう。この業界から得られるものの一つは誇張する必要のない話だ。そこで読者から当然に出る疑問に答えて、私はこの話とこの会話の残りすべてが真実であるだけでなく、細かい点に至るまでまったく誇張していないと断言しておく）。

私は不動産屋に、「彼の提示した条件で取引をまとめて、私を褒めてくれた彼にお礼を言っておいてほしい」と言った。

さて、読者に対する私の目標はここにある。つまり、あなたがこんな褒め言葉に値するトレーダーになることだ（**教訓その一**　侮辱、そして褒め言葉もさまざまに解釈できる。

たとえ、意味を拡大解釈しなければならないにしても、褒め言葉の側面を見逃さないようにしてほしい。それでもうまくいかなければ、情報源を確認すればよい）。また、あなたは史上最も有名なユダヤ人が、私たちはヘビのように賢くハトのように素直であるべきだ、と教えたことを思い出すかもしれない。私の友人でクリスチャンの人たちは、ほとんどがハトを見習おうと精を出す。ハトを謙虚に見習える人には永遠の報酬がある、という説教は数え切れないほどなされてきた。一方、ヘビの神学のほうは空白のままだ。

　私はこの空白を埋めるつもりだ。私はキリストから一つのテーマを拝借しているが、そもそも私がこの本を書き始めたのは私の宗教上の確信のせいだ。このことは早いうちに伝えておくほうがよいだろう。書評誌のカーカス・レビューは私の最初の著書について、リッチーはポーカーでエースのフォーカードを持っているクリスチャンのように落ち着き払った自信を持っている、と書いた（これをどう解釈すればよいかは分からないが、私は褒め言葉はそのまま受け取るつもりだ）。これは真実ではないが、プロのトレーダーなら、トレードに必要なのは自信だということを疑う人はいない。ただし、その自信は適切なレベルでなければならない。私たちプロのトレーダーならだれでも、あるトレーダーの話をすることができる。彼はだれよりも自分に自信があり、勝てると確信していたトレードで負けた。そして、ポジションを手仕舞ったあと、相場は反転して、彼の予想どおりに動き始めた。

私たちはこの自信というテーマに何度も戻るだろう。しかし、まずは自分たちを四つのグループに分ける必要がある。その次に本を再び書いた理由や、「はじめに」についての詳しい内容を述べる。

四種類の読者

プロのトレーダー（五年続けて黒字で、トレードを一〇〇〇回はしている）

第4章に飛んでほしい（あなたは本の九五％は中身が薄く、五％しか中身がない本と見下していないだろうか？　しかも、その五％は不必要に高く評価されているかもしれない。だから、あなたがベテランのプロのトレーダーならば、「聖杯」か、自分にとってそれに近いものが何かを知るために、第4章に飛んでほしい。そうすれば、目的のものが読める）。あなたは第4章を、ひょっとすると第5章を読むためにこの本を買ったのだろう。だったら、すぐにそうしてほしい。注意を引くために、型破りだが、それを「聖杯」と呼ぶことにする。もっとも、私たちはみんな、この業界に聖杯などないと知っている。聖杯を探し求めるのは愚かで、時間の浪費である。それでも、私は譲らない。良いトレードに必要な基礎を築くために、ほかの中間段階の情報が知りたければ、いつでもここに戻ってくればよい。プロのトレーダーが最初の三章に何か新しいことを見つけたと言うのなら、私は絶句するだろう。だから、第4章に飛んで、ほかの人たちとはそこで会おう。私はこの基礎の部分を削るつもりはない。ここはトレードで成功するためには不可欠な部分だからだ。だが、あなたには必要ない。

セミプロのトレーダー（一年間は黒字で、トレードを一〇〇回は行っている）

プロのあとを急いで追いかけて、第4章と第5章にたどり着くために、自分に当てはまらない部分はどこでも飛ばしてかまわない。自分の実力よりも上のことを読んでいれば、それはすぐに分かるはずだ。ただし、いつでも進んでここに戻って、足りない部分を補ってほしい。

トレード初心者とトレードを始めたい人（自分のトレードの総資金を確認する必要はない。あなたは自分のことが分かっている）

私にはあなたが「トレードで利益が出せる仕掛けと手仕舞いのポイントを教えてくれ！あとは自分でなんとかするから」と言っているのが聞こえる。「あと」の部分はあなたが見落としているところだ。ここから読み続けて、どこも飛ばしてはならない（ＦＹＸの節を除く）。楽に儲けようとして読み飛ばすのが、失敗する（あるいは、「失敗した」）原因だ。あなたはすべてを読まなければならないし、脚注（編集部注　本書では脚注はすべてその箇所にカッコで挿入している）もなじみのあるテーマでないかぎり、勝手に無視してはならない。重要な項目のどれがテーマからわずかに外れているせいで脚注に回されているか、まったく分からないのだから（大変よろしい。さあ、読んでほしい。かつて、ある人が講演後に私に近寄ってきて、「あなたの話は十分に興味深いものでしたが、最も役に立ったのは付け足しの発言や、気の利いた冗談でした」と言った。まともな編集者は先に進むべき本文に、本題から外れたこうした話を入れるのを許さないだろう。脚注は著者と編集者との対立で編集者が時間を取られないようにするための妥協だ。彼らはおそらくこの文を削りたいと思うだろう。そして、これらを巻末の注にはできないと私が主張した理由もここにある。巻末の注は読者にとって、どうでもよい説明とみなされがちだからだ）。脚注も含めてすべてに目を通すのが、あなたがトレード業界に向いているかどうかを知る唯一の方法である。お金がなくなって、もうこれ以上は続けられないというときまでトレードをするつもりならば、ひどい目に遭って、ほかの人に八つ当たりし、この章で言わんとすることを証明することになる。また、「別の本を入手しよう」や「最初に戻ろう」という誘いを真剣に受け止めてほしい。あなたに必要なのは仕掛けと手仕舞いのポイントではないのだ。足りないのは体系的なゲームプランである。

FYX（クリスチャンのために）

実は、四番目はこれまでの三つのどれにでも当てはまる。つまり、クリスチャンだ。ここでは少しの間、不正確で性急な一般化をするが、許してもらいたい。あなたたちクリスチャン（私もその一人）は二つの陣営に分類される。

●一番目のグループ　聖書や「イエス様なら、どうなさるだろう？」などの美辞的な問いは食うか食われるかという資本主義世界には当てはまらない、と信じている人々。ビジネスはビジネスであり、利益が最優先される。たとえ聖職者でも、家族を養うために安値で買って高値で売る必要がある世界で競争せざるを得ない場合には、きっとこれに同意するだろう。野球で泣き言を言っても始まらないように、資本主義の世界で「屈辱に耐え忍ぶ」のは間違いなく無意味だ、と考える人々。

●二番目のグループ　すべての真実の主張を裏付けるために聖句を見たがる人。そこで、各章の最後に、ＦＹＸ（For You Christians、クリスチャンのために。Ｘに腹を立てないでほしい。ＸはＸｍａｓ［クリスマス］のように、ギリシャ語のＸｒｉｓｔｏｓ［キリスト、メシア］の略語としてずっと使われてきた）という節を設けた。やがて、一番目のグループの人々も資本主義、自由市場の企業、アダム・スミスの見えざる手が聖書の真実と極めて一貫していることが分かると信じている。実際、キリストが作った物語の多くはこれらの概念とまったく調和することが明らかになっている。あなたが一番目のグループに属するのなら、あせらずに待てばよい。

しかし、ほかの人々にとっては、これらの節は時間の無駄になる。私たちクリスチャンにはほかの人々にはない問題がある。それには利点もあるが、不利な点もある（これらは克服できないかもしれない）。私たちは、牧師たちが投機家に対して神経質で、疑いを抱いていると知って、苦労している。彼らはどのくらいの不正な富が献金皿に置かれるのを許容できるかについて対立している。あなたはすぐに何が言いたいのか分かるだろう。

初めに詳しく（もう一冊、本を書いた理由）

最初に、いくつか大切なことを説明させてほしい。そうすれば、この個人指導のおおよその方向性が分かるだろう。

プロとセミプロのトレーダーについては第4章に譲ったので、ここでは入門者向けのことを書いておきたい。読者が私に何を求めているかはだいたい想像はついている。買い場、売り場、それらに関連したフロアで知った耳寄り情報を教えてほしいのだと思う。私たちの仕事がそれほど単純なものだと思っているのなら、カクテルパーティーで知ったかぶりをする人の裏話を聞きすぎだ。そういう人はお金を無駄にしないで、ほかの本を読むことを勧める。

この本の代金のことではない。私の本を買ってくれたのは大変ありがたいが、それは大した金額ではない。私が言っているのは長年かけてためたお金のことだ。それが危険にさらされるのだ。だから、私の友人たちはトレードを勧めるようなことは書かないでほしい、と私に頼むのだ。かつて、トレードはやめておくようにという私のアドバイス（というよりも「暴言」）は無視された。だから今度は少なくとも、読者が何に直面しているかを正直に言うつもりだ。最初に、投資に関する本をもう一冊書いたことについて、説明と言い訳をさせてほしい。

どうして軽はずみにも本のタイトルに自殺という言葉を使おうとしたのか

ある日、州外の知らない牧師さんが電話をかけてきて、私の助手に「本当にリッチーさんと話をする必要があるのです」と伝えた。彼は牧師の少ない給料を補うためにトレードを始めた。どんなトレーダーでも、この話の結末は想像できる。彼は深刻な金銭問題に直面していた。彼の話をしばらく聞いて、私は言った。「まず、大事なことから。バカげたことはしないでください」

当然、彼は尋ねた。「例えば？」

「自分の命を絶つようなことです」。しばらく、意味深長な間があった。電話では、この間をどう解釈すればよいか、いつもちょっと迷う。

それから、「ああ。あなたはそのことも分かっておられるのですね」と言った。それで二人は打ち解けた。彼は分かったのだ、私が彼の苦境を理解したことを。彼はトレードで人生を台なしにした。私たちは彼の家族や教会やお金について話し合った。詳しく話す必要はない。彼の恥ずかしい過ち――後「知恵」で事実を冷静に振り返ると、なぜか愚かと分かる過ち――を言わなくても、トレーダーならだれでも分かる（トレードほど、後知恵のほうが賢くて、振り返ると簡単で破滅的だと分かる仕事はない。トレードで生涯にわたって問題を抱えている人が最近、私がしたことを「愚かだ」と言った。結末が分かるまで待ちさえすれば、あなたも他人に「愚かだ」と言えるだろう）。トレーダーがこの地点に達したときは、周りにとても心の広い人々がいることを願うしかない。

私の言いたいこと。表紙から第1章に移されても、私は軽はずみにタイトルを選んだわけではない（正直なところ、私はこのタイトルが出版の寸前まで検討されていたことに驚いている）。タイトルにするには個人的すぎるということは認めよう。しかし、このタイトルは、私たちの仕事には心に傷が残るほどのマイナス面もあることを伝えている。私はこの究極の選択肢を選んだ人を何人か知っている。それほどのことなので、私はこのテーマについて話したいのだ。私と同級生たちはどうすれば友人の自殺を食い止められたのだろうかと、過去数十年にわたって何度も考えてきた。当時、私たちは高校三年生だった。読者はおそらくリバモアの人生とトレードスタイルについてすでに知っているだろう。それは私のどのトレードも退屈に見えるほど派手だった。彼の未亡人は最初の四人の夫をすでにこのひどい病――軽々しくそう呼べるとするならば――で亡くしていた。ただし、読者が自殺したいと思い悩んでいるのならば、次の一四項目をじっくり読んでほしい。

あなたがこの苦しみ（自殺願望）を抱えているのならば、それはお金に関してだと思う。考えるべきことがいくつかある。いや、考えてはならない。これらを実行してほしい。そうすれば、立ち直れる。

一．詩編の一編を読んで、元気を出してほしい（それらはとても短く、どれも五〜一〇の文章でできている）。

二．物事を先延ばしにしがちな傾向を利用しよう。あなたはここまで先延ばしにしてきたのだ。もっと先延ばしにしてみよう。それは明日でもできる。このリストを読んだら、この本を読み終えるまで先延ばしにできる。実行する機会はいつでもある。ちょっと先延ばしにしよう。

三．神はあなたの人生の予定を立てている。自殺は神が予定していることではない。

四．あなたがこれをしているのは、後悔から逃れるためだ。これによって後悔が消えることはけっしてないが、新たな人生を歩み始めることはできる。

五．今の人生がすべてだと思っているのならば、明日までか、この本を読み終えるまで待っても、失うものは何もない。

六．これまでに受け取った最も素晴らしい贈り物を思い出そう。その贈り物も、あなたの命という贈り物に比べればささいなものだ。

七．これまでに最も感激したときを思い出そう。あなたはそんな感激のなかで命を授かったのだ。

八．このことについて、じっくりと考えてほしい。あなたが死んだあと、最初に行われるのはビデオの上映だ。そこにはあなたが生きていれば起きたであろう、あらゆる良いことが映し出されていて、悔やんでも悔やみ切れないだろう。生きていれば、とても多くの人の人生を豊かにできただろうに、自殺を実行しては「みじめな人生」と呼ばれるだろう。

九．あなたはドローダウン（大幅な落ち込み）の最中だ。私たちはみんな、それを何らかの形で経験している。あなたのドローダウンが感情、お金、精神のどれについてなのかは分からない。だが、それは重要ではない。重要なのは、そこからどうやって抜け出すかだ。私が保証しよう。明日になれば、あなたのドローダウンも違って見える。愚かなことをしなければならない場合は、明日まで待ってほしい。もっと良いのは、第4章と第5章を読み終えるまで待ってほしい。そうすれば、自分の現在の状況や、どうやってその状況に至ったのか、どうすれば将来それを避けることができるかを理解するのにきっと役立つ。

一〇．この本を読み続けてほしい。ここまで読んでくれて、ありがとう。読み続けてもらえれば、あなたの苦しみに対する答えがきっと見つかる。この著者は自分の苦しみについて何も知らないくせに、とあなたは思っているかもしれない。答えなんてない、と思っているだろう。保証しよう、答えはある。前の段落で、明日は違って見えると保証した。すべての苦しみには答えがある。

一一．詩編を読んで元気を出そう。

一二．助けを求めよう。あなたが今、受けている助けは特定の個人に向けたものではない。だが、あなたに必要なのは個人的な助けだ。例えば、次に示す提案のように。

一三．まだ、ポジションを維持しているのなら手仕舞おう。ここまで読んだのなら、残る問題はお金にかかわることのはずだ。損切りを手伝ってもらおう。損切りするのはいつでも難しい。必要なら、死にたいと思っていることを伝えよう。しかし、損切りはだれかにしてもらおう。相場が予想していた水準に動くかどうかなんて気にするのはやめよう。やがて、そうなる。市場とはそういうところだ。相場は予想していた水準に達する。やがては、だが。一つだけ、聞いておきたい。あなたはその動きに乗るのか？　この本の目的は、あなたがそうすることを助けることだ。しかし、あなたがまだこの本を読んでいるのなら、今は手仕舞う必要がある。あなたが何を考えているかは分かっている。これはまるで、取り返しがつかなくなってから、なんとかしろと言う著者みたいではないか、と考えているのだろう。しかし、それは違う。ポジションがまだ残っているのなら、あなたは手仕舞いを終えていないのだから。それに、私は単なる著者として書いているのではない。私はあなたの状況も、どういう気持ちかも知っているトレーダーとして書いているのだ。だから、まだ手仕舞っていないのならば、すぐに読むのをやめて、だれかに手仕舞いを手伝ってもらい、それからまたここに戻ってきてほしい。私の友だちがしたこと――逃げて、大きな含み損があるのを他人に発見させて、代わりに手仕舞わせる――をしてはならない（その時点まで、あなたの損失がどれほど大きいか、だれにも分からない）。それはどんな人間も望まない遺産だ。

一四．最後に。あなたはおそらく許しを必要とするだろう。許しは、あなたが今考えているよりもはるかに簡単に得られる。この点は私を信頼してほしい。あなたを許しがたいと思う唯一の人はあなた自身だ（私は自分が何を話しているのか分かって、書いている）。

えっ？　トレードに秘訣はない？　またか！

マクミラン社から私の『ゴッド・イン・ザ・ピット（God in the Pits）』の初版が出版されたのは二五年も前のことだ。その本がトレーダー向けのハウツー本になることは、だれも意図していなかった。そこにトレードの秘訣は載っていなかった。トレードで大儲けしたいと思っていた人はとても失望しただろう。その本にはボロ儲けをしている宝くじ業界に対して、事実上の非難をしていた。マクミラン社の編集者たちは憤慨して、「あなたは大儲けしたではないですか。ほかの人が同じ機会を得るのをどうして否定しようとするのですか」と言った。彼らの考えを理解すれば、私たちの業界に蔓延している無知が理解できる。宝くじがトレードに匹敵する機会だと？　しかも、この編集者たちは教育を受けたニューヨーカーだ。それなのに、彼らは取引所のフロアで私が持っていたのと同じ機会を宝くじで得られると思っているのだ（このテーマを避けることはできない。ヘンリー・フィールディングは宝くじを愚か者に対する税金に例えたことで有名だ。この例えは確かに当たっている。しかし、彼は三世紀も前の人なので、どれほどのユーモアを込めていたかは分からない。これは確かに失礼な言い方だが、笑いごとではない。アフリカ系アメリカ人は、宝くじが彼らのコミュニティーを標的にしていることや、抑圧の洗練された手段であり、彼らの学校の一つでさえ良くなっていないことなどを、いつか発見するだろう。そのとき、彼らは宝くじをボイコットし、恥ずべき機関を倒して、コミュニティーをもっと生産的な方向に導くだろう）。そのような誤解をしているようでは、トレードの秘訣を一つ知ったくらいではまったく役に立たない。この問題についてはまた触れる。

えっ？　仕掛けのシグナルはない？　またか！

私は数人から、最初の本が売買のコツについて何も説明していないと抗議を受けた。もう一度説明しよう。自分がどこで仕掛けているかを他人に教える人は一人もいない。たとえ、お金をもらっても、教える人などいない。分かっただろうか。分かった人は、この説明を飛ばしてほしい。言いたいことの要点は次のとおりだ。先を読み進むにつれてもっとはっきり分かるだろう。

第一に、仕掛けるポイントはそれを実行する本人にしか役に立たない。息子の義理の兄弟はハドソン川を見下ろすところにオフィスを構えている。ある日、彼は電話をしていて、

「ハドソン川に飛行機が浮かんでいる」と言って相手を驚かせた。もちろん、相手はそれを冗談だと思った。エアバスA三二〇は素晴らしい飛行機だ。それでも、両エンジンが停止した飛行機をあなたか私が操縦していたら、間違いなく全員があの世に行っていたはずだ。全員が助かったのは機長の的確な判断があったからだ。仕掛けと手仕舞いのポイントを知っただけでは、トレーダーにはなれないのだ。

第二に、トレードシステムが販売されているということは、この点について説明を続ける必要があるということだ。だれかがあなたに三〇〇〇ドルでシステムを売ると言ったら、それはそれだけの値打ちがないからだ。覚えているだろうか。その人はトレーダーだ。だから、安く買って高く売る。おそらく、それは何の値打ちもないだろう。しかし、売っているトレーダーがそれを使えないのなら、あなたにも使えないはずだ。信じてほしい。彼があなたにそれを売るのは間違っているし、彼からそれを買うのは愚かな行為だ。もっと悪いことがある。彼のいかがわしい行為に応じれば、システムを売りつけるという詐欺的行為の存続に手を貸すことになる。

私は一九七〇年代から二〇一〇年代まで約五〇年間、この仕事をしてきたが、プロのトレーダーが仕掛けのルールのシステムを買ったという話は聞いたことがない。あなたはJ・

ウエルズ・ワイルダー・ジュニアのつづりを言えるだろうか（私は調べる必要があったことを認める）。また、私がそうしたシステムをいくつか買ったことも認める。バブコックのものを二六ドルで買った。ただし、それは新しいアイデアを考えるときの刺激にするためだったにすぎない。あなたが私の仕掛けと手仕舞いのポイントを、トレードで利用することはできない。あなたは自分の力で私たちのトレード業界に貢献すべきだ。このテーマについてはあとでまた触れる。今は、簡単に答えておこう。広く知られているどんな仕掛けのシグナルや手仕舞いのシグナルも無効だ。

それなら、この本を書いた動機は？

それなら、何年もたってこの本を書いた動機は何なのか。誤解を正すためではない。それは不可能だろう。「外部の」トレーダーに本当の機会を与えたいというのが動機だ。今やコンピューター時代になり、フロアはどんどん特殊な場所ではなくなり、人はフロア外からトレードをしても成功できるようになった。しかし、電子取引によって取引所が人々に開かれたものになったからといって、取引所やそれがどのように機能しているのか、経済にどう貢献しているのかについての誤解が完全に消えたわけではない。昔は、この問題は簡単だった。私たちはみんなに、相場には手を出さないようにと言うだけですんだ。そして、言うことを聞かない人は痛い目に遭った。しかし、今では容易に市場に参加できるようになったため、状況ははるかに危険になっている。だから、相場に手を出さないようにと言うだけですますことは、もはやできない。今では投資もトレードも、デイトレードでさえも簡単にできるようになった。実際、業界全体がそうするようにあなたを誘っている。彼らはそれを簡単そうに見せていて、実際にもそうなっている。つまり、トレードは簡単にできる。しかし、安く買って高く売れるかということになると、別の話だ。この見かけの背後には重要な原則がある。この点については第2章で詳しく説明する。

悪魔は細部に宿る

私の息子が大学から電話をしてきて、授業で出された「神は細部に宿る」と言った哲学者はだれか、という問題の答えを知りたいと言った。私は大学院まで哲学を専攻していたが、知らなかった。私が聞いたことがあるのは、「悪魔は細部に宿る」という、悪魔の首領のベルゼブルが大いに誇り、喜ぶに違いない言葉だけだった（私はあなたたち［一部のクリスチャンでさえも］のなかに悪魔を信じない人がたくさんいることを知っている。あなたは苦労のない自分の暮らしを感謝すべきだ。あなたが私の見たものを見ていたら、悪魔が生きて動き回らずに、どうしてそんなことが起きるか想像できないだろう）。この言葉は第3章で再び顔を出すことになる。また、これはおそらく私たちの業界全体にも当てはまるかもしれない。これは、基本的には「だまされた」の遠回しな表現だ。分別のある人は他人をウソつきとは呼ばない。しかし、この業界では、わずかなごまかしでも非常に危険で高くつくため、どのトレーダーも仲間のトレーダーに誤解される恐れがある情報については触れないように、とても気をつけている。

大豆の栽培地域が熱波に襲われる、という予報を天気予報士が出したら、私たちは「彼は自分のポジションについて話している」と言い、彼がセットから走り出して、ブローカーに電話をかけ、大豆を買って利益を得ているところを想像する。視聴者がこれは確実に儲かるぞ、と考えて乗ってくるからだ。この悪趣味な話題については、あとでまた触れる。今は、あなたが遭遇したときに、きっとそれをベルゼブルのせいにしそうなことを少し説明する。これらはトレードシステムの販売者には触れていない。気づいているかもしれないが、トレードシステムの販売者は自分ではレードをしていない。トレードシステムの販売者はあなたのトレードをしやすくすることで利益を得ているのだ。

私の父は、お金持ちになりたがっている連中の役に立つ仕事をすれば確実に儲かる、といつも私に言っていた。例えば、ゴールドラッシュでお金持ちになったのは、つるはしやシャベルを売った人だ、と彼は言っていた。

天才的なIQは必要ない

自分はこの仕事にふさわしいＩＱ（知能指数）を持っていると思っているのなら、おそらくあなたは「自分の頭が一番良い症候群」にかかっているのだろう。その場合、ほぼ確実にトレードで失敗する。私は、相場が自分のＩＱをまったく無視して、ポジションに逆行するのを何度も経験してきた。とても失礼な話だ。不愉快極まりない。まったく、間違っている。

だが、トレードで成功するのにＩＱは重要ではない。私たちはＩＱが重要だと考えたがる。この業界を理解していない人がそういう考えを広めるからだ。それに、だれがそれを否定するだろう?

　私は一九六〇年代にエドワード・ソープによるブラックジャックの分析を読んだ。精神的めまいを味わいたければ、彼の本をどれか読むとよい。彼は明らかに天才で、その後、相場も分析した。しかし、この仕事で成功するために、ソープの頭脳は必要ない。私にはもちろん、そんな頭脳はない。

　分かっただろうか。ただし、これは良い知らせを言ったにすぎない。残りはこうだ。この本のテーマは比較的単純だ。第4章がちょっとテクニカルな話なのは認めよう。だが、ほんの少しだ。式の細かい部分を身に付ける必要はない。数式がどう機能するかを知る必要さえない。しかし、背後にある原則を理解する必要はある。そして、その原則に基づいて動かなければならない。これが悪い知らせだ。この本のテーマをはっきりと理解できなければ、トレードでは成功できないだろう。私が保証する。私はこれを「悪い知らせ」としたが、これは純粋に著者の誇張だ。実は、これは良い知らせだ。この仕事があなたに向いているのなら、証拠金を使い果たす前にそれが分かるだろう。

　では、IQが条件でないのなら、何がトレードの成功に役立つのだろうか。

トレードに必要なスキル

この仕事は性格に大きく左右される。だから、トレードで成功するために必要なスキルはだれにも分からない、と繰り返し言われるのだ。それが、私たちの業界でさまざまな戦略を使うことができる理由だ。だから、私がヨセフを穀物トレーダー、ファラオをCTA（商品投資顧問業者）と言ったとき、みんなが笑うのだ。ヨセフについて何かを知っている人はだれでも、彼を宗教界の偉人とたたえるが、彼が持っていたほかのすべての才能は無視する。そのため、手本になるスキルを彼が持っていたかもしれないとは思いもしない。彼の才能は宗教上のものであり、必ずしも市場に当てはまるわけではない、と私たちは教わっている。しかし、神学者たちに念を押しておきたいが、ヨセフに何を買うべきかを知らせる幸運な夢や天使は訪れなかった。彼は常識を使っただけだ。そして、ファラオはそれを素晴らしいと思った。

ここで性格がものを言う。私の考えでは、性格が保守的で、慎重に動き、トレードで負けるとあわてて手仕舞う人は、長く成功し続けるトレーダーになれる。彼らが直感でトレードをするのは、「この含み損を抱え続けるのはうんざりだ」と思ったときだけだ。そして、彼らは手仕舞うのだ。性格のおかげで、彼らはトレードサイズを適切に保つ。第4章、第5章では、この性格の特徴を定式化する。そうすれば、順調に進むことができるだろう。

また、この特徴はリーダーの特徴とは一致しないことに気づくと、興味がわくかもしれない。まさにウォール街の大物になりたいという願望のせいで、多くのトレーダーがさまざまな問題を抱えるようになる。

私がトレードをしていたピットで最も重要な特徴の一つは、だれもがほとんど公平に扱われたことだった。ピットでは、取引量が最多のトレーダーでも最少のトレーダーをほかのみんなと同じように扱った。ビッグトレーダーが一〇〇枚買う必要があるときには、もちろん取引量の多いトレーダーを探した。しかし、最後の一〇枚はわざわざ取引量が少ないトレーダーに回すことが多かった。奇妙なことに、成功の序列に沿った区別はされなかった。これには驚いた。私は中産階級の家庭に生まれ、労働者階級の人たちとともに育った。私たちは自分たちの経済力を恥じることはなかったが、自慢する権利も確かになかった。成功して裕福な人々は私たちと同じように階級の区別をしているに違いないと思っていたし、彼らは実際に区別をしていた。彼らが自分の業績を誇らないことなどあり得るだろうか。

だがピットでは、私の考えは間違っていた。そして、この間違いに驚き、戸惑った。しかし、この驚きはとても気分の良いものだったので、何年も前に自分も思い切って同じようにしていなかったことを後悔した。ピットにはさまざまな階級の人がいて、裕福さの水準もさまざまだった。午後は二階のラウンジでギャンブルをして過ごす人もいたし、繁華街か近所のバーで過ごす人もいた。また、ゴルフをする人もポロをする人もいた。取引が活発なときには、私は体力を回復し、次の取引時間のためにコーヒーを飲み、間違いを確認して、翌日の作戦を練るのに二〇時間はかけていた。

さて、裕福な人々に対する私の固定観念はしばらく置いておいて、重要な考えを述べたい。彼らがうぬぼれないのは偶然ではなかったと思う。この特徴は重要な役割を果たしている、と思う人もいるかもしれない。フロアで働いていたとき、トレーダーが自分のトレードを自慢しているところを私は一度も見たことがない。トレードで成功した日や月、あるいはどんな成功についても、彼らが自慢するのを見たことがない。一回もだ。それを信じられないと思うのなら、あなたも裕福な人々について私と同じ固定観念を持っているのだろう。しかし、これは純粋に私の推測なのだが、この不思議な性格が成功するトレーダーの根底にあるのだと考えることにする。第4章まで行けば、この定理に実際の数字を当てはめる。

とりあえず、この概念を要約しておこう。うぬぼれの強さはトレードで成功する可能性と反比例する。うぬぼれはトレーダーの敵である。これを真剣に受け止めるのには時間がかかるだろう。たいていの人は、私が天職を逃したとか、お悩み相談番組「ドクター・フィル」の仕事を狙っているとかと思うだろう。それでも、この概念を早いうちに紹介して、読み進めながら、これを検討できるようにしておく。昔は、トレードでは両手を使う必要があった。そのため、トレードの最中に自分を褒める暇はなかった。今日のトレードでは集中力が一層要求される。うぬぼれを取り去れば、自分の結果に満足できなくなるだろう。

金融市場はプロに有利なように操作されている公認カジノ

数十年前、私はラリー・バーケットという投資顧問に会った。彼はのちにＣＦＣ（クリスチャン・ファイナンシャル・コンセプト）という非営利団体を設立したことで有名になった。先物市場で人々がトレードをすることに私が強く反対していると知ると、彼はすぐに私に話をしてほしいと頼んできた。「私は相場に手を出さないようにと、何年も前から人々に警告している。おそらく、彼らはあなたの言葉に耳を傾けるだろう」と彼は言った。それから長きにわたり、彼と私は友人になった。この場を借りて彼に感謝をしておきたいが、彼のことを持ち出したのにはほかに理由がある。市場はプロに有利なように操作されているという主張にはいくつかの納得すべき点がある。第2章では、この問題について説明する。私たちの使命は、あなたに有利な側面を示すことだ。

しかし、まずはこの業界全体をより深く理解する必要がある。ワシントンのあるロビイストが私に電話をしてきて、「だれにも言わないでもらいたいのだが、小学二年生たちとの紫色の鉛筆に関する話を読むまで、私はあなたたちの仕事を本当は理解していなかった」と言った（彼は亡くなり、私は彼の名前を使わないので、今は彼について自由に話ができる「『ゴッド・イン・ザ・ピット』の第1章で紹介した話」）。この誤解は業界内にさえも広がっている。その話を読めば、私たちが経済に貢献していることがよく理解できるだろう。

ストーリーか論旨か

どの本も主張したいことは一つで、あとはどうでもよい話でページを埋めて、本格的な本に見せかけている。実際には、主張したいことは数行で書ける。そうすれば、多くの時間と労力を節約できるし、二〇〇ページの本で不必要な一九五ページを印刷する紙のために、熱帯雨林を破壊しないですむ。これは私たちが学生時代に書いたほとんどの学期末リポートのようではないだろうか（あなたまで含めて申し訳ないが）。そして、そのどうでもよいことを読んで時間を無駄にした献身的な先生たち全員にも謝っておきたい。これは本当に心からの謝罪だ。

しかし、私たちの状況では、ある人にとってどうでもよいことが、ほかの人にとっては重要な指針となることがある。そこで、不必要な読書を避けるために、ガイダンスを出すように努めた。入門的な内容が不要なプロのトレーダーには前に第4章に移るようにと書いた。今後もそうするように勧めるだろう。第4章は聖杯ではないが、それに近い。初心者にとって、聖杯とはこの業界の冗談ネタだった。プロならだれでもこの言葉を知っていて、冗談で使う。それでも、第4章は聖杯に近い。あとは細かいことだ。初心者が途中を飛ばして第4章に移れば、あなたの運命は決まってしまう。この仕事に近道はないのだ。

知ったかぶりをしている人が払う代償

これは非常に短い例だ。友人と私は小さな町のお気に入りの店で昼食を取っていた。以前は小さな田舎町だったが、郊外が無秩序に広がって、中心部よりも大きくなった。そこは気さくな人が多い町で、彼の友人が食事の席に加わった。私の友人は私がプロのトレーダーであることをもちろん知っているが、彼の友人のほうは私の職業を知らなかった。そこで、話題がアメリカ経済やその不安定さに及ぶと、彼の友人は長年考えていたいくつかの戦略――市場が次に暴落したら、それをどう利用するか、状況がいかに一九二九年の恐慌に似てきたか、再び恐慌に襲われたら体制や市場に打ち勝つ計画をどうやって実行するつもりか――について や、カクテルパーティーでよく耳にする業界用語について雄弁に語り始めた。

会話中に、私は自分でもトレードをしたいくつかの大相場について意見を言った。実は、一九八七年の暴落は一九二九年の暴落よりも下げ方が劇的だったのだ。しかし、議論の最中に私がトレーダーだと知らせることはできなかった。彼は段取りをほぼ整えていた。あとは取引口座を開設して、最初の注文を出すだけだった。

ついに私の友人が「マーク、君が何をしているかを彼に教えるべきだ」と言った。しかし、私は首を横に振った。そういう話を聞くことは私にとって良い訓練になる。謙虚になって、考え続けるようになる。神の恵みがなければ、私も彼と似た運命をたどっていただろう。彼の話はその危険な道を進む一つを思い出させる。だが、その人の家族のことは心配になる。この本がその道に魅了された人々への警告として役立つことを願う。彼がこれを読むことはないだろう。たとえ彼が読んでも、間違いなくこの章は飛ばして、すでに第4章を読んでいるだろう。最後に聞いた話では、彼は生活のための仕事を辞めて牧師になったそうだ（これは冗談だと思うだろう。しかし、本当の話だ。どういう牧師を避けるべきかを判断するときには、分別と祈りと知恵を使ってほしい）。

どれくらいの自信ならば自信過剰なのか

私はその日に昼食を一緒に取った人ほど自信たっぷりのトレーダーに会ったことがない。もちろん、それは傲慢に思えた。しかし、どういうレッテルを貼るかには関心がない。私たちの関心は、確実に失敗を招く性格の特徴を見つけだすことにある。そして、確実に分かることが一つある。それは、市場ではそれほどの自信を持つことは許されないということだ。

というわけで、私たちは人生でもっと重要な問題に再びぶつかる。だれもが知っているように、お金のような極めて世俗的なものが人を自殺に追い込む可能性がある以上、私たちは自殺のより重大な面を無視してきたと考えるべきだろう。クリスチャンを含めて、ほとんどの人は自分の専門とするスキルに自信を持ち、神についての話は本当に起きたことだと信じている。

私はその逆だ。そして、トレーダーたちにもこうすることを勧める。人生のいわゆる「重大事」では確実さを求め、実際のトレードではあまり「信念」を持たないようにしよう。詳しいことはそのうちに説明するが、ここでこのテーマに触れておいて、考えてもらう必要がある。あなたが無神論者であれば、それが重要になり、大いに重要になるまでは、トレードに影響しないだろう。あなたが証拠によってではなく、信仰によって神を信じる人であるならば、信仰では乗り越えられない困難な時期があることに気づくだろう。

無知の代償

今は亡き友人のラリー・バーケットによると、ある投資家が「馬を生かし続けて快適にさせておきさえすれば、種付け料が二〇年間入ってくる」と考えて、サラブレッドに財産をいくらかつぎ込んだという。これのどこがダメなのだろうか。そのサラブレッドは去勢馬だったのだ。友人が「下を見てみた？」と尋ねながら、笑っている姿が目に浮かぶ。この話のオチは、これが冗談ではないというところだ。この種の話は私たちの業界に最もふさわしいし、誇張する必要もない。

この仕事で成功すると、自分のトレードアイデアに出資してくれる人を探しているトレーダーたちが接触してくる。これが悪い考えだと気づくには、少し時間がかかる。私は痛い目に遭って、それを学んだ。私はとても評判の良いアナリストに出資した。彼の相場分析は素晴らしかった。おまけに、強気相場だった。強気相場では、天才でなくてもお金を儲けられる。

これはフロアでトレードをしていた人間による貴重なアドバイスだ。優秀さと強気相場を断じて混同してはならない。それで、彼が一日か二日トレードをすると、取引口座の資金が約三〇％増えていた。私は彼にトレードサイズが大きすぎるのではないかと言った。彼は同意して、トレードサイズを小さくし始めた。一週間後、彼がここ数日、姿を見せていないことに気づいた。記憶しているかぎり、相場が乱高下しているさなかだった。そんなときには、だれもほかのトレーダーの行動を見張る時間もエネルギーもない。彼はどこで何をしているかも知らせずに、行方をくらました。しかし、もちろん彼のトレードの責任を負うのがだれかは分かっていた。彼は明らかに含み損の状態でほったらかしにしていた。それは彼の利益すべてよりも、私が出資した金額よりもはるかに大きかった。ところで、あの警告を覚えているだろうか。「あなたは自分の持っている資金以上を失う可能性がある」という警告だ。これは法律用語であり、大げさに言っているだけだと誤解しないでもらいたい。

いつものように、この話にはまだ先がある。しかし、今はこの章を「性格は重要だ」という最初の教訓で終わりにしよう。プロのトレーダーならだれでも、あなたがこれを信じないと分かっている。そう思うのは、あなたが知りたいのは仕掛けと手仕舞いのポイントだけだと思っているからだ。だが、トレードには仕掛けと手仕舞いと正確な分析よりも、はるかに多くのものが必要だ。このトレーダー志望者はその後も業界で名を馳せ、フューチャーズ・マガジンに分析記事を書き、本まで出版した。そして、トレーダーとしては失敗に失敗を重ね続けた。この同じ時期に、多くのトレーダーが私やＣＲＴ社（シカゴ・リサーチ・アンド・トレーディング）と提携して成功した。彼らのだれも、例のアナリストほど自信満々に戦略を的確に述べたり、相場を分析したりする能力は持っていなかった。今日、彼の分析を読むか彼と話をすれば、だれでも感心して、喜んで彼の助言に従ってトレードをするだろう。プロのトレーダーなら、この最後の二文を読むとすぐに、ワナに気づくだろう。これは自信過剰の典型的なケースだ。

本書の目的はそのアナリストが失敗した理由を示すことだ。間違いなく言えることが一つある。彼の失敗は相場に対する彼の洞察とはまったく関係なかった。彼の相場分析は素晴らしかった。あなたが彼の相場観を聞いたあと、私の相場観を聞いたら、彼の考えのほうが私の考えよりもはるかに価値があると思うと断言できる。そういう分析にかけては、彼は私よりも優れていた。今日でも、彼は市場アナリストや著者として尊敬されている。問題なのは彼のトレードと性格だった。

FYX（クリスチャンのために）

この仕事に関して、私たちクリスチャンがトーラー（モーセ五書）で話を始めるのは的を射ている。プロのトレーダーはすでに先の章に飛び、信者でない人もここを読んでいないと考えられるので、そのほかの人にはまだ言っておくことがある。信者でなくても、この節を読んでもかまわない。そういう人を遠ざけることはできない。私たちの言う「あまりにも信心深いので、この世では役に立たなく」なりそうな人々の心の中をのぞき見たいと考えるのなら、この文章を読んでもかまわない。ただし、警告しておくが、これはあなたにはあまり役に立たないだろう。あなたのトレードで必要になることはないだろう。それはページを埋めるためのどうでもよい九五％を思い出させるだろう。だが、実際は違う。しばしば「不正の富」と呼ばれるさまざまな問題についていまだに混乱している信者にとっては、これは重要なのだ（私は「お金がすべての悪の根源」という乱用されている有名な言葉を扱うつもりだが、この節では扱わない。私は牧師たちが自分の必要に合わせてこの文句をねじ曲げるのを耳にしてきた。しかし、ねじ曲げるのに専門の神学者は必要ない。私たちの世界とはそういうものなのだ。そして、この点に注意してほしい。これを理解するために、ギリシャ語の学者である必要はない。これは重要であり、FYXの節とは関係ないため、繰り返し触れることになる。ここでは、お金はすべての悪の根源ではない、とはっきり言っておく。誤った神学は教会内部でよりも、外部でのほうが効果的だ。このウェブサイト［https://biblehub.com/interlinear/1_timothy/6-10.htm］に行くと、ギリシャ語の学者について調べることができる。ここでは、頻繁に乱用されるこの文句について調べることができるように、サイトを紹介した。英語でも明確だが、これをギリシャ語で見ることもできる）。

さて、トーラーに戻ろう。神が口にした最初の言葉から始めよう。創世記一章二八節を見てほしい。ここには四つの指示、事実上の指令がある。

一．実り多くあれ
二．増えよ
三．地に満ちよ
四．これを従わせよ

最も無視されているのはこのうちの最初の指示だ。高く買って安く売れば、この宗教的な要件を満たせない。宗教的と言ったのは、これが神の指示だからだ。あなたはこれを、少なくとも取引相手に対して気前が良いのだと言うかもしれない。しかし、それでは実り多くはない。あなたの務めは実り多くあることだ。つまり、利益を出す必要がある。あなたや私よりも宗教的に磨かれた人たちは私たちに向かって、人類のしもべになるように、つまり他人のために尽くすことで神の仕事を行うようにと促してきた。だれがこれに不満を言えるだろうか。しかし、そうした奉仕をする人々のほとんどは、実り多い人々の支えがなければ、食べてその仕事をすることもできない、ということを忘れている。このことで、彼らを判断することは控えよう。だが、この神による指示に基づけば、安く買って高く売る私たちは不正な世俗の仕事をしているわけではない、ということは覚えておこう。神は私たちにそうするようにと言われたのだ。

私たちは宗教的に上の立場にある人々から、神の仕事は教会で宗教の権威者によって行われると聞かされてきた。彼らが神の仕事に就こうと決めた日から、どの指導者からもそう聞かされてきたので、彼らは簡単に間違えたのだ。しかし、ＦＹＸの節で示すように、彼らは知らず知らずのうちにもっともな間違いを犯しているのだ。

キリスト教に関する本を出版している有名なムーディー出版社にはかつて、私の書いたものを気に入って、それを出版しようと試みた編集者がいた。この時点で著者の典型的な不安を想像できたら、時間を割いてあなたに私の悲痛な話をしてもよい。前に述べた話の終わりに、編集者の一人から「正直に言って、私たちはあなたの書き方が気に入らない」と率直に言われた。これが実際には褒め言葉なのだと自分を納得させるのに一年か二年かかった。私は最初の本を今では悪名高い「エレベーターでのセックス」の話から始めた。「信頼できる評判」をモットーとする出版社に私は何を期待したのだろう。

だから私は告白する。私はクリスチャンの作家という型にははまらない。信頼できる評判を望むのなら、ムーディー出版社の本を買ってほしい。それらは傑出していて、極めて信頼できる。しかし、あなたが安く買って高く売る方法や、エレベーターでことを行う人々とトレードをする方法を知りたいのであれば、私についてきてほしい。彼らは私たちと同じように愛されたいという欲求を持っている。

第2章

競争の条件は公平になったか

IS THE PLAYING FIELD LEVEL YET?

スティーブン・キングならば、ネズミが人々ののどに飛び込んでいく話を書いて恐怖を引き出し、大儲けすることができる。これはほかの著者にとっては夢物語だ。たいていは著者が書いて、儲けるのは出版社だけだ。とはいえ、私にもホラーストーリーはある。そして、私のストーリーのネズミはあなたの四〇一ｋやコツコツためてきたお金、さらにはあなたの家まで食い尽くすだろう。このテーマについて短い話をしたあと、若い女性が連絡をしてきた。彼女はまるでヴォーグの表紙の写真撮影を終えたばかりのような服装とメークをしていた。彼女のような姿を間近で見たことはなかった。しかし、彼女の目を見ると、パニックに陥っているのが分かった。彼女の夫はトレードをしていたが、突然姿を消した。今、彼女に何ができるだろうか。彼女がすべてを失ったことを、その目が語っていた。彼女には小さな子供が二人いた。

スティーブン・キングは恐怖を創作して、お金を手に入れる。トレードでは、私たちは恐怖に駆られて、お金を失っていく。古き良き時代には、私はこの仕事で部外者が投機をすることに強く反対していた。競争の条件は公平ではなかった。公平とはほど遠かった。例えば、私は苦労しているトレーダーからアドバイスを求められたことがあった。そこで、手数料にいくら払っているのか尋ねた。彼は「一往復で約一〇ドル」と言った。これは基本的に仕掛け時に五ドル、手仕舞い時に五ドル払ったことを意味する。彼はすべてのトレードでそうしていた。そのため、一〇枚をトレードすれば、一〇〇ドルかかっていた。私は彼に言った。「私が生涯にしたすべてのトレードでそれだけの手数料を取られていたら、私はとっくに破産していただろう」

当時は成功するトレーダーと破産するトレーダーの違いはかなり簡単に分かった。業界外の人がトレードをするには、だれであっても法外な費用がかかった。当然だが、取引所のフロアに立って、ほかのみんなと押し合いへし合いし、大声で叫べば、私たちと同じ安い手数料で済んだだろう。しかも、私を含めて多くのトレーダーがいて、トレーダーとして一人前になるためのアドバイスを消化し切れないほどくれるだろう。

だが、フロア外からのトレードだって？　それはやめたほうがよい。それは対等な競争ではなかった。私が述べたトレーダーは一往復で一〇ドルしか払っていなかった。以前は、一往復で一〇〇ドルでも異常ではなかった。これは多くの人がなぜ商品トレードで損をしたのか、という質問の答えになっているだろうか。映画『大逆転』のデューク兄弟を思い出してほしい。「顧客に何が起きようと、私たちは利益を得る」という彼らの言葉が非常にうまく言い表している。あるオ能豊かなピットトレーダーが夏にソフトボールをしていて腕を骨折したことがあった。シカゴでは一六インチ（約四〇センチ）のボールを使い、グラブは使わずに真剣にプレーをする（彼らは冬の間、バットをプールに浸したあと、ニスを塗り、水分が蒸発しないように立てておく。最初の二回はボールが新しいため、とても固い。ピッチャーには猫のような反射神経が必要だ。ある年、私はクック郡看守チームでレフトを守っていて、真っ向勝負のシカゴ警察のチームと対戦していた。刑務所長の知り合いが打席に入った。所長は下がれと叫びながら、左翼線のほうに走ってきた。私は叫んだのが所長だったというだけで、とんでもないところまで下がった。私は野球をしているときと変わらないほど深いところで守っていたが、ボールがバットに当たった瞬間から、これはまずいと分かった。私はボールになんとか触れた。それを拾ったときは、隣の女子用の球場の二塁ベース付近にいた）。そのため、彼はギプスが外れるまで、二階のオフィスからトレードをした。許可されなかったので彼の名前は出さないが、出しても彼は気にしないだろう。また、彼を知っている人ならだれでもこの話を思い出すだろう。彼はその夏、ギプスが外れるまでフロアから離れてトレードをして、破産寸前になった。おそらく、彼は一往復で三ドルぐらい払っていたと思われる。

それは当時の話で、今とは違う。現在はテクノロジーの発達によって、費用対効果が高くなった。そのため、フロア外からトレードをしても手数料は十分に安く、頻繁にトレードを繰り返しても利益が得られるようになった。立ち会い取引と同じルールが適用されて、以前よりもはるかに効率的にトレードを執行できるように取引プラットフォームはプログラムされている。じきに骨董品扱いされるトレーダーの身としては、立ち会い取引が消えるのは見たくなかった。値動きを見たり聞いたりすることには何らかの意味があり、そのおかげで取引はすべて公になっていた。

確かに、良いコンピュータープログラムによって、これをさらに良くすることはできるだろう。しかし、私はコンピューターの専門家ではないので、だれがそのプログラムを管理しているのだろうかとよく思う。私に代わって執行されても、それが良いトレードかどうか私には分かる。これまでのところ、立ち合い取引のコンピューター化は力を発揮している。どこででも当てはまるわけではないが、コンピューター化が可能だと証明するには、良い立会場が一つあれば足りる。そして、コンピューター化は確かに力を発揮している。何が言いたいのかというと、私がかつてフロア外からのトレードに反対していた理由がなくなったということだ。私自身も今ではフロア外からトレードをしている。

何十年もトレードの権威とみなされているピーター・ブラントは私の最初の原稿を読ん

で、彼の考えを伝えることに同意してくれた。しかし、彼は急いで付け加えた。「注意してほしい。私はデイトレードは好きではない。それはお金持ちになりたがっている新人トレーダーにとってのワナだと思っている」

そして、あなたも注意してほしい。私もブラントの考えに同意する。対等に競争できるようになったからといって、利益が得られるわけではない。対等になれば、投資をやり続けたくなるだけだ。実際には、このせいで事態がより悪化する可能性がある。私はこの点について最初の本で詳しく書き、そのことを話してきた。以前、私はマクミラン社が不満を漏らした話をした。マクミラン社の編集者は、私は自分が得たほどの大金を読者のみんなには稼がせないようにしていると思っていたのだ。もちろん、これは本書の意図とは異なる。

というわけで、良い知らせは、コンピューター時代になって、安全にトレードができるほどには競争の条件が公平になった。良い知らせを伝えたので、次は悪い知らせだ。公平な競争など、どこにも存在しない。不正を働く人たちは必ずどこかにいて、公正にトレードをしようとする私たちの人生を台なしにする。フレッド・シュエッドが一世紀近く前に書いた本『**投資家のヨットはどこにある？――プロにだまされないための知恵**』（パンローリング）のタイトルがすべてを物語っている。これは嘆かわしい状況だ。

私はピットで一緒に取引していた人々やＣＢＯＴ（シカゴ商品取引所）の誠実さに敬意を表している。兄と私が体に合わない安物のスーツを着て、ＣＢＯＴに初めて入っていったとき、そこの偉い人たちが私たちに敬意を払わなかった、という話をしたことがある。しかし、それはＣＢＯＴの公正な取引という目標とは何の関係もない。実際、私たちの姿を考慮すれば、おそらく十二分な敬意を払われたのだろう。それは人目を引き、興味をそそる話だった。しかし、それが人生だ。読者はこれで自信を持つべきだ。私たちの業界では、スーツが似合わなくてもだれも気にしないし、「真っ当な人々」としてふさわしくない項目を挙げた長いリストも存在しない。だれの注文でも同じようにコンピューターシステムに入力されるのだ（才能ある作家のマイケル・ルイスが示したように、これは常に真実というわけではない。しかし、何百万ドルも投資してシステムの抜け穴を見つけた人々は、最終的には追放される）。

しかし、立会場のコンピューター化という進歩にもかかわらず、競争はいまだに公平ではない。過去に公平だったことは一度もないし、これからもけっしてそうはならないだろう。それでも、トレードをするのに十分な程度には公平になっている。だが、これはみんながあなたに気を配ってくれるという意味ではない。学ぶべきことはまだたくさんある。

例を挙げよう。私はE＊TRADEに口座を持っていた時期がある。手数料が十分に安くて、大口のトレードをした場合でも、一株当たりのコストは私の許せる範囲内だったからだ。私は金曜日の朝に注文を出した。一時間後にその注文をキャンセルし、キャンセルの確認を受け取った。それは一万株だったと思う。水曜日の朝に口座を確認すると、予想以上のポジションを取っていることが分かった。そこで、火曜日の取引を調べると、火曜日の大引け後に一万株の買いが私の口座に記録されていた。しかし、それは火曜日の取引レンジには存在しない価格だった。実は、それは「その時点から有効」の注文と入力されていた。つまり、「金曜日の」取引レンジの「時点」という意味だった。予想どおり、それは金曜日にキャンセルした注文だった。明らかに、相場が動いて、キャンセルして時間がたった注文を地元のどこかのマーケットメーカーが執行したのだ。私はそのトレードを手仕舞うために数千ドルの損を出した。一〇〇ドルほどの利益を狙うトレーダーならば、損失も一〇〇ドルの範囲に抑えるように最善を尽くす。それほどの大金を盗まれると、取り戻すのに多くの勝ちトレードが必要になる。

このトレードは、どれほど素晴らしいトレードをしても克服できない不公平な競争があることの一例だ。この出来事以来、私はE＊TRADEを使っていない。この本では、そのような出来事から身を守る方法は学べない。あなたがトレードできない場所がいまだに存在して、それでも生き残らなければならないという警告しかできない。

私は競争の条件をわずかでも公平にしたこの業界を誇りに思っている。だが、それは人々があなたに気を配っているという意味ではない。知っておくべき情報はまだたくさんあり、それを覚えるには時間がかかる。

フレッド・シュエッドが本に書いた大掛かりで不道徳な仕組みは今でも残っている。次の話は少し一般化しているが、仕組みはこうだ。あなたがXYZ株を一万株売る注文を出すとする。そして、ブローカーがその注文を一五ドルで出すとする。これは適正な価格だ。この架空の市場では一四と一六分の一五ドルで買おうとする人がいるからだ。ブローカーは一万株を一五ドルで売るとすぐに、一四と一六分の一五ドルに一万株の買い注文を出して買い戻そうとする。うまく買い戻すことができれば、彼は売り注文も買い注文も自分の口座に入れて、利益を自分のものにする。そして、彼からあなたへの公式報告では、あなたはまだ一五ドルでXYZ株の売り注文を出していることになっている。

私はある株式のブローカーから、執行した注文をどの口座に入れるかを決めるまで二時間ある、と言われた。私の同僚と私がこの奇妙な状況について知ったとき、顔を見合わせて、「これをしたいという誘惑にだれが勝てる？」と言った。私がキャリアを積んだ商品先物市場では、すべての注文は市場に出される前に口座が決まっていた。約定後に注文の口座を変更すれば、刑務所送りにならなくても、間違いなく商品先物取引所から追放されただろう。

あなたのブローカーが注文は約定しなかったと言うとき、彼はあなたに合法的なウソをついている。彼はあなたの注文を一〇回約定させたあと、すべてをうまく買い戻して、利益を自分の口座に入れた可能性がある。そして、彼はこれを公平な競争と呼んでいる（彼の妻と私立学校に通う子供たちもそう呼んでいる）。フレッド・シュエッドの疑問に答えると、これが港のヨットは銀行家やブローカーのものばかりで、顧客のヨットが見当たらない理由だ。うまみのあるトレードはブローカーの口座に入り、相場が一五ドルの買い気配値になったときにのみ、あなたのＸＹＺ株が売れるのだ。私たちがこの仕事で言うように、「自分がまさに望まないときに約定する」のだ。

すでに気づいたと思うが、私はこの業界や業界が提供している業務、そしてその仕事ぶりの優秀さにとても敬意を抱いている。明確に私たちの業界を狙った二〇〇一年九月一一日のテロのときも、市場は七日後には取引を再開した。私の知っている立派なトレーダーはだれもが、私が今話した「架空の」盗みを深く恥じている。私たちはだれかから盗む商売をしているのではない。だれかを不当に利用する商売でさえない。先ほど述べた「不正直な」（これは合法なので、「不正直」とカギ括弧付きで書いている。そうした行為を不正直だと納得させることはできないだろう。私は説得を試みたことがある。彼らが私の言うことに耳を傾けないのに、あなたの言うことになど耳を傾けるはずがない）ブローカーは少数派だろうか。正直に言って、私には分からない。しかし、彼らを避ける必要はある。

ある年、私は数人の友人と親戚のために仕事をすることになった。それはすぐにかなりの株取引を必要とし始めた。それで、私は何人かの幹部クラスの顧客担当者にこの仕事をしないかと言った。私の見積もりでは、最高で年間約一〇万ドルの手数料が入る仕事だった。これは明らかに彼らの関心を引くものだった。私が求めたのは、私の注文を誠実に執行すると保証することだけだった。彼らは、私の注文が「利用される」ことを望まないという意味だと分かっていた。私の友人たち、日曜日の朝に賛美歌を歌う人たちはみんな、その保証はできないと誠実に言った。何が言いたいのか。公平な競争の場を作りたがっている人々には、それを実現するほどの力がない、ということだ。

だから、あなたは自分の注文を利用されるということがどういう意味なのか知っておかなければならない。すべての利益をこの方法で得ている証券会社がいくつかある。彼らはあなたの注文を受けて、それを無料で約定させる。問題は、これによって顧客の注文を利用していることが明らかになることだ。これは一般的に行われている。

さて、私はプロなので、いつ不当に利用されていたかが分かる。私が正直なブローカーを特定することはそれほど難しくない。実際、私は二人のクリスチャンの株式ブローカーとパートナーシップを結んだ。ある日、彼らの会社は前の話と同じように、ある価格で私の売り注文を出していた。私の記憶では、価格は一二ドルだった。相場が何度も一二と一六分の一ドルになっていることに気づいて、私は約定（初心者のために言っておくと、「約定」とは注文を「成立させる」ことを意味する用語で、ここはその名詞形だ）を求めた。私の友人の主任ブローカーは、私のパートナーがもっと良い価格を得ようとしているので、約定させることはできないと私に言った。私はその銘柄が一二と一六分の一ドルを付けた約定回数を数えた。それは八四回だった。

そこで、私は友人に一二ドルで約定させるのが筋だろうと言った。相場は今や一一と二分の一ドルに下げていた。彼はそれが妥当だったか、自分のブローカーたちに確認すると言った。彼らは、そのブローカーが私の注文を約定させる義務はないということで一致した。

ここで、商品先物の世界でのやり方を理解しておく必要がある。そこでは、相場が一二ドルを超えたら、一二ドルの売り注文を抱えている先物ブローカーはすべて、顧客の注文を約定させる義務がある。どのブローカーもその義務から免れることができるとは思いもしない。実際、顧客が約定を求める必要はない。ブローカーはいくらお金がかかっても、顧客を満足させるために自動的にそのトレードを執行する。株式の場合、それが当てはまらないのだ。

だから、彼らが私の注文を約定させる義務がないことにちょっと驚いた。しかし、彼らは私のパートナーであり友人たちでもあった。そして、彼らは私がもっと良い価格を得られるように、手を出さないでいるのだと言った。というわけで、彼らは一二ドルで約定させることを拒否した。

あとで、私の主任ブローカーが電話をしてきて、私の代わりにトレードをするスキルがある証拠を出しましょうと言った。彼は私の注文をより高値で約定させようとしていた証拠を渡しますと言った。「私たちのパートナーは業界で最も優れた執行ができる一人で、より高値で約定させるために待っていたのです。実際、彼はそうしました。あなたは一二ドルで売りたいと言われましたが、彼はそれよりも高値で売ったのですよ」と、彼は言った。これはブローカーの典型的な自慢の種だ。そして、それには意味がある。ブローカーが注文をとても良い価格で約定させることは確かにある。通常、素晴らしい価格で約定すれば、それはすぐに分かる。しかし、そうでなければ、ブローカーが単純にプロのプライドから、素晴らしい価格で約定しましたと言っても、気に留める人はだれもいない。このビジネスでは、素晴らしい条件で約定させることほど良いことはない。ブローカーは良い報酬をもらえるし、良い約定は努力していることの証しになるからだ。だから、私の友人が電話をかけてきて、私に言った言葉はこうだった。「マーク、言っただろう。ブローカーは君のためを考えて働いているんだ」

私がフロアでトレードをしていたとき、どの約定も明らかにきちんとしていた。しかし、現在、フロア外からトレードをすると、約定が適切かどうかまったく分からない。だから、仕事をうまくやったと得意げなブローカーが、電話をかけてきて、それを利用するのは当たり前になっているのだ。

ブローカーがより良い価格で約定させるために手を出さないでいた間、私はその株のチ

図2－1

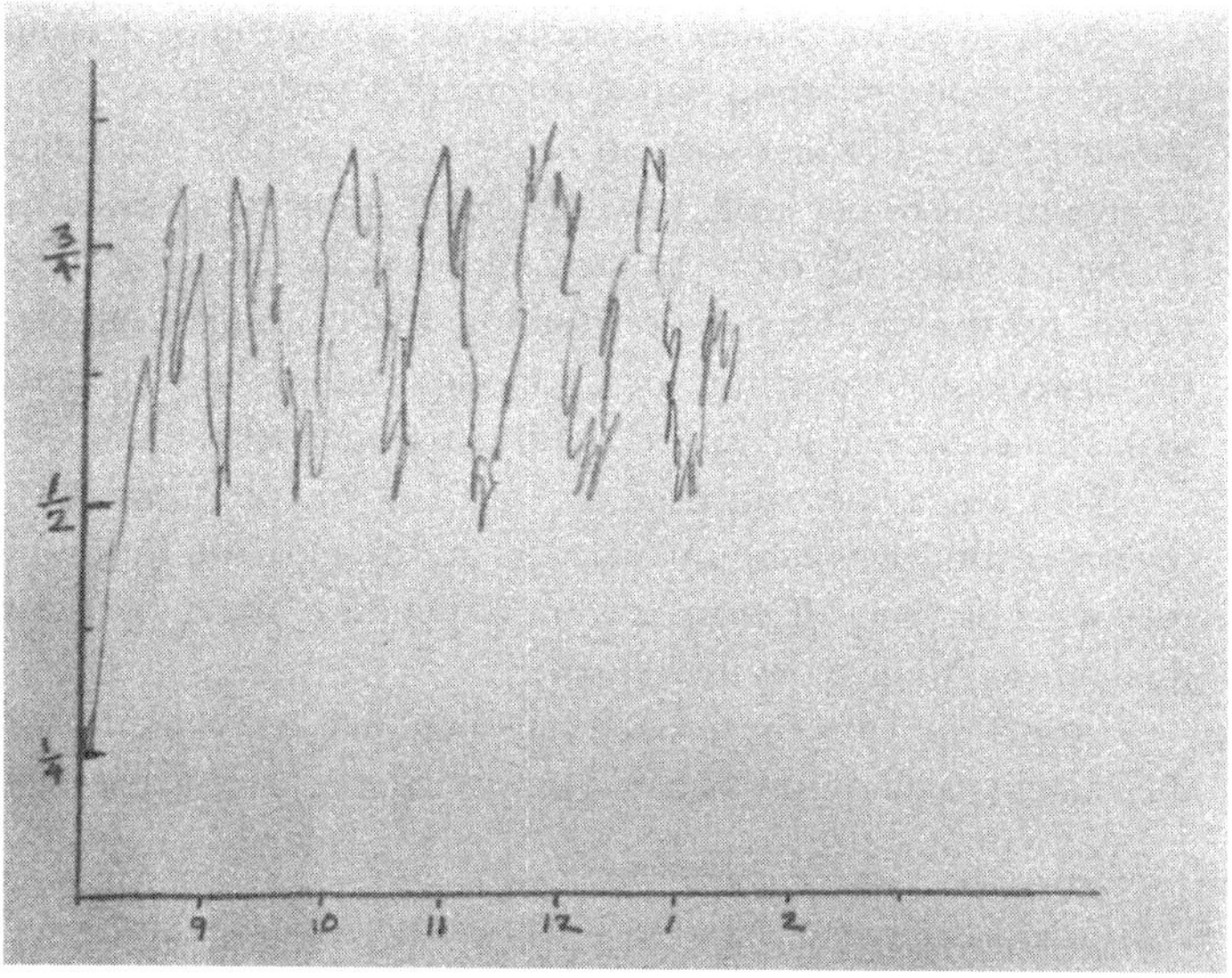

ャートをコンピューターに表示させていた。それが**図2－1**だ。このチャートを注意深く見る必要がある。適切な約定が分かるようになることが重要だからだ。**図2－1**では、価格が一二と八分の五ドルをわずかに超えていることが分かるはずだ。こんな日になることがデイトレーダーの夢だ。一二と四分の三ドルで売って、一二と八分の五ドルか一二と一六分の九ドルで利食いできる。だから、一二と八分の五ドルよりも安く買えたブローカーは自慢できる。一二と一六分の九ドルで買えたら大騒ぎで、一二と二分の一ドルで買えた

らお祝いと感謝の祈りをするだろう。売り方ならば、一二と八分の五ドルよりも高く売れたら問題ないし、一二と一六分の一一ドルよりも高ければ素晴らしい。一二と四分の三ドルよりも高く売れたら夢のような約定だ。はっきりさせておくと、一二と四分の一ドルの取引は異常値で、前日の取引で約定しなかった分だ。だれかが一二と四分の一ドルで売り注文を出していたため、寄り付きは明らかに一二と二分の一ドルだったのに、一二と四分の一で買われたのだ。通常、これらの取引ではほとんど出来高がない。

さて、状況が分かっただろう。それで、あなたは私のブローカーで友人のパートナーが私の注文をいくらで約定させたと思うだろうか。可能なかぎり最高の約定をさせる才能がいかにあるかを示している、と電話で自慢していたこの注文をだ。次の段落を読む前に、今すぐに予想してほしい。

あなたが予想をしている間、私はちょっとアドレナリンが出ているのを感じる。約定した価格が一二と四分の一ドルだったのを思い出したからだ。これが買い注文でさえあったら、大いに自慢できる。しかし、これは売り注文だった。明らかに、夜間のうちにこの株は上げるといううわさが広がっていたのだ。一二と二分の一ドルを下回る唯一の取引は寄り付きの一二と四分の一ドルの私の約定分だった。実は、私の友人でパートナーのブローカーは、一二と二分の一ドルで寄り付いたとき、私の注文を一二ドルで出していた。だから、私が一二と四分の一ドルという「より良い」約定をしたと言ったのだ。そして、当然ながら、その取引が私の友人でパートナーのブローカーの口座にはけっして入れられなかった理由だ。それでは、彼はまったく儲からないからだ。相場が一二と八分の五ドルのときに、だれが一二と四分の一ドルで売りたがるだろうか。しかし、ブローカーは私が一二ドルで売りたがっていると思い、一二と四分の一ドルで売ったのだ。彼がそこで何回売っていたのか、私にはけっして分からない。それを知るには、かなりの調査が必要になる。私は一二と八分の五ドルになったときに買い戻すしかなかった。その場合でも、私の売値は本来の価値よりも八分の三ドルも安かった。この日に自慢していたのは、一二と四分の一ドルで私の一万株を買って、素早く二五〇〇ドルをポケットに入れた男だけだった。極めて素早くだ。

ここでアドバイスをしておこう。この話の背後にある考え方がよく理解できない場合は、理解できるまで読み直してほしい。アップルかウォルマートに投資して、五年間持っていれば、自分にとって大いに有利な価格で売買注文が約定しなくても、かなりの利益を得られるだろう。だが、デイトレードではそういうわけにはいかない。それは無理な話だ。良い約定と悪い約定の違いが分からなければ、すべてのトレード本に載っているすべての知見を習得したとしてもまったく役に立たない。

私は友人に言った、「なぜ電話をしてきて、こんなウソをつくんだ。私がプロなのは知ってるだろう。ブローカーが手控えていたのか、バカなトレードをしているかのように狙い撃ちされたのか、私には分かるんだ」。彼は、私がもともと望んでいたのよりも良い価格で約定させたと主張した。「私の注文が一二ドルでの売りだったのを、一二と四分の一ドルで売ったのだから」と。

あなたは、私がチャートをコピーして告訴すべきだと思うかもしれない。しかし、実際には、彼らは何も悪いことはしていない。株式市場では、それは完全に合法なのだ。それが不道徳だということは、あなたも分かるだろう。私もそれが不正直だということは分かっている。どの顧客も、これが盗みだと分かっている。しかし、なぜ文句を言うのだろうか。私は指値よりも良い価格で約定したではないか。

私が今語った話が盗みだと理解できないのならば、あなたはトレーダーにはなれない。投資はできるが、トレードは月に一回までにするように心がけてほしい。

私とともにトレードの世界でキャリアを重ねてきた人々のほとんどは、そういった行為は恥ずべきことだと思っている。私たちはぼったくりをするために、このビジネスをしているわけではない。この習慣は「顧客の注文を悪用する」と言われている。良いトレードならば、つまり、手仕舞って利益が出る場合、それはブローカーの口座に移される。悪いトレードならば、それは顧客の口座に移されるのだ（このことを信じてほしい。トレードをするよりも盗むほうがはるかに大金を稼げる。そのほうが簡単で、素早くて、確実なのだ）。

このブローカーと私の仲が険悪になったとき、それは性格の不一致のせいだろうと、彼がウソぶいた。あなたは第1章で、トレードはしばしば性格に大きく左右されると私が言ったことを思い出すかもしれない。それで、そうなれば、それは私の性格のせいなのだろう。私は彼らが人々からぼったくりをすることに不満を持っている。

さて、思い出してほしい。あなたの仕事は安く買って高く売ることだ。つまり、本当は市場で考えられているよりも価値があると思ったときに、買う必要があるという意味だ。そして、逆の場合には売る必要がある。しかし、私がした話では、私は正反対のことをした。売るべきだったし売れるはずだったときに、売れなかった。そして、売るべきでなかったときに売った。この業界で言うように、まさに自分が望まないときに約定した。

あなたは良い約定を特定できるようになる必要がある。私がE＊TRADEで得た約定は悪い約定の典型だ。しかし、自分で気づかない約定ほど悪いものはない。私があの「より良い」約定に気づいたのは、私の友人が電話でそれを自慢したからだ。これらの約定は気づかれないうちに流れていく。あなたは利益をちょっとかすめ取られて、悪い約定をさせるブローカーを使ってトレードを続けるのだ。

私が資金運用をしていたとき、私のパートナーと私はすべてのピットで仕事をした経験があった。私たちはだれが良いブローカーか知っていたので、すべてのトレードを私たちの指名したブローカーが執行するようにと、清算をするブローカーに保証してもらった。ある日、英ポンドで気に入らない約定があった。私はそのブローカーを個人的に知らなかったが、パートナーは知っていた。私は立派なブローカーなら、こんな約定をしないと知っていた（詳細は思い出せない）。それで、私はフロアを呼び出して、特定のトレードについて文句は言いたくはない、と言った。あとになってトレードについて詳細を知る方法はないからだ。しかし、「その注文を約定させたのがだれか教えてほしい」と言った。思ったとおり、それは私たちの注文をすべて執行することに同意したブローカーではなかった。彼らはその日の注文から、私がどうしてその注文――彼らに台なしにされたトレード

――を選んだのか理解できなかった。

人生には確実なことが三つある。二つはあなたも知っている。三つ目は悪い約定だ。そして、それを減らす唯一の方法は、悪い約定をしたときにそれに気づくようになることだ。デイトレードをするのなら、約定の質次第で成績に大きな差が出る。それが成功と失敗の分かれ目だと分かるだろう。あなたが投資家で、アップルを買い増しながら何年も保有していて、それが良い取引ならば、どういう約定かはあまり問題ではない。しかし、デイトレーダーになりたいのならば、トレード量が増えるにつれて、約定の重要性も高まる。ひどく悪い約定、多額の手数料（一往復一〇〇ドルを思い出そう）、それにトレンドは味方という哲学に支配されていた時代には、選択肢は一つしかなかった。それは仕掛けたあと、トレンドが形成されるように祈ることだ。仕掛けては損切りをする、ということを繰り返すわけにはいかなかった。そんな戦略を用いれば、手数料のせいで確実に負けた。しかし、現在では取引手数料は低く抑えることができているので、約定時の費用を注視しなければならない。約定にかかる費用は特定するのがはるかに難しくて、通常は計算できない。ただし、この費用をある程度は管理できなければ、デイトレードなどできない。

この原則を理解していないのなら、第4章を読む意味はない。そこを読んでも、トレードの準備ができていないのに準備ができていると錯覚しているだけだ。相場の知見をいくら蓄えても、悪い約定の埋め合わせはできない。そして、まともなブローカーなら、だれでも優れた約定を保証してくれる。分かってほしい。システムをどれだけリサーチしても、実際にトレードを執行し始めるまでは仮想にすぎない。プロのトレーダーがつもり売買を真に受けないのはこのためだ。だれかが次のように言った。つもり売買と本当のトレードの関係は、シャドウボクシングと本当のボクシングの関係と同じだ。私はボクシングはしたことがないが、この類推は的確だとよく分かる。

私が述べた事例では、私たちの証券会社（私のパートナーたちや友人たち）が何回、一二ドルか一二と一六分の一ドルで売り、一一と一六分の一五ドルか一二ドルで買い戻したかは分からない。しかし、私の売りの指値を上回る価格での取引は八四回あった。そのため、彼らが私の指値で五〇〇回はトレードできたと考えるのが理にかなっている。はっきりとは分からないが、これは確かに可能だ。そして、それらのトレードのほとんどは一一と一六分の一五ドルで買い戻されて利益を出していた、と推測するのが理にかなっている。繰り返すが、これは推測だ。なかには一二ドルで売って、同じ価格で買い戻されたものもあるかもしれない。しかし、彼らが一二と一六分の一ドルと一一と一六分の一五ドルの間でかなりの利益を得たことは間違いない。これがわずかな利益にしか思えないのなら、あなたは初心者だ。細心の注意を払って読み進めよう。

さて、ここが重要なポイントだ。もちろん、これらの一ティックのトレードで利益を左右する要因はポジションサイズだ。そして、彼らのポジションサイズは私の注文数と同じだ。この場合、二万株で、各トレードは二万ティックになり、一二五〇ドルの価値があった可能性がある。思い出してほしいが、私はその銘柄が一二と一六分の一ドルを八四回付けたと言った。彼らが一二ドルで何回の取引ができたかを知ることはできないが、一〇〇回以上は楽にできただろう。実際、八四回は半日数えた数字にすぎない。そして、この注文は二週間以上市場に出ていた。当然ながら、彼らの売りがすべて二万株だったとは限らない。彼らは一二ドルで一万株を売ったら、すぐに一一と一六分の一五ドルで一万株の買い注文を出す一方、残りの一万株の売り注文を一二ドルで出す。

要するに、彼らは相場を支配することができて、すべての取引は彼らの口座に移される。彼らがそれを一〇〇回しかできなくても、利益は一二万五〇〇〇ドルになる。そして、それは私の注文を利用することで得られた利益だ。これが、ブローカーがすぐに、彼らの頭の中では最も賢い人間になる方法だ。

頼むから、一六分の一ドルの利益（三二分の一ドルか六四分の一ドルの場合のほうが多い）をバカにしないでほしい。あなたが投資家ならば、これは大したことではないかもしれない。しかし、これはトレードの本だ。あなたがトレーダーならば、一トレード当たりの利益は必ずとても小さくなる。約定時に一六分の一ドルを失っていると、大きな差を生む可能性がとても高い。それは大した額とは思えないかもしれないが、あなたの奥さんや家族はその差を知っている。どんなに小さくても、その利益の積み重ねで富が築かれるのだ。この事例では、利益はすべて盗まれた。しかし、あなたがそれらのブローカー（私の友人たちやパートナーたちだということを覚えているだろうか）に非を認めさせることは絶対にできないだろう。ある人にとっては「盗み」でも、ほかの人にとっては「生産性」だからだ。この広まっている悪習がどこかの規制機関によって止められる日が来ることを祈るが、期待はしないほうがよい。

前の段落に対するあなたの反応は、「何を分かりきったことを言っているのだ」だろう。この「何を分かりきったことを」の要素がすぐに頭に浮かばないのなら、あなたにトレーダーとしての勘はない。投資だけに限定すべきだ（トレードと投資の違いが分からなければ、手助けしてもらおう。一般的なルールは次のとおりだ。週に一回も取引をしていなければ、投資家だ。週に一〇回以上の取引をしているのならば、トレーダーだ。一回から一〇回の間ならば、あなたはどっちつかずだ。だれかに助けてもらおう。要するに、プールの深いほうに行くつもりならば、プールのふちにしがみつくのはやめることだ）。

これはまさに私に起きたことであり、私はプロだ。そして、これらの注文は私の友人たちやパートナーたちによって執行された。言いたいことが分かるだろうか。あなたは彼らの悪意に太刀打ちできないということだ。

さて、これで、市場について良い知らせと悪い知らせ、それに醜い知らせを伝えた。それでも、まだトレードをしたいだろうか。少なくとも今では、ピーター・ブラントのようなトレード界の大物たちが、トレードはやめておいたほうがよいと忠告していることを知っているはずだ。しかし、この種の痛手をたっぷり味わっていて、ここまでの一〇ページを読みながら何度も「何を分かりきったことを」とつぶやいたのならば、第3章が待っている。間違いなく、私たちは読者から大衆の層を減らしている。なぜなら、私たちの業界にはビジネスでの至言の一つ「大衆は常に間違っている」があるからだ。

私はこの言葉が大好きだ。あなたも大好きになるだろう。そうならないのなら、トレードの世界を避けるべき理由をもう一つ追加しよう。

FYX（クリスチャンのために）

詩編一五編四節から始めて、そこから進むとよい。聖書で誠実さについて語っていないページを見つけるのは難しいだろう。私たちクリスチャンが優先すべきことは、正しい神学を持つことだ。しかし、聖書で重要なのは誠実な生活を送ることだ。

多くのクリスチャンは、この信仰を選ぶこと自体が誠実な行為だと考える。あなたは今、笑っているべきだ。これは例のあらゆる魂の敵が神に選ばれた者たちに発した一種の神学的冗談だからだ。悪魔の存在を信じないあなたがこの冗談に納得しないのなら、何をもってしても納得しないだろう（あなたは、とっくに次の章に進んでいるだろう）。

クリスチャンであることが誠実さの究極の行為だと考える人々のなかにあなたがいないことを祈る。クリスチャンがこういう勘違いをすると、誠実ならすべき努力を、信仰のせいでしなくなってしまうのだ。

聖書のどのページにも、この愚かさを語る聖句があるかもしれない。私はそれらを手取り足取り教えるつもりはない。自分で見つけてもらいたい。私たちが神を信じているからといって、人格者ということにはならない。人格は今後も高めていかなければならない。

私は箴言に戻って、自分の欠点を直そうとしている。

私が話をしたパートナーの友人は立派なクリスチャンだったし、今でも彼が通う教会やクリスチャンの友人たちの中心的な存在だ。キリスト教を信仰しているからといって、自動的に人格者になるわけではない。人格とはアスリートのように一度に一つのことを鍛えて、少しずつ高めていくものだ。そして、問題はそういう努力をしても、けっして認められるわけではないということだ。私たちクリスチャンは正しい行いをするたびに、認められたがる。だが、誠実さとは私的なものだ。だれもが見ているときに正しいことをして、何か認められるだろうか。これがクリスチャン仲間のなかでさえ、誠実さがまれにしか見られない理由だ。

私の父には誠実さがあった。そして、必死になって私にそれを伝えようとしたが、父が生きている間、私は父の努力に一度も感謝をしたことはなかった（賛辞の詳細については、『ゴッド・イン・ザ・ピット』を参照してほしい。あるインタビューを受けていたときに、「あなたはこの本の本当の主人公がだれか分かっていますか？」と言われた。私がちょっと黙っていると、「あなたのお父さんですよ」と言われた。ある日、私は父が働いていた教会の敷地にあるポンプで、車にガソリンを入れていた［彼はキリスト教の牧師の仕事も実際に一時期していたが、それは私が家を出たあとだった」。ガソリンがほかのガソリンスタンドよりもずっと安かったので、職員はみんなそこで満タンにしていたのだ。私は若くて世間知らずだったので、それについて尋ねた。父は、教会は非課税なので、ガソリンも非課税なのだと説明した。私は好奇心に満ちた顔で父を見た。「統一教会の文鮮明はこの脱税のせいで刑務所行きになったんだ」と父は言った。私がいぶかしげな顔をすると、「私は町のガソリンスタンドでガソリンを入れているよ」と父は言った。ほとんどのキリスト教社会のなかで示される誠実さの水準では、ＣＢＯＴで仕事をするには不十分なようだ（彼は職員の行為について恥ずかしさで、うなだれながら言った）。あなたはこれをキリスト教社会への侮辱かＣＢＯＴへの賛辞と考えるかもしれない。どちらでも好きなほうを選べばよい。しかし、どちらの世界でも私と同じくらい長く過ごすまでは、この意見に異議を唱えることはできない）。しかし、人格とは伝えたり手渡したりできるものではない。それはストレスと苦痛を伴う試練のなかで形成されるものだ。クリスチャンでブローカーの友人は、自分にもっと誠実さが必要だということは分かっているようだった。彼はもっと誠実になれるように、手助けしてほしいと、私に頼みさえした（許可なく、ここを読んでいる信者でない人たちに言っておこう。これが私たちクリスチャンの多くが自分の盲点を見つけるためにお互いに行っていることだ。私たちはこれを「説明責任」と呼んでいる）。これは、彼がクリスチャンによくある混乱――黄金律をどうやって、食うか食われるかという闘いのルールに合わせるか――に陥っていたことを意味する。しかし、誠実になるのは容易ではない。ほとんどの場合、収入が減ることに対する大きな不安がつきまとうからだ。

それで、私は彼に頼まれたことをした。私は彼の不誠実さを真剣に責めた。「あなたには説明責任がある。あなたが誠実なブローカーになるために、何をする必要があるかをはっきりと言おう」。私はここで書いたようなことを彼に伝えた。

牧師があなたのしていることを知らないからといって、そんな約定が許されるわけではない。ヤコブは、「あなたはどういう商売をしているのか」と尋ねたとき、この状況について具体的に語っている（ヤコブの手紙五章四節、またはエレミヤ書二二章一三節）。ビジネスはビジネス、と言っただろうか。言った。利益を出さなければならない、と言っただろうか。もちろんだ。しかし、それで人々をだましてよい、ということにはならない。それができると考えていて、神の怒りを避けることができると思っているのならば、残念ながら間違っている。信者でない人々はこの問題を抱えていない。彼らは何も分かっていない。しかし、あなたは分かっている。私たちは黄金律に従って生きることを求められている。価格が一二と八分の五ドルのときに一二と四分の一ドルで客の株を売ったことを自慢しながら、どうして黄金律に従って生きることができるだろうか。これはまったくの偽善的行為だ。クリスチャンがこれに慣れてしまったのは、牧師は何が起きているのかをまったく知らず、一般の信徒は聖書をこのことにどう当てはめるべきか分からないからだ。

実は、私のひどい約定について、このクリスチャンのブローカーを責めるまでもなかった。彼はそれよりもはるかに悪いことをしていた。不誠実さは際限なく膨れ上がるものだ。彼は未亡人の老後の蓄えをだまし取っていた。私は彼を指さしながら言った。未亡人にお金を返さなければ、私の怒りが子供のお遊びに見えるほど神の怒りを買うだろう、と。信者でない人は私の助言を受け入れて、もう第3章に移っているだろう。お金を返したからといって、信仰の裏付けにはならない。これは魂に関することで、神学者の間で議論にならないと思われる数少ない点の一つだ（私はある日、私には信仰心があり、ブローカーには信仰心がないことについて、彼と話をしていた。彼の父親は彼に信仰の模範を示して、最近亡くなった。そこで、彼は私に「私がクリスチャンであっても、私は結局……のようになるのか」と言った。そして、彼は「……」に二人がよく知るブローカーの名前を入れた。その男はキリスト教を信仰しているが、非常に疑わしいトレードをすることで有名だった。彼は不誠実さのせいで、前の仕事をクビになっていた。それで、私は「もしそうなったら、君には私のブローカーを辞めてもらう」と言った)。

みんな、落ち着こう。私たちは死ぬまで偽善的だし、偽善的行為は血圧を少し下げてくれる、ということを覚えておこう。さて、私たちの問題に焦点を当ててよう。安く買って高く売り、なんとかそこでの黄金律に従おう。私たちの英雄であるヨセフを覚えているだろうか。彼が穀物の投機家だったという私の考えをクリスチャンが笑っても、私は気にしない。彼らはプロのトレーダーではない。彼らは私たちの業界で何が起きているのかまったく分かっていなかった。だから、ヨセフが毎年、作物の二〇％を買うという話をすると、彼らは私が冗談を言っていると思う。バカげた考えだ。滑稽なことは、ここには何もない。そして、彼が農民に対して私が受けたような取引はしていなかったと考えて差し支えない。実際、彼は農家と七年間の契約をし続けた。ヨセフが買っていなかったら、農民は三～七年で利益を出すことはできなかっただろう。すべての畑が豊作のときほど、農業にとって打撃となることはない。価格はあっという間に生産価格を下回る。ヨセフの買い入れ計画があったからこそ、彼らは農業を続けられたのだ。

そして最後に、八～一四年で、彼はファラオのために財産を作った。金持ちはより金持ちになった。貧しい人は生き残った。

ヨセフの天気予報は神の啓示によるものだった。だが、取引の戦略はそうではなかった。この二つを混同しないでもらいたい。自分のトレードの意思決定を宗教的なものにしないでもらいたい。自分が相場について祈っていると気づいたときはいつでも、それを主からのしるしと受け止めて、主があの金持ちの若者に言ったとおりに、すべてを清算してほしい。

混乱しないように。ユダヤ人は金融の天才という評判を得たが、ヨセフはそうではない。大胆にもここを盗み読んでいる友人のユダヤ人たちへ。あなたたちは市場での判断を宗教的にとらえすぎることの愚かさについて知るべきことを、バーナード・マドフから学ぶべきだった。あなたたち全員に言おう。「この章を読んでいる間に、あきれて五～六回は『何を分かりきったことを』と言わなかったら、あなたにトレードはできない」。それでもこの本を読み続けたら、私がとても消極的な見方をしているという結論を下すだろう。それは本当だ。自殺の防止から始めた私の目標は、この業界のネガティブな面をコントロールすることだ。それは損失を抑えるということだ。あなたにトレードはできない、と言ったことが当てはまる人は、トレードをしないことでこそ、一財産を築ける。

あなたが資本家になることを、私が思いとどまらせようとしているとは少しも思わないでほしい。それは別の話だ。みんなも私と同じように資本家になるべきだ。私たちはだれでも投資をする。そして、私たちクリスチャンはあらゆる投資に対して責任を負う。イエスは富、貧困、投資について多くのことを知っていた。イエスの例え話を調べてほしい（そして、それらを少し独創性を持って見なければならない。例えば。放蕩者の話だ。ここには金融についての素晴らしいテーマが語られているが、いつも見落とされている）。私は孤児たちに投資をしている。それに対して、どれほどの見返りがあるのかを測るのは難しい。しかし、ＲＯＩ（投資利益率）を算定できれば、それはかなり大きいだろう。これは天国について語っているのではない。資本家になるべきだと言ったのは、トレードをすべきという意味ではない。だから、トレードで苦しみながらも、成功したいという意欲があり、この二〇ページほどで何度か「何を分かりきったことを」と言った人は、「大衆は常に間違っている」の次の章を読もう。私はこの言葉がとても気に入っている。第３章を読み終えたときに、この言葉が気に入っていなければ、トレードはできない。

第3章

大衆は常に間違っている

THE CROWD IS ALWAYS WRONG

何十年も前に、家族を連れて中東を旅行したことがある。エルサレムの旧市街にある市場はとても気に入った。そこでは、人々はできるかぎり値切るが、交渉では商人たちのほうが一枚も二枚も上手だった。私はムスリム地区で子供たちにあたかもコンタクトスポーツのように値引きの交渉術を紹介していた。店はどこも混み合っていて、通りは人が歩けるほどの幅しかなく、狭い通路に光はほとんど差し込まない。焼きたての香り豊かなパン、羊毛を洗って織ったばかりの生地、あちこちにある小さな排水路、それらすべてが人を別の時間と場所に誘うために必要なものだ。

ある日の午後、何かが起きた。それは通常の混雑する時間帯だったのかもしれない。しかし、そこは人が多すぎて、だれもがその場所から一刻も早く抜け出したがっていた。三〇秒もしないうちに、それは群衆と化した。石畳の表面はでこぼこになった。とにかく転ばないことが何よりも重要だった。体重が一〇〇キロほどあるのでどこでも目立つ長男のダンは六歳の双子の妹の手をつかみ、私は双子の姉の手をつかんだ。妻のナンシーは一〇歳の息子の手を取り、一一歳の息子のジョーイは一人で走った。幸い、私たちは足を地に着けて、群れをなす人々にぴったり合わせて動いた。ダンでさえその動きに逆らおうとはしなかった。

私は今でもこの戦略を勧める。群衆に巻き込まれたら、一つのことだけに集中しよう。しっかりと足を地に着けよう。あとは群衆に付いていくだけだ。

だが、この状況を覚えておいて、トレードに当てはめるのは絶対にやめてほしい。トレードをしていて、大衆に巻き込まれていると気づいたら、恐れず真っ先に降りよう。その動きの最後で利益を得ようとしてはならない。最後の上昇前に手仕舞うべきだ。なぜなら、覚えておいてほしいのだが、大衆は常に間違っているからだ。そして、このアドバイスはかつて四年近くトレンドに乗っていたトレーダーからのものだからだ（トレンドフォローの手法を採用するリチャード・デニスとタートルズにとって、これはおそらく普通のことだろう。しかし、できるだけ早く手仕舞うという目標を持っている私のようなトレーダーにとって、四年間もトレンドに乗り続けるのは異例のことなのだ。メリル・オスターはそんなチャートを思い浮かべようと視線を上に向けると、「それで、うまく手仕舞えたんだろうね」と言った）。

プロのトレーダーはこの章を飛ばしているという前提で話をしている。これほどプロと初心者を簡単に区別できる考え方はない。プロはだれでもこのことを知っていて、この考えに従ってトレードをしている。プロでないあなたたちは、この言葉が何を意味するのか、これがどうして私たちにとってそれほど重要なのか、理解に苦しむだろう。あなたが本当にトレーダーになりたいのなら、この皮肉な言葉を完全に理解してほしい。

簡単な例を一つ取り上げよう。あなたたちのなかにはこう言っている人がいるだろう。「第3章に入ったのに、この人はまだ仕掛けのポイントの一つも教えてくれない。一つもだ！一体、教える気はあるのだろうか」と。

答えは「ない」だ。プロのトレーダーならばだれでもその理由をよく理解している。そして、あなたが理解できない理由は、大衆についてのこの教訓が習性となるほど身に付いていないからだ。プロがこの章を見たら、この本はあまりに初歩的すぎると思って、すぐに読むのをやめるかもしれない。プロがまだこの章を読んでいるとすれば、その理由はただ一つ、私が本章の要点を大衆にうまく説明できるかどうかを見るためだ。何が問題か分かるだろうか。大衆に向かって、あなたたちは常に間違っていると言うのは簡単ではない。しかし、それは本当のことなのだ。

私が圧力に屈して、仕掛けのポイントを一つ教えたとしよう。こういうふうにだ。月曜日の朝は買うのにもってこいの日だ。顧客担当者はみんな買いを入れようとしているので、月曜日の朝は急上昇する。いつもではないが、たいていは上昇する。そこで、私はあなたにこの仕掛けのポイントを教える。月曜日の寄り付きに買って、ストップ注文（初心者の方々へ。ストップ注文［逆指値注文］とは現在値よりも高く買うか、現在値よりも安く売る注文だが、指示した価格に相場が達するまで、注文の執行も約定もなされない。これはたいてい、ストップロス［損切りの逆指値］注文と呼ばれる。このストップ注文はちゃんと理解して使うべき最も重要な注文方法かもしれない）を置き、担当者が昼食に出かける前に利食いをするようにと言う。

さて、私たちのテーマを思い出そう。「大衆は常に間違っている」だった。そして今、大衆、つまりこの本を読んでいるすべての人が私の仕掛けのポイントを使っている。みんなが月曜日の寄り付きに買い注文を入れている。あなたはトレードのこの最初の教訓を完全に無視したのを分かっているだろうか。大衆がしているのなら、それは間違っているのだ。それが教訓だ。しかし、あなたは月曜日の寄り付きに買うとよい、という耳寄り情報を手に入れたので、教訓を無視した。しかし、大衆が月曜日の寄り付きに買っていたら、私は何をしているだろうか。売っている。そして、大衆（私の耳寄り情報に従っているあなたとあなたの読書友だち）がこのトレードを手仕舞おうとするときの下げは大きくなるだろう。あなたがトレーダーになるつもりなら、この点をしっかりと理解する必要がある。

少し先に進みすぎたので、戻って説明を加えておきたい。これは常識だが、だれもがフロアの「耳寄り情報」に注目しすぎる。こうした耳寄り情報は価値がないどころか、弊害が大きくて危険だという常識はもう知っておく必要がある。もちろん、最近はコンピューターでトレードする場合には、ケーブルニュースという「強み」を使うことができる。それはあなたのトレードにどれほど役立っているだろうか。多くのトレーダーがニュースに迷わされたくない理由はここにある。

「大衆は常に間違っている」というのは奇妙な言い回しだが、これは耳寄り情報ではない。そして、多くの初心者にとって、これはフロアから得られる最も重要な教訓かもしれない。だから、この思慮深い言葉について、この章の全部を費やす。この考えを初めて聞いたか、少しでも不快と感じたのなら、あなたは初心者だ。読み続けよう。

大衆はかつて、地球が平らだと信じていた。少数の人がそれに反する見方をしたときに、人類は大きく進歩した。今では大衆も地球が丸いと信じているので、丸いというのは間違いだと提案するつもりはない。私たちは一般に信じられている信念が間違っていると言っているのではない。しばしば主張されてきたように、単に反社会的なのでもない。また、話を混ぜ返すのが楽しくて、わざと反対しているのでもない。もっとも、そういうこともしたことはあるが。

この格言は真実には当てはまらない。大衆が信じれば、真実がすぐに間違いになるということはない。それでも、多くの一般の人々に受け入れられているせいで真実と考えられている考えはすべて疑ってみることを強く勧める。しかし、これを説明するには別の本を書く必要がある（トーマス・ペインは、「ある事柄が間違っていないという考えを長く持ち続けると、それが表面的には正しく見えてくる」と語った。あなたがけっしてトレードはしないが、この格言を学ぶことができるならば、この瞬間が転機だったと振り返るときがくるだろう。人類の進歩の核心は、長く信じられてきた考えを疑うことにある。そして私は自分の意見を持つことを大事にしている。ここを強調するのは、脚注を読んでいるあなたには真の探究心があり、間違った考えからでさえも、それを利用して価値あるものを生み出せるからだ。それが創造性だから、それを捨てないでほしい）。

真実は大衆の考えにはまったく影響を受けない。一方、価格は常に大衆の考えに影響を受ける。価格はある瞬間の需給バランスの指標にすぎないからだ。そして、大衆の考えは常に、需要に対して実際とは大きく異なる影響を及ぼす。それは未来永劫、変わりない。その影響によって、価格は本来の水準から外れる。住む予定がなく賃貸にも出せない区分マンションを大衆が買ったら、マンションの価格はどうなるだろうか。もちろん、極端な例をあなたは知っている。大衆は昔、チューリップの球根に自分の家よりも高い値段を付けたことがあった。

もっと身近な例を考えてみよう。一〇歳の誕生日に、あなたは家を出る。あなたはお小遣いを上げてもらいたかったが実現せず、がっかりしていた。あなたは左右を見る。その地区の子供はみんな庭にレモネードスタンドを置いている。あなたは隣の友だちに「お小遣いをちょっと多く稼ぐのに一番良い方法は何」と尋ねる。

彼は「いいかい、レモネードが働いてくれるんだ。芝刈りをしようなんて考えるなよ」と、世間一般の常識を言う。

この大衆を見習えば、どんな事業をしても供給過剰を強めるだけだ。レモネードで利益が出るかどうかはどうでもよい。みんながそうしているのなら、私はホットチョコレートを売ることを勧める。みんながキャデラックを売っているのなら、フォルクスワーゲンを売るべきだ。みんなが車を売っているのなら、ガソリンを売るべきだ。みんながトラックなどの輸送手段を売っているのなら、食べ物を売るべきだ（車のセールスマンも食べなければならない）。私はすでに昔からよく言われていて、父から教えられた知恵――だれもが金（ゴールド）を掘り当てようと押し寄せているのなら、富を築く最短の方法はピッケルやシャベルを売れ――について述べた。これは反社会的な行為ではなく、健全な商習慣だ。

需要と供給に焦点を当てることができれば、ポイントがすぐに分かる。大衆が売っているものは割安だから、それを買う。大衆が買っているものは割高だから、それを売る。私はよく、この仕事で稼いだお金の八〇％ぐらいはこうして作られた、と話していた。この点について振り返るたびに、私はこの比率を引き上げている。最近では一〇〇％に近いと思っている。

この点を理解するには少し時間がかかるかもしれないし、これを実践するにはさらにもう少し時間がかかるかもしれない。この本を手に取って、ここまで読んだのなら、そもそもあなたは大衆に逆らうことをいとわないのだろう。そうであれば、私がなぜ仕掛けと手仕舞いの「秘密の」ポイントを言わなかったのか、きっと分かっているだろう。再びこのテーマだ。あなたが市場に参加するのは他人のマネをするためではない。私たちの経済に自力で貢献するために参加するのだ。

さらに実用的な例をいくつか示そう。最近、大手メディアがアフリカのある国の危機について報道した。詳細を知る必要はない。言いたいことはほかにある。この報道の数週間前に、心配した人が状況を知らせるウェブサイトを作った。そのサイトは口コミで広がり、世界的に著名なアメリカの指導者がこの取り組みを後押しした。この指導者もメディアもサイトで状況を知る必要はなかった。彼らはすでに知っていたのだ。しかし、指導者やメディアは典型的な追随者なので、そのサイトのことが口コミで広まり、大衆に強く行動するように求められるまで何もしなかった。多くの人と同様に、彼らは大衆を見ていて、それに追従した動きをする。私は古い格言に大いに賛成する。それは、あなたの選択肢は、①先頭に立つか、②付いていくか、③道を譲るか――の三つだというものだ（これは偉大なジョージ・パットン将軍が言った言葉とされている。だから、実際には「じゃまだ、どけ」と言っただろうと容易に想像できる。彼はとてもタフで人を鼓舞するような人物なので、彼の祈りの人生や知恵は見過ごされてきた。聖典に言及するとき、彼はそれを「毎日必ず」読んでいると述べている。彼は、人は計画、仕事、祈りの三つに集中しさえすればよいと言った。自分が大衆に従いそうになっていると感じたら、彼を手本にしよう）。この国では、高い教育を受けて専門家になり、大衆に従い、何かを変えようとする指導者たちをことごとく批判して良い暮らしをしている人々がいる。なんという国だ！　しかし、残りの私たちにはこれら三つの選択肢しかない。私は大衆に従うことを自分の意思で選んだ人を批判するつもりはない。しかし、安全という観点では、大衆に従ってトレードをするのはウオツカを飲んで運転するのと似たようなものだ。しばらくは、うまくいく。しかし、ある日突然、破綻する。

一般的な問題を検討して、それがどれくらい当てはまるか見てみよう。現在、最低賃金を引き上げる動きがある。思いやりのある人がどうしてこれに反対できようか。イエスに助けを求める人さえいる。私たちはだれでも、すべての労働者が人間として可能なかぎり、多くの収入を得られることを望んでいる。これに反対する理由などあるだろうか。当然ながら、問題はこれよりもはるかに複雑で、この本で扱える範囲を超えている。しかし、これは広く認められている考えで、少しばかり検討してみる価値はある。私たちはみんな、お金持ちと貧しい人の格差を埋めることは良いことだと思っている。最低賃金を引き上げれば、格差はきっと縮まるだろうし、そうならなければおかしい。結果として多少のインフレが生じたとしても、少なくとも最低賃金で暮らしている人には利益がある。裕福な人は傷ついても、格差が縮まることに少しはほっとするかもしれない。もちろん、彼らにはそれを受け入れるだけの経済的余裕があるし、心が広い人ならそれを称賛するだろう。結局のところ、アメリカが何かで有名だとすれば、それは中産階級が出現して彼らが成功しているところだ。

状況が理解できただろうか。さて、トレーダーとしての私たちの仕事は、大衆が受け入れられているものは何であれ、一度疑ってみることだ。そしてこの例では、広く受け入れられていて、ほぼ普遍的に認められていることは、お金持ちと貧しい人の格差を縮める必要があるということだ。あなたは、それは常識だと言うだろう。みんなもそう言うはずだ。よろしい。では繰り返すが、大衆が当然と見ていることと正反対のことをちょっと考えてみよう。そうすると、途方もない考えに行き着くこともあるが、とにかくやってみて、バカげた考えを思いついたときは黙っていよう。正反対の見方では、お金持ちと貧しい人の格差は良いことで、もっと広がるべきだ。私はあなたがその考えを恥ずかしく思っているのが分かる。しかし、ちょっと考えたからといって、死ぬわけではない。それに、考えたことをだれにも言わなければ問題は起こらない。

例えば、ビル・ゲイツがだれでも一〇〇万ドルを稼げるソフトウェアを発明したとする。これを買うのに五万ドルかかるが、見返りは一〇〇万ドルだ。これを買う余裕のある人はすぐ買いに行くだろう。お金がない人でも借金をして買うだろう。実際、ほとんどの人は毎日、何らかのソフトウェアを使っているし、私も今使っている。そのソフトウェアで効率を上げるという形で、私たちはお金を儲けている。そして、ビル・ゲイツはだれよりも大金持ちだということを思い出そう。私たちが彼のソフトウェアを買って一〇〇万ドルを稼いだあと、私たちと彼の所得格差はどうなるだろうか。ゲイツは間違いなく一〇〇万ドル以上稼ぐ。少なくともさらに一〇億ドルか一〇〇億ドル稼ぐだろう。

私たちが通常抱いている格言が正しければ、ビル・ゲイツがソフトウェアを開発するのをやめるか、少なくとも、発売されたときにボイコットする必要がある。そうしなければ、私たちはみんな、お金持ちと貧しい人との格差拡大を助長することになるのだ。私たちとゲイツとの格差は広がる一方だ。そして、私たちとソフトウェアを買う余裕がなかった人との格差も広がる。

では、もう一度考えてみよう。私たちはお金持ちと貧しい人との格差を縮めるべきではないのかもしれない。むしろ、広げるべきかもしれない。当然だが、この本に書いてあることに、あなたが同意する必要はまったくない。しかし、今は、大衆に広く受け入れられている考えを疑ってみることは反社会的な行為ではない、という私の前提を真剣に考えてほしい。これは創造的思考だ。これを大衆が反社会的な行為だと言うという事実が、私の言いたいことの証明になっているとは言えなくても、説明にはなっている。

正しい方向に進んでいるかどうかを確認する方法はこうだ。遅かれ早かれ、だれかが、「あなたの考えがそんなに素晴らしいのなら、どうしてみんなはそうしないのですか」と尋ねるだろう。そのときに、あなたは自分がトレーダーのように考えていると気づくだろう。その質問は創造的思考をけなす典型であり、凡人の叫びなのだ。

エジソンやフォードのような偉大な発明家は例外であって、勤勉で熱心に働く人たちは彼らのような考え方をしない、と私たちは教えられてきた。こういう批判をする人たちは、あなたがエジソンやフォードのような頭脳の持ち主ではないと言いたがる。彼らを注意して見ていれば、あなたにそう言うことで、わずかな自己満足を得ていることにさえ気づくかもしれない。ところで、私なら何と言うだろうか。こうした連中の話には耳を貸さないでほしい。あなたが何かを試みても、その多くは失敗するだろう。そのとき、彼らはあなたに思い出させるように優しく言うだろう。だから、彼らが気づいていないことを思い出してほしい。エジソンが彼らの言うことに従っていたら、あなたは今でも、手を伸ばして鯨油ランプの芯を調整していることだろう。彼らがフォードの周囲にいて浅知恵を教えていたら、あなたはある章を読みかけて本を置き、馬に餌をやりに行く羽目になっていただろう。悲しいことだが、あなたが裕福な家に生まれていなかったら、餌をやっているのは他人の馬だろう。この最後の三つの文は想像にふけりたがる著者が大げさに言っているだけだと考える人もいるだろう。そういう人は大衆のような考え方をしているのだ。考え直したほうがよい。

私はあなたにこの業界を去ったほうがよいと何度も忠告した。これからも、そうするだろう。だが、想像力を働かせて独創的に考えることはやめないでほしい。どうか、そんなことは不可能だという知恵を授けようとする人々に耳を傾けないでほしい。彼らが何かを成し遂げることはけっしてないし、彼らが間違っているとあなたが証明すれば、彼らは落ち込むだろう。だから、自分のやりたいことを追求して、やり遂げてほしい。彼らを落ち込ませてほしい。

私が何度も繰り返した忠告に従い、ほかの職業に就いたとしても、大衆に従うべきではない。今、従っているのなら、やめてほしい。歴史上の教訓を知りたいだろうか。西側諸国、特にアメリカが成功したのは、人があまり行かない道を行く自由をだれもが持っていたからだ。その伝統を受け継ぐかどうか、今すぐ決めてほしい（アメリカ人はこの点については現状に満足しているので、基本的にユダヤ教とキリスト教に共通の概念である自由がいかに価値あるものかにまったく気づかない。読者のなかには、本書はキリスト教徒の弁明であり、人々を改宗させようという試みなのかと考える人もいるだろう。それも少しは当たっているかもしれない。確かに、あなたがクリスチャンならば、第4章の現実と第5章のトラウマに対してはるかにうまく心の準備ができるだろう。実際には、これは弁明ではない。トレードの世界、つまりドローダウンが生じる世界に対して準備できるようにしようとしているのだ。読者のほとんどは世界のほかの地域で長く暮らした経験がないため、アメリカでは自分の望むものになれるということに気づいていない。好きな信仰や好きな宗派を信じ、望むなら無神論者にさえなれる。ほとんどのアメリカ人にとって、こんなことは無意味な学問の世界での話にすぎない。私たちの祖先は、これらの自由は神自身によって私たちに与えられた、と主張して独立革命を始めた。だが、私たちの多くにとって、これを認めるのは今や気恥ずかしいことだ。当時の考えに従えば、無神論者になったり、親指を金づちでたたいてしまったときに神を呪ったり、ほかのほとんどの戒律を破ることができる自由を与えたりしたのはほかならぬ神だったということになる。アメリカは神が定めたこれらの自由を守ることで、偉大な国になった。あなたも私もこの自由の恩恵を受けているので、ほかの国の庶民のほとんどが一般に経験する抑圧を受けずにトレードができるのだ。この点に同意できないのなら、あなたは第三世界で何の経験もしていないという非常に不利な立場にある。簡単に言えば、あなたは世界の半分がどういう生活をしているのか知らない。そう言っただけで、私が見識のないことを書いていると分かるだろう。半分？　冗談だろう？　世界の半分はあなたの階層には属していない。半分にはほど遠いのだ。これはあなたの属する階層について、私が立てたおおざっぱな仮説だ。これは事実に近いだろうか。これがトレードをするときに、私たちがやっていることだ。つまり、私たちは仮説を立て、確率を計算し、それが自分に有利なときに投資をするのだ）。大衆に逆らおうとする試みは、きっとあなたの役に立つだろう。

当然の帰結

多くの人にとって、大衆についてのこの分析は復習にすぎないだろう。よろしい。しかし、ここからがその重要な帰結だ。あなたは自分よりも賢い人たちに反対し、彼らと逆のトレードができなければならない。この考えの意味について書きながら、私は首を振っている。これは私の考えであり、私のＩＱ（知能指数）はこの発言に重要性を持たせるほど高くないことも分かっている。だから、これがどれほど重要かは自分で判断してもらいたい。

トレードを始めたとき、私はこの考えが本当かもしれないという予感を持っていた。トレードを一〇年間続けて、私はもっと自信を深めた。二〇年後、私は完全に確信した。三〇年後、私はこの考えに夢中になった。今では、この考えが成功に不可欠だと思っている。

ＩＱが極めて高い人（あなたや私よりもはるかに高いとしよう）は、平均的なＩＱの人よりも正しい場合がはるかに多いと考えてよい。しかし、彼らが常に正しいわけではない。思考力が優れたこれらの人々を信頼してばかりいるのは致命的だ。多くの人がそうやって、危険な道に進まされてきた（これはとても控えめな表現だ）。

私たちのように単純な人間は、木を見て森を見ずという話をする。天才も似ているが、もっと大きな問題を抱えている。彼らはテーマから外れているか、ポイントがずれている問題にも丁寧に焦点を合わせるため、本当の問題を見逃す。そしてこの点に関しては、彼らにはない知恵がしばしば必要になる。

アマゾンの先住民であるヤノマミの一人と本を宣伝するために書店巡りをしていたとき、たまたまオレゴン州の名門大学であるリードカレッジを訪れることができた。質疑応答の時間に、私は思いつきで、ヤノママミに富の創造という概念を教えるという発言をした。聴衆の大半は、理想郷の文化のなかで暮らす人々を欲深くて自分のことしか頭にない資本主義的な人々に変えるという私の恥知らずな目標にショックを受けたようだった。質問者の一人はとても取り乱していた。そのため、ヤノママミの友人は質問者の顔の表情を見て、特別なあだ名を付けたほどだ（あなたが何か変わったことをすれば、ヤノママミはあだ名を付ける。あなたがそのあだ名を超えるほど変わったことをするまで、そのあだ名は付いて回る）。講演での質疑応答を実りあるものにしようとする私の試みは、行き詰まってしまった。

私がうまく話を進められず、聴衆が興奮しているのを見て、ヤノママミの友人は言った。「私はあなたたち外国人が釣り好きなことを知っています。そして、何も釣れなかったときは、帰りにマクドナルドに立ち寄ります」。それは驚きだった。彼はアメリカをちょっと訪れている間にしっかりと観察していたのだ。彼は続けた。「私たちヤノママミが釣りに行って何も釣れなかったら、帰りながら、今夜は一晩中眠れないだろうと考えます。子供たちが空腹で泣くからです」

天才たちの集団は理解しにくいので、彼らが考えを変えたかどうかは分からない。しかし、確かなことが一つある。私たち全員が知能テストを受けていたら、私とヤノママミの友人のＩＱはそれほど高くなかっただろう。そこの学生たちは、資本主義は強欲を生むので悪く、狩猟採集民族は森で質素に暮らす人々なので良いと確信している。天才たちも大衆に従ってしまうのだ。

そして、私たちは彼らの考えを変えられなかったかもしれないが、彼らも私たちの考えを変えられなかった。私は今でも、子供たちが土間をはいながら、自分の唾液や虫と遊ぶのが狩猟採集民族にとっての理想郷だとは思っていない（ヤノマミの調査で世界的に有名な人類学者のナポレオン・シャグノンのベストセラーの普及版は『ザ・ラスト・デイズ・オブ・エデン（The Last Days of Eden〔最後の楽園〕』と題されている。村の偉大な指導者であるシューフットはこのタイトルについて、自分たちの民族をバカにしていると言った。調べてみるとよい。シャグノンもその本の序文で、無知な出版社を非難し、そのタイトルをけなしている）。

私が今、述べた恐ろしいほどの意見の違いは生涯にわたる難問の一例だ。ＩＱと知恵の間に存在する緊張と言ってもよい。この問題をさらに詳しく検討する前に、もう一つ話をさせてほしい。

いきさつは知らないが、非常に成功しているトレーダーたちが話し合っているのをたまたま耳にした。内容は、ある従業員が強く望んでいる地位に昇進させるべきかどうかだった。それは主任トレーダーかパートナーといった、かなり重要な地位だったのかもしれない。このトレーダーたちのなかで人望のある人が言った。「この人はアフリカ系アメリカ人なので、右脳タイプの可能性が高い。右脳タイプの人は良いトレーダーにならないことが多い」。こんな分析を聞いたあと、リスクが高い状況で多額の資金を投入する人がいるだろうか。そこに集まっている人たちはみんな優れたトレーダーで大富豪だったが、だれも異議を唱えなかった。

もっと説明したほうがよいだろうか、それとも、これで私の主張を終わりにしようか。簡潔にするために、議論を三段論法にまとめよう。

右脳タイプ（あなたが私のようなタイプなら、これほど間抜けな分析など気にしないだろう。私はこれについて調べなければならなかったことを認める。右脳タイプの人は友人が事故で亡くなったら泣き、家族をなぐさめ、友人を追悼する詩を書く。左脳タイプの人は事故がどうして起きたのか、だれに責任があるのか、どうすれば将来、事故が起きるのを防ぐことができるかを考えようとする）の人は良いトレーダーにならない。

アフリカ系アメリカ人は右脳タイプだ。
この人はアフリカ系アメリカ人だ。
証明終わり。この人はおそらく、その仕事にふさわしくない。

あなたか左脳タイプのアナリストが人々の反応に興味があるのなら、頭の良いトレーダーたちが異議を唱えなかったこの議論に対する私の反応を簡単に書かせてほしい。

●右脳タイプの人は良いトレーダーにならない　経験豊富なトレーダーならば、どうすれば良いトレーダーになれるかだれにも分からない、ということを知っている。この左脳・右脳の分析を信じるとすれば、トレードをしているときには左脳が支配的かもしれない。しかし、頭の半分しか使わずにトレードをするのは勧められない。

●アフリカ系アメリカ人は右脳タイプが多い　人種についての一般化は良くてもかなり不確かなもので、「白人のなかにはジャンプできる人もいる」のようには言えても、特定の個人にはめったに当てはまらない。あなたは一つのカテゴリーに入れられて、それに基づいて判断されたことがあるだろうか。これはよくあることだ。

●彼はアフリカ系アメリカ人だ　アメリカで肌が黒いほとんどの人、特に奴隷の子孫の正確な遺伝系統はだれも知らない。私たちの知るかぎり、彼らは左脳タイプのヨーロッパ人のＤＮＡをかなり受け継いでいる可能性がある。

証明終わりだって？　冗談だろう？　このバカバカしい三段論法で証明終わりだって？これで証明されたことは、私がずっと正しかったということだけだ。つまり、天才たちでも間違えることがある、ということだ。これに慣れて、彼らと反対のポジションを取ることをためらわないでほしい。

本題からは外れるが、この話にはトレードに深く関係する問題がある。少数民族に属する多くの人は、私が人種差別や人種差別主義者という言葉を使わずにこの話をしたことに気分を害したかもしれない。このことで気分を害すか怒ったのなら、あなたに尋ねたい。あなたは感情的な反応を脇に置いて、三段論法そのものに集中しただろうか。それができていなかった場合は、状況を検討する必要がある。どうしてか。トレードの最中には、数字と事実と確率だけに集中できるようになる必要があるからだ。怒り（負けたとき）やお祭り気分（勝ったとき）で、注意散漫になる余裕はない。天才たちは、それが左脳による分析だと主張するだろう。だから何なのだ？　これは事実なのだ。

私は高いＩＱの人をけなしたいのではない。あなたのＩＱが高いのなら、それは幸いだ。あなたたちのなかには、私が反知性主義者で、ずば抜けた頭脳の持ち主をけなしたがっていると決めつける人もいるだろう。今は次の問題に集中する必要があるので、そのことには触れない。

問題はＩＱと知恵との関係だ。トレードに高いＩＱは必要なく、自分よりも優れたトレーダーたちを相手にトレードができる必要がある、ということは証明できたと思う。ここで、問題を複雑にすることになるが、知恵を働かせないとトレードはできない、と私は強く言いたい。

私はこれまでずっと、知恵とＩＱの神秘的な関係について考えてきた。高校生のときのクラスメートに、明らかにＩＱが高くて、みんなにうらやましがられていた生徒がいた。ボーイスカウトで遠くに出かけたとき、彼は持っていたラッパを泥水に突っ込んで、吹いたのだ。彼のＩＱは高かったが、知恵は持っていたのだろうか？　私とクラスメートたちは今でもこの点について議論している。もっとも、ほとんどは彼との思い出を楽しんでいるだけだが（高校三年の現代問題の授業で、先生が一九六〇年代ではまだ適切だった古くさい冗談、「中国人は子供をたくさん作るので、四列縦隊で行進して崖から落ちても、けっして人口は減らない」に言及した。すると、クラスメートの一人が、「四人並んで行進している間に、どうして子供を産めるんだろう」とつぶやいた。ウィルソン先生は顔を赤らめて、教室のざわつきを静めようとはしなかった）。彼が五ページほど前の話で触れた名門のリードカレッジに行ったことを知ると興味がわくだろう（次回、同窓会で彼に会ったら、彼がラッパを持ってきたか尋ねるつもりだ）。

人間の知的能力に関する研究の歴史では、ＩＱは比較的新しい概念だ。また、私の考えでは、ＩＱの算出プロセス全体が疑わしい。ある少数民族は数年前にようやくこのことを理解した。知能テストの質問が自分たちの子供たちにとってなじみのない一部の集団の文化に根差したものであることに気づいたからだ（次の知能テストの質問に答えてみよう。ある男性は付き合っている女性が市内と郊外に一人ずついる。市内行きのバスは彼の家の前を一〇分ごとに通る。そして、反対方向の郊外行きのバスも彼の家の前を一〇分ごとに通る。そこで、この男性は家から出て、最初に来たバスに乗って、どちらの女性を訪問するかを運任せにすることにした。そうすれば、やがて、どちらの女性にも同じくらい会うことになると考えたのだ［忘れないでほしい。検査されているのは彼のＩＱではなく、あなたのＩＱだ」。しかし、数カ月後、彼は市内の女性と非常に仲良くなっていて、郊外の女性は熱くなっていた［良い意味ではなく、嫉妬にかられて頭に血がのぼっていた、ということ］。実は、彼が一〇回中九回は市内の女性を訪問していたことに気づいたのだ。彼女は彼と別れようと考えている。どうして、こういうことが起きたのだろうか？　まだ答えが分かっていないのならば、あなたはバスや運行予定になじみがないからだ。これはバスの運行になじみがある人が不当に有利になる質問だ。言いたいことは、知能テストの作成者同士が相手にテストを受けさせるようにすれば、私たちは頭脳をもっと生産的に使えるようになるだろう、ということだ）。知能テストの質問は作成者の属する集団で育った人に有利になっている。

しかし、私たちの目的にとって、トレードで最も重要なものはＩＱではなく、知恵を働かせることだと、私は指摘した。このテーマについて述べるのに私が苦労しているのは認めるが、ここで箴言を紹介させてほしい。実際、これをＣＪＢ（コンプリート・ジューイッシュ・バイブル）で読んでほしい。これが原典により近い英訳だからだ。この聖典は、私たちクリスチャンがユダヤ聖典から文字どおり借用したものだということを思い出してほしい。

当然ながら、一部の読者は、これはＦＹＸ（クリスチャンのために）の節で扱うべきだと考えているだろう。しかし、そうではない。箴言はあなたの信仰に関係なく、すべての人に当てはまる。これは黄金律と少し似ている。私たちは無神論者であれ、ヒンズー教徒であれ、人々がこれに従って生きることを望んでいる。箴言の教訓には同じ普遍的な魅力がある。トレーダーにとって箴言が重要なのは、これによって知恵を高められるからだ。しかも、ＩＱの問題をほぼ無視しながら、そうできるのだ。実際、ここでは規律という重要な第三の要素が紹介されている。

しばらく、箴言の最初の章に載っている次の文章について考えてもらいたい。これらの文章をトレードに当てはめる方法が分かるかどうか確認してほしい。私たちは次の章に出てくる聖杯にはまだ達していない。しかし、私たちはそこに非常に近づいている。天才でも市場で破産することは珍しくない。彼らが破産するのは、箴言のこの章で紹介される非常に単純な原則を無視するからだ。

一節　イスラエルの王、ダビデの子、ソロモンの箴言（格言）は、
二節　知恵と規律を学び、深い洞察に富む言葉を理解するためのものであり、

三節　正義と公正と公平を実践して、賢明で規律ある生活をするためのものであり、
四節　思慮のない者には注意深さを、若者には知識と分別を授けるためのものである。
五節　すでに賢い人はさらに聞いて学び、すでに理解している人は助言する力を付けるだろう。
六節　この者は箴言、分かりにくい表現、賢人による言葉や謎を理解するだろう。
七節　主を畏れることが知識の初まりなのだが、愚か者は知恵も規律も軽んじる。

間違いなく、あなたは三大要素、トレードで必ず必要な三つの特徴について聞いた。それは規律、規律、そしてもう一つは何だろう？　これはフロアからの耳寄り情報の一つだが、今回は価値がある。

世界で最も優れたシステム（「最も賢い」か、「最も頭の良い」か、あなたの自信を高めるほかの言葉を入れてほしい）を使っていても、損切りしなければならない場合がある。規律のある手法でしか、損切りはできない。あなたのＩＱが高ければ、損切りすべきでない理由を非常に知的にあれこれ挙げて、あなたに逆らってくるかもしれない（箴言二六章一二節）。だが、規律があれば、ＩＱを乗り越えて損切りができる。この原則は本書のあ

ちこちで繰り返される。そのため、編集者はどの章でも、繰り返しや冗長さやデジャビュ（また同じことを言っている）だらけだと怒る。だが、この原則は私たちが行うすべての核心を成す。これはＦＹＸの節で再び取り上げるので、この概念の宗教的な基盤が分かるだろう。知恵、ＩＱと言ってもよいものは常に称賛されてきたし、今後も称賛され続けるだろう。だが、仕事を成し遂げられるのは、規律があるからだ。

この概念――規律は知能に勝る――を受け入れられないのなら、今すぐ読むのをやめて、別の仕事を探そう。そうすれば、将来、私に感謝するはずだ。

普通のＩＱの持ち主でも並外れたアイデアを思いつくことはある。本当だ。頭の良い人が素晴らしいアイデアを思いつくのは、自分にそれができると知っているからだ。そして今では、あなたもそれができると知っている。あなたや私のような普通の人々（分かった、不必要に自分を卑下するのはやめて、「私たちのように天才よりもちょっと劣る人」と言おう）は、次のように思い込むようになっている。すなわち、この仕事をもっとうまくやる方法があるのなら、私たちよりも頭の良い人がずっと前にそれを考えていただろう、と。そう思い込んでいるから、より良い方法を考えるのは頭の「無駄」使いだという結論に達する。すると、頭はなまけて、現状に満足し、大衆を追いかけて、型にはまった考えしかできなくなる。たまに創造的な考えを持つと、「君は自分を何だと思っているんだい」とだれかに尋ねられる。思い切って何らかの答えを出すと、私たちがエジソンではないことを思い知らされて謙虚になり、ほかの大衆と同じように型にはまった考え方に戻る。

こういう考え方は軍隊や工場の組み立てラインでの手順などでは当てはまるかもしれない。チームで行う仕事では、最善の計画を練り上げるために、周囲に同調せずに創造力を発揮する人は一人しか必要ない。しかし、トレードで、体制の言いなりになって、大衆に従う戦略はどうだろうか？　そんなことは考えないことだ。

次の言葉はきっと、聞いたことがあるはずだ。今ではほぼ決まり文句になっているから。アインシュタインは狂気を、同じことを何度も繰り返して異なる結果を期待すること、と定義した。私たちの「大衆は常に間違っている」というルールに従えば、決まり文句になっていることは必ず疑ってみる必要がある。大衆は知恵をあっという間に決まり文句に変えてしまう。これらの決まり文句は必ずしも正しくはない。私たちの業界では、同じことを何度も繰り返すという、まさにアインシュタインが狂気と定義したことを、自分がしていることに気づくだろう（私はこの業界で、この狂気を侮辱する言葉に腹を立てるような人に会ったことがない。才気と狂気の境目があいまいなことはだれでも知っている。私たちはごくまれに才気のほうに線を超える喜びを味わうためだけに、その境目を歩く。私はかつてユダヤ人の学者が、「日食中に星の光が太陽の近くで曲がらなかったら、アインシュタインは『愚かなユダヤ人の一人』として歴史に名を残していただろう」と言っていたのを聞いたことがある。あなたにそうしたリスクを冒す気がないのなら、この業界からは去ったほうがよい）。そして、異なる結果を期待するだけでなく、実際に異なる結果が得られる。ブレイクで三回続けて買い、そのたびに少しの損でふるい落とされたとする。アインシュタインの言葉を思い出しながら、「賢くなって」、次のブレイクを見送ったら、何が起きると思うだろうか？　分かったのなら、あなたはこのトレードという仕事を理解していることになる（「何が起きるか」考えなかったのなら、あなたはきっと初心者だ。そのことを恥じる必要はない。まとめよう。ブレイクで買うとは、相場が直近の［これは通常、任意に定義されている］高値を上に抜いたときに買うことだ。売りの場合は安値を下に抜いたときに売る。そして、ブレイクしてあなたが買わなかったときにけっして下げなかった理由は、自分の戦略に確信がないすべてのトレーダー［あなたやあまり買いたくない人々］が「賢くなって」、四回目で買わなかったからだ。そのため、いったん上げ出すと押さなかったのは、上昇を妨げる売りのストップ注文［あなたや自分に確信が持てないほかの人が置いた注文」が近くになかったからだ）。

アインシュタインを引用するほとんどの人は、彼が何について話していたのか理解できない。賢人の言葉を道化師が発しても、知恵ではなく喜劇にしかならない（箴言一章二四～二六節、二六章七節）。自信を高めるために必要なだけ多くの天才を引用すればよい。しかし、負けたら自分の頭で考えよう。

FYX（クリスチャンのために）

まあ、なんと初歩的なことか。これを明確にするために私を必要とする人がいるだろうか？　聖書ならば、これを私の立場からもっとまじめに、明らかにできるだろうか？「滅びに至る門は大きく、道は広い。そして、大衆はそこから入る」（マタイによる福音書七章一三節。これはＣＪＢからの引用だが、ＣＪＢやほかのほとんどの翻訳が「多くの者」と表現している部分を、私が「大衆」に置き換えたことを認めよう。だが、イエスの言う「多くの者」が間違いなく大衆を意味していることに、疑問はないと思う）。質問はあるだろうか？

このマタイによる福音書からの引用は、聖書すべてのなかで最も恐ろしい文章の一つと言えるはずだ。しかし、これだけではない。ほかにもたくさんある。「あなたがたはこの世に倣ってはなりません。むしろ、心を新たにして自分を造り変えていただき、……」（ローマの信徒への手紙一二章二節［聖書協会共同訳］。聖書学者J・B・フィリップスによるこの現代語訳は私の知るかぎり、どの学者からも異議を唱えられていない。そして、この文は間違いなく商業的に操作された文化が生み出す心理的不安をとらえている）。牧師にこの節について説教をしてもらうように頼んでほしい。あなたがトレーダーになりたいのならば、ためらわずに精神を少し作り変えてほしい。そして、これを神にしてもらえたら、さらに良い。

私たちは大衆に逆らうことに慣れている。これは前に述べたように、クリスチャンであることの有利な点の一つだ。あなたが大衆に逆らうことにあまり慣れていないのなら、神との関係を見直したほうがよい。これは習慣にすべきだ。あなたは現代のクリスチャンがこの教えを忘れかけていることに気づいたに違いない。それはトレードとは無関係に悲しいことだ。

また、正しい行いをする人の道は孤独だと私が言う必要もなかった。だから、何が言いたいのかだって？　私たちクリスチャンはこれから問題に直面するので、ポンジースキームをしたり、顧客の注文を悪用したり、顧客の注文を出す前に自分の注文を出したり、その他の悪意ある行為をしたりする余裕などないということだ（クリスチャンはこんな行為はしたことがないと考えてはならない。私たちが実際に行ってきたことは腹立たしいかぎりだ。イエスはそれをとても恥ずべき行為だと考えていて、審判の日は忙しいに違いない）。

しかし、この章で、正しい行いの孤独な道について述べるつもりはない。ここでは創造的思考の孤独な道について述べるつもりだ。しかし、このテーマについても、聖書には示唆に富む文章がたくさんある。

ノアの妻は、「一度くらい、みんなと同じようにしようという努力をしてもらえませんか？」と言っているところを立ち聞きされた。

モーセは暴君に、「奴隷に数日間の休暇を与えてはどうですか」と言った。

サムソンは守衛に、「私はもっと大きな柱にもたれかかって、倒すこともできる」と言った。

サラはアブラハムに、「私が笑ったのは、彼らが無知だからです。私の悩みはけっして消えないでしょう」と言った。

ヨシュアはみんなに、「エリコに行き、そこを探りなさい」と言った。

ヨハネはヘロデに、「あなたが兄弟の妻をめとるのを、その兄弟が好むと思いますか」と言った。

聖書の不思議なところは、信じたい気持ちに水を差す話やヨナが魚に飲み込まれたというさんくさい話などが載っていることではない。神のことばかり考えるせいで、自分にとって何が心地良いかを忘れている普通の人々の話が載っていることだ。私は今、例をいくつか示した。あなたは自分でいくらでも探せるだろう。しかし、私がここで言いたいことを、次の極めて挑戦的な文章で締めくくろう。使徒パウロは、「このユダヤ人のやり方で異教徒に償わせてみませんか」と言うのを耳にした（私はポートランド州立大学で歴史学の教授が、使徒パウロほど人類の歴史の流れを変えた人はいない、と言うのを聞いたときの驚きをけっして忘れないだろう。数人の学者はキリスト教をパウロ主義とさえ呼んだ。これらの学者の見解はほとんど敬意を払われていない。あなたがこれについて聞いたことがないのは、そのためだ。私は使徒パウロが墓のなかで驚くかどうかを推測するためだけに、次のことを言おうと思う。使徒言行録二二章二一節を参照してほしい。「すると、主は言われました。『行け。私があなたを遠く異邦人のもとに遣わすのだ。』」〔聖書協会共同訳。これはJCBからの完全な引用である」。しかし、見逃してはならない重要な点は、これに対する大衆の反応だ。「パウロの話をここまで聞いていた人々は、声を張り上げて言った。『こんな男は、地上から除いてしまえ。生かしてはおけない。』」〔聖書協会共同訳、使徒言行録二二章二二節〕。大衆に逆らうのが簡単であれば、だれでもトレーダーになるだろう)。

さて、次は信者にとって悪い知らせだ。私たちは宗教的な権威には自然に敬意を表する。宗教的な権威者たちは、私を強欲、守銭奴、危険人物、裏切り者、お金が積まれた祭壇の崇拝者などと呼んできたし、公然と私にそう言った人もいる。カトリック教徒たちは私たちプロテスタントよりもはるかにひどい。彼らのなかには、教会が自分たちの永遠の運命を決める力を持っている、と信じている人もいる。プロテスタントはそこまで思ったことは一度もなかった。だから、私たちが宗教的権威に意のままに操られたら、弁解の余地がない。だが、残念ながら、私たちは操られてしまう。

明らかに、この点の分かりやすい例は人民寺院の教祖であるジム・ジョーンズとだまされた信者たちだ。ジョーンズに代替案を提供しようとした少数派の人の声がテープに残っている。宗教的な喜びを求めて教祖に従えば、深刻な問題に直面する。しかし、ジョーンズの集団自殺と殺人は非常に単純で極端な例だ。そして、悪いことに、これは振り返ったときには簡単に分かる例だ。トレードの世界では、振り返ると、「一目で分かる」トレードをだれでも見つけることができる。

そこで、普通のクリスチャンが確実に直面しそうな例を挙げよう（そして、許可なくここを盗み読みし続けている信者でない人たちへ。今すぐ立ち去りなさい。これはとても恥ずかしいことだ。ここでクリスチャンの自慢話を聞くことはけっしてない（これは、この恐ろしい内部情報を入手しようとする信者ではない人たちにとって、非常に重要なポイントだ。あなたたちはこれらクリスチャンの偽善の話で、私たちの信仰の誤りが証明できると思っている。もしそうならば、クリスチャンたちが「正しい」ことをするためにウィクリフの遺体を掘り起こして、火あぶりにしたとき、キリスト教は根絶していただろう。念のために言っておくと、イエスは、これらの「クリスチャン」の説教者たちが地獄に落ちるだろうと言った。その後に起きたことは例え話ではなかった。信者でない人が地獄で彼らに会わないで済む方法を見つけられたら、私は幸せに死ぬだろう［マタイによる福音書二五章三一節以降を参照。「左側のヤギと並びなさい」とだれかに言われたら、あなたは自分が息をのむのが分かるだろう］）。

私が通う教会の長老はかつて私を指さして、「あなたがこの教会を去れば、神のご加護を受けなくなるだろう」と言った。話がトレードから大きく外れていると思っている人は考えてほしい。毎朝、ピットに入り、鐘の音を聞いて、大胆にも大きすぎるポジションを取ると、その一回のトレードで破産しかねないと分かっているときには、「神のご加護」を真剣に願うものなのだ（ところで、あなたたちは同じ恐怖を味わうためにトレードをする必要はない。あなたたちのうちの何人が車の運転中にメールを送るだろうか？）。

それで、マーク・リッチーは神のご加護を受けなくなる、という神学的な宣告をされた。そして、長老はこの「声明」（私は最も無難だと思う「声明」という言葉を選んだ。しかし、宣言、脅迫、予言、布告という言葉を使うこともできる。自分でふさわしいと思う名詞を選んでほしい。解釈にはかなりの幅がある）に加えて、ホワイトボードによくある神学的な図を素早く描いた。その図は、傘（神のご加護の道具である協会を表す）、降り注ぐ雨（例えば、私のポジションが何日もストップ安を続けるなど、人生の試練を表す）、傘の下で守られている人々（彼の教会にとどまっている人々を表す）。そして、もちろん、彼はもう一人、マーク・リッチーが雨でずぶぬれになっている図を加えた。それは、私が彼の教会を去ることを意味するのだろう。

あなたは聖書のなかの傘の絵に気づいていないので、その起源を知りたいと思うかもしれない。私は最初の本で、自分の恋愛と、どうやって「素晴らしい」クリスチャンの牧師と指導者から私の彼女を勝ち取ったかについて話した。当時のキリスト教社会を知っている人はだれでも、その組織やセミナーがどういうものか分かっていた。人を宗教的に操り支配することはいわゆる神の「指揮系統」の一部だった。カリスマ的な指導者は、ナンシーが私を捨てて神に仕えることを望んでいた。あなたはこうした宗教指導者たちがほとんど常に、自分たちに都合の良い筋書きを考え出すことに気づいただろうか。

話は負け惜しみの段階をとっくに超えていて、最近そのセミナーの先生から電話がなかったら、この話を続ける意味はなかっただろう。彼はこの昔の件について、自分の間違いだったと認めて謝り、許してほしいと言った。私は、「私たちは四〇年前にもこういう会話をしましたが、あなたの口調に謙虚さは少しもなく、謝罪の言葉もなく、私を非難する説教だけでした」と言った。

彼は、「過去四〇年間にわたって、私は神から多くのことを教わりました。当時の私の態度が悪かったことを謝ります」と言った。さて、ここでの目標はこの有名な指導者の誠実さを評価することではない。それは神ではないにしても、ほかの人に任せたい。実は、これらの指導者たちはみんな、最初は神に仕えていた。しかし、いつの間にかだれの言うことにも耳を傾けなくなる。一体、宗教界の大物たちが私のような人間、つまり「邪悪な富」（現金）を扱う人の言うことに耳を傾けるだろうか。そうするには、彼らにはない謙遜さが必要だ。だから、彼らは結局、許しを請うのに四〇年もかかるのだ。もちろん、どんなクリスチャンでも、こんなことは許されない。

この本をまだゴミ箱に捨てていない聖職者がいると仮定して、このテーマに少しばかり厳粛さを持たせるために、偉大な神学者のジョン・H・ガースナーを引用させてほしい。彼は、正しいことを言う人ほど、自分の過ちが害になる、と言った。正しいことを言う長老を信奉する人々は長老に反抗する危険をけっして冒さないからだ。これら宗教界の大物たちはよく「キリストのような」と言われる敬虔な態度を身に付けている。私がピットでトレードをしている姿を見たら、彼らは「あの男はキリスト教徒でない者の典型だ」と言うだろう。これは、彼らが神殿の中庭から商人たちを荒々しく追い出した話を理解していないからだ。この話が例え話でなかったことを思い出してもらう必要があるだろうか。それは実話だったのだ。イエスが彼らのように温厚な態度を取っていたら、インチキをする両替商を許して、自分の霊魂を解放するとはどういうことかを貧しい人々に教えて、「務めを果たし」ていただろう（学者たちは、イエスがこの行為を二回行ったのか、それともヨハネが未来に起きることを語ったのか、まだ議論している［ヨハネによる福音書二章一三節以降、マタイによる福音書二一章一三節以降、マルコによる福音書一一章一五節以降、ルカによる福音書一九章四五節以降］。私は平気で悪事を働く市場に対して非常に否定的なトレーダーだ。だから、私は、イエスがこれを二回行ったという解釈に大いに肩入れしていることを認める。私たちの知るかぎり、イエスはもっと行っていた可能性すらある。ヨハネの話のなかで、イエスは父の家を市場にしたと言って、彼らを非難した。また、ほかの話では、そこを泥棒の巣窟にしたと非難している。イエスは私たちの注文処理の一部の習慣をどう片づけるだろうか）。

ウェストボロ・バプテスト教会の教区民は、「神はゲイを憎む」と書いたプラカードを掲げて歩き回ることができる。その教会では、信心深い牧師が彼らにそう信じ込ませているからだ。私たちクリスチャンは、これら宗教界の大物（そう呼びたければ）に惑わされやすい。それでも、私は自分の主張を曲げないし、あなたには私の主張について考えてもらいたい。あなたよりも精神的に成熟した人々のほうが間違っている可能性だってあるからだ（私はこの点について説明を加えすぎたので、これ以上退屈させるようなことはしない）。ガラテヤの信徒への手紙二章一一～一二節を見てほしい。そこで、パウロはすべてのクリスチャンの指導者に対して、人種差別は過ちだと反対した。そして、このテーマに関して、私の主張を説明するために、偉大な人物の典型としてロバート・Ｅ・リー将軍を取り上げたい。彼が南軍の精神的支柱だったことを疑う人はいないだろう。彼が優秀な将軍だったことを疑う人もいないだろう。彼の正確なＩＱは分からないが、非常に高かったと思ってよい。しかし、彼は間違った。そして、彼の指導には大きな犠牲が伴った。

あなたはすでにこの本を支持するクリスチャンの指導者が少ないことに気づいたかもしれない。それは、彼らのほうが私たちよりも尊敬されていて、知性があり、精神的に成熟していたとしても、間違いを犯す可能性があるからだ。さて、彼らはどうしてあんなメッセージを支持するのだろう。

内輪の恥はもう十分だ。本題に戻ろう。それは神学的なものではない。神学者は説明のために持ち出しただけだ。私の言いたいことは、あなたは自分よりも賢い人の反対側に立ってトレードをし、自分よりも精神的に成熟している人と異なる考えを持ち、彼らが作り出す不安のせいで集中力を失わないようにする必要があるということだ。私は午前九時二九分に大豆ミールのピットに立ち、寄り付きの鐘が鳴ると同時に注文を出す準備をした。

それは長老に予言のような宣言をされた翌朝だった。私は彼に傘の絵を描かれ、神の裁きについて宣告を受けたが、私の考えが曇ることはなかった。その長老は神学の学位を取り、本を書き、有名な神学校で教授をし、今日では重要な精神的指導者になっている。彼はただ間違えただけだ。それだけのことだ。

あなたが大衆の意見に同調しないからといって、自分の意見をわざわざ人に言う必要はない。「何を言い出すか分からず、甲板を転げ回る大砲のように危険な人物」と言われるのはきっとうんざりだろう。私がどれくらいそう言われたかは話さないでおく。「転げ回る大砲のように危険」という比喩を使う人たちは、彼らの甲板に神が片づけたいと思うものがあるかもしれないとはけっして思わなかった。あなたが大砲ならば、自分を床に固定しないように（この比喩にうんざりしている人はいるだろうか？）。

しかし、同情は必要ない。代わりに次のことを考えてほしい。あなたが「転げ回る大砲のように危険」と言われたことがないか、大衆と同じように動きたいという衝動が強いか、波風を立てることが嫌いか、周囲に合わせないとやっていけないか、何が何でもバツが悪い思いはしたくないか、失敗しそうなことはすべて避けたいと思っているのならば、あなたはおそらくトレードをする準備がまだできていない。

この仕事が悪いことばかりだと思わないでほしい。私たちトレーダーが負けたトレードに焦点を合わせるのは事実だ。だが、それは勝っても、負けた分の損を大きく上回らないかぎり喜べないからだ。だから、この章を前向きの言葉で締めくくろう。古代の最も偉大な人物の一人で、詩編を書いたユダヤ人であるダビデの文章だ。ダビデは、「あらゆる師にもまさり、私は悟りある者となりました。あなたの定めに思いを巡らしているからです」（詩編一一九編九九節［聖書協会共同訳］）と書いている。

あなたが神の定め、例えば黄金律について思いを巡らしていれば、大衆に従うという間違いは当然、避けることができる。あなたがどうやって新しいアイデアに心を開くようになるかは分からない。この手法は斬新だ。あなたはいつも別の考え方をするようになるだろう。神の考えを神に倣って考えようと、無駄な試みをするだろう（この極めて芸術的な表現はヨハネス・ケプラーのものだとされている。しかし、アインシュタインも含めて、多くの科学者が同様の発言を残している）。「私の師たちよりも多くを知っている」というダビデの言葉を私が引用すると、笑われることを認めよう。だが、これは冗談ではない。きっと、あなたの先生たちのなかにも、頭の切れがあまり良くない人がいたはずだ。私たちはみんな、そういう先生に出会っている。しかし、素晴らしい先生たちもいた。生徒が自分たちの知識や達成度を超えることが彼らの望みだと気づいたとき、その偉大さが分かる。私がこれを書いているのも、あなたが私よりもはるかに深くトレードを理解できるようになることを望んでいるからだ。

だから、ダビデの思慮深い言葉を冗談で引用したければ、そうすればよい。それから、神があなたの人生について、その言葉を書いてくれるように祈ろう。あなたがトレードで成功するためには、神が祈りに応えてくれる必要があるからだ。

第4章

聖杯

THE HOLY GRAIL

私はよく次に取り上げるゲーム、つまり賭けで講義を始める。私は一〇〇ドル札を六枚取り出して、賭けたい人にこれを貸すと申し出る。そして、次のように言う。「この一〇〇ドルを貸します。あなたたちはその全部か一部を、これから私が投げる二五セント硬貨に賭けます。あなたたちが勝つ可能性は五〇％で、負ける可能性も当然、五〇％です。さて、あなたたちが勝つ機会を得るために、もし勝てば、賭けでリスクをとった金額の二二〇％をあげましょう。もちろん、負ければ、リスクをとった金額の一〇〇％を失います。分かりましたか。これは非常に明快です」（前に、この章はテクニカルな話になると言った。そして、ＩＱがあまり重要でないと書いたが、この章の原則がよく理解できない場合でも、あなたのＩＱが低いせいではない。それは数学以外の分野にあなたの才能があるからだ。これは高校レベルの基本的な代数だ。代数が分かれば、これも理解できる）

これが勝てる提案と思えないのならば、相続人のためにも別の仕事を探したほうがよい。この設定が何かのたくらみだと思うのならば、前の文を見て、私の言ったことを真剣に受け止めてほしい。これは冗談ではなく、まじめな話なのだ。私が話している聴衆にも同じことが当てはまる。これは真剣なトレーダーを助けると同時に、トレードよりももっと生産的なことをして確定拠出年金で資産形成をしたほうがよいトレーダー志望者のために書いているのだ。

さあ、ためらわずにリスクをとろう。口で言うだけでなく、行動で示してほしい（これ以外の自分に合う決まり文句を考えてもらえると、私の仕事も少し減る）。

これが現実世界と異なることは認めるが、この時点の目的としては、現実と同じと言える（これについてはあとで説明する）。今は、最初の投資をしてほしい。私はこれと同じ投資機会をさまざまな聴衆に提供して、さまざまな反応があった。さまざまとは、一ドルしか投資しなかった人もいれば、一〇〇ドルすべてを投資した人もいたという意味だ。間違いなく、さまざまな人がいることに同意するだろう。一ドルと一〇〇ドルという外れ値を除くとしても、この実験ではさまざまな意見に出合うことができる。聴衆に向かって、一〇〇ドル札を持ち上げて、このちょっとした投資戦略で一番稼いだ人はこのお金をそのままもらえる、と私は言う。講演をしている私は胴元の役をして、賞金を支払う。こうやって、私はこれをゲーム以上のものにする。彼らは実際に利益を得られるため、真剣に受け止める。これは単なるゲームではない。

さて、読者は架空の聴衆の一人になってみてほしい。あなたは実際に数字を思い浮かべる必要がある。私たちは机上で、できるだけ現実世界のシミュレーションをしている（つもり売買についてはあとで説明する)。それでは、数字を書き留めて始めよう。明らかに、あなたの数字に最も影響するのは自由に使える資金の額だ。私は聴衆全員に投資資金として一〇〇ドルを貸す。彼らは私に一〇〇ドルを返す義務がある。しかし、私は一番勝った人にその利益をすべてあげてしまうのだ。

「いいですか。全員、数字を書き留めましたね」と私は言い、コインを投げてつかむ。しかし、手を広げてだれが勝ったかを明らかにする前に、「ちょっと待って。このゲームから運の要素を取り除いたとしましょう」と言う。平均の法則では、繰り返すほど運の要素が消えていくことを私たちは知っている。それで、私はコインを約一〇回投げ、あなたは同じ金額を勝ったり負けたりすることを保証することにする。そして、「この最初のコイン投げで、投資金額を変えたい人はいますか」と尋ねる。

さて、私は読者にちょっと考えてほしいと頼む。平均の法則が働くと知って、あなたは投資額を変えるだろうか。私が説明したゲームでは、コイン投げの一回目で一〇〇ドルを投資して、競争で有利な立場に立とうとする人が必ずいる。私は聴衆に、「可能なかぎり現実に近いようにしましょう。実際の投資と同じように、勝ったら投資額を増やし、負けたら減らしてください」と言う。したがって、あなたの数字は資金一〇〇ドルに対する比率になる。

「さて、数字を変えたければ変えてください。そして、すべてのコイン投げでその比率を維持してください」と言う。そこで、読者は自分の数字を変更したいと思うかもしれない（私のアドバイスを受けて最初の三つの章を飛ばしたプロのトレーダーを、私はまだ読者として受け入れていなかった。だが、彼らを今、歓迎しよう。ここで彼らに言及したのは、プロはコイン投げを繰り返せば平均の法則によって平均に近づくと聞いても、投資額を変えるとは思えないからだ。なぜか。私たちプロのトレーダーは常に平均の法則でそうなることを期待している。だから、プロと呼ばれているのだ）。

しかし、あなたは今、最初のコイン投げの結果を知る前に数字を変える機会がある。あなたはこれがどういう働きをするか知っている。あなたはこの確実に勝てるシステムに投資する数字を考えさえすればよいのだ。

あなたが考えている間、私はいつものように、これは引っかけ問題ではないと言う。私は人をだますつもりはない。私たちトレーダーは毎日、一日中トレードをしている。一〇〇ドルを元手に、このパラメーターで毎分トレードができれば、最初の週末までに一〇〇万ドルを稼げる。二週目の週末には国の借金を返済できるようになる（実は、これは私が以前、実際に言っていたことだ。そして、私が最初にこの申し出をし始めたとき、これは本当のことだった。しかし、その後数年間に国の借金は膨らんで、翌週の月曜日まで返済できないほどになった)。三週目の週末には、このトレーダーは世界中のすべてのものを所有できる。私は最近は、これらの数字がどれくらいか更新作業をしていない。そのため、インフレがちょっと進んだせいで、架空のトレーダーがロシア領土の残りの部分を買うために、さらに数日間働く必要があるかもしれない。言いたいことは、これは非常に現実的で合法的な投資の機会であり、数学の引っかけ問題ではないということだ。

さて、私は架空のコインを投げる用意ができている。私が貸した一〇〇ドルのうち、この最初のコイン投げにいくら賭けただろうか。トレードをしようと真剣に考えているのならば、先を読む前にこの質問に答えてほしい。これはとても重要だ。私がここで引き延ばしているのは、質問に答えてもらうためだ。私がよく受ける質問の一つは、「トレードの執行に抵抗を感じるとき、どうやって克服すればいいか」だ。良い質問だ。確実に言えることは、今すぐに答えを出せなければ、トレードの執行も絶対にできないということだ。

私が前回に行ったセミナーでは、投資額は五~七五%の範囲だった。

もう、十分長く引き延ばした。まだ、数字を決めていない人は別の問題を抱えている。あとで変えることができないように、このページに数字を書き留めてほしい。読者は不利な立場にある。講演の聴衆は、利益を最大にして、私がいつも勝者に渡す現金を得たいという強い動機がある。だが、読者はせいぜい自分が一番だったと自慢できる以外、何も得られない、しかし、重要なことは、あまりにも慎重だと、報酬は何もないということだ。ゲームであれトレードであれ、みんな利益を最大にするという同じ目標を持っている。

ページに数字を書いたら、比較的無害な二〇％を選んでいた場合にどうなるかをまず見よう。この数字から始めるのは、これがよく選ばれる数字だからで、おそらく聴衆が最も選ぶ数字であり、ブラックジャックでカードが少し自分に有利だと思ったら、私が使ったかもしれない数字だからだ（当初資金がいくらであっても、二〇％に変わりはない。資金が一〇〇ドルならば二〇ドル、一〇万ドルならば二万ドルだ。確かに、資金が増えるにつれてだれでも慎重になるが、今は元本の話は脇に置いておこう）。

私たちは問題の核心に急速に近づいているので、付いてきてほしい。最初に勝って、二四ドルを得たとしよう（二〇ドルの投資に対する一二〇％のリターンで、一二四ドル）。これで手元の資金は一二四ドルになり、さらに儲ける準備ができた。次のトレードで資金の二〇％である二四ドル八〇セントを投資する。今度は、あなたが負けると仮定すると、手元の資金は九九ドル二〇セントになる。賭けの才能が生まれつきある人ならば、二つ前の文の途中で、これはまずい展開だと気づいたはずだ。勝ちと負けが一対一だと知っているので、やがてどういう結果が期待できるか想像がつくからだ。あなたは今、当初よりも資金を減らしている。幸運の女神が微笑んで、最初に負けて二回目で勝っていたら、違う結果になると思うかもしれない。その場合、最初に負けたあとの資金は八〇ドルだ。次に、その八〇ドルの二〇％（一六ドル）を投資して勝つ。あなたは一六ドルの一二〇％である一九ドル二〇セントを手にする。これで手元の資金は九九ドル二〇セントになる。立ち止まって、顔から血の気が引くのを感じるのに良いときかもしれない。

これをグラフで見たいだろうか（**図4―1**）。

これで、あなたはこの勝てるシステムで二回の投資をした。あなたは最初に勝った場合の結果が気に入らなかった。そこで、幸運の女神に頼り、最初に負けて次に勝つように頼んだ。しかし、その展開でも結果は同じだった。この嫌な流れを止める方法を想像できる人はいるだろうか。

さて、こういう結果だったので、今度はばくちをして、五〇％で試してみよう。それで

図4－1　20%を投資した場合

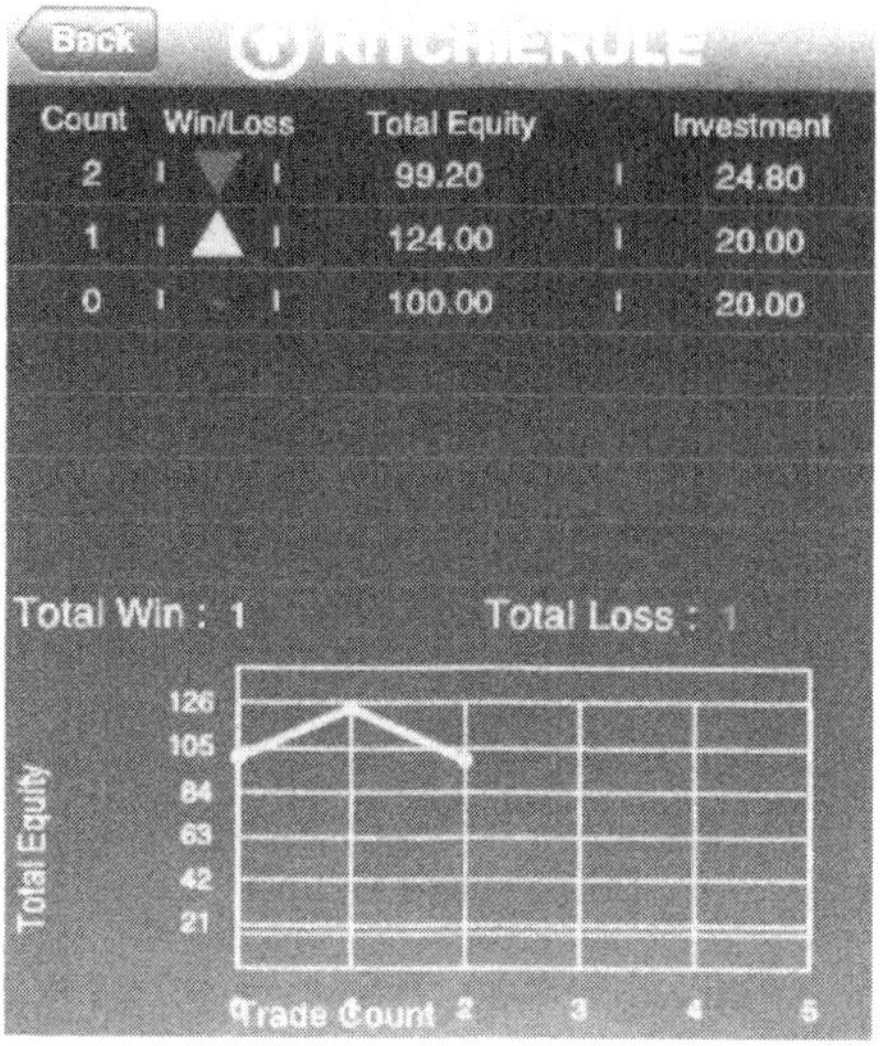

私たちがどういう人間か分かる。私たちは金融界の無謀な人間だ。大物たちとイチかバチかの勝負をする方法を知っている（この比喩は悪いほうに向かう。自分の好きな比喩にしてもらいたい）。五〇ドルを投資して勝ったら、六〇ドル儲けて、資金は一六〇ドルになる。素晴らしい。次に一六〇ドルの五〇%である八〇ドルを投資して負けると、手元に残るのは八〇ドルだ。順番を変えても結果に影響しないことはすでに分かっている。自分で計算しても、八〇ドルになるだろう。図4－2のグラフを見よう。

投資比率を高めるのは明らかに間違

図4−2　50%を投資した場合

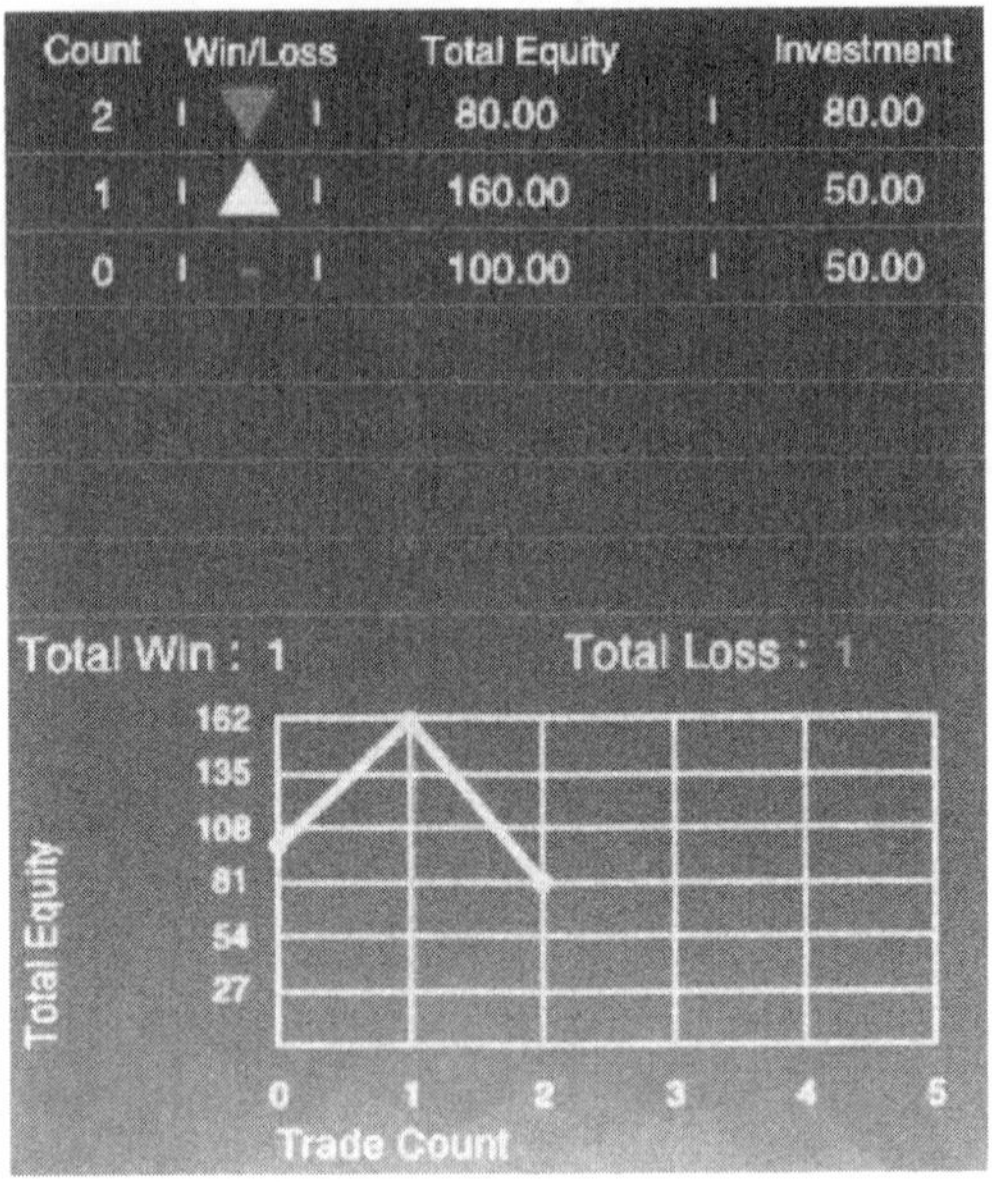

っている。しかし、逆に投資比率を下げるほうを見る前に、簡単に復習しておこう。私たちは二つのシナリオを試した。資金の二〇%を投資した場合には、二回のトレードで八〇セントを損した。次のシナリオでは、二回のトレードで二〇ドルを損した。初心者のトレーダーですら、損失の管理がトレードで最も重要な要素だと知っている。しかし、これら二つの例の差を見てほしい。あとのシナリオでの損は最初のシナリオでの損の二五倍もの損が出ているのだ。

予想はしていなかったとしても、もう分かったはずだ。利益率は、ほかの何よりも資金管理の技術に影響を受けるということを。この最後の文で立ち止まり、理解していなかったのならば、今すぐ理解できるまで考えてほしい。この文に衝撃を受けなかったのならば、あなたはトレードをしてこなかったのだ。私は編集者からどんなに反対されても、この点をしつこく繰り返す。

あなたの利益率は、ほかのどんなことよりもあなたの資金管理の技術に影響を受けるのだ。

「ほかのどんなこと」を強調してほしい。なぜか、「ほかのどんなこと」が、ほとんどのトレード本やトレードセミナーとトレードの第一人者の主要なテーマだからだ。あなたたち（トレード初心者の読者とマクミラン出版社の私の編集者）は、私が仕掛けと手仕舞いについて説明しないと不平を言うたびに、「ほかのどんなこと」のほうがもっと重要なのだと示唆していたのだ。

あなたは今、投資の聖杯にとても近づいている。とはいえ、あなたは「聖杯」が冗談で使われる言葉だと知っているはずだ。だれもがそれを探していることをみんなが知っているので、私はこの言葉を使うが、まともなトレーダーならば聖杯なんて存在しない、ということを知っている。それでも、ここで注意しなければ、あなたはトレードで確実に敗者になるということだ。

証明とは言えなくても、さらに例を示すために、逆方向に動いてみよう。一〇〇ドルの資金のうちの一五％を投資してみよう。最初に負けると、残金は八五ドルになる。次に、八五ドルの一五％である一二ドル七五セントを投資する。これで勝ち、一二ドル七五セントの一二〇％である一五ドル三〇セントが得られた。資金は一〇〇ドル三〇セントになった。自分を褒めよう。あなたは勝って、最初よりも資金を増やしたのだ。この最後の文に戸惑ったのならば、あなたは負けるトレーダーという大衆の仲間入りだ。この大衆が非常に多い理由は、勝っている状態から負けている状態にいかに簡単に変わるかを理解していないからだ。あなたがやるべきことは、勝って勝利をさらに生み出すことだ。

正しい方向に向かっているのに、ここでやめる理由があるだろうか。次は資金の一〇％を試そう。最初に負けて、残金は九〇ドルになった。次に、九〇ドルの一〇％（九ドル）を投資して勝つ（一・二×九＝一〇・八〇）。したがって、二回のトレード後の資金は一〇〇ドル八〇セントになる。資金の一五％よりも一〇％しか投資しなかった場合のほうが、資金が増えた。

五％の場合も試してみたほうがよい。負けると資金は九五ドルになる。次に四ドル七五セントを投資して、一・二×四・七五（五ドル七〇セント）を得て、資金は一〇〇ドル七〇セントになる。

二％の場合も試してみよう。私たちは一〇〇ドル三五セントを得る。明らかに、この傾向からすると、五〜一〇％の間を試す必要がある。では、八％を試してみよう。結果は一〇〇ドル八三セントになる。

これらの数字ではすっきりしないと思うなら、次の手描きの**図4−3**を見れば、分かるだろう（この機会に、グラフで考えることの重要性を強調しておきたい。私は昨日、このグラフを描いた。私はこれがどういうグラフか知っていたのに、それでも驚いた）。

これだ。あなたはトレードの聖杯に最も近いものを目にしている。この業界で、これ以上に重要なグラフはない。十分な時間を取って、このグラフを深く理解してほしい（まず、このグラフは特別なものではない。これは鉛筆と紙と巨大な消しゴムで書いたものだ。実際の作業のほとんどはこうして行われた。コンピューターできれいなグラフを作ることもできたのだが、パフォーマンスに違いをもたらすのはキッチンカウンターで考えたことだということを分かってもらいたい。私はこれを台所のテーブルで描いて写真を撮り、グラ

図4－3　2回のトレード後の総資産（縦軸は総資産、横軸は投資比率%）

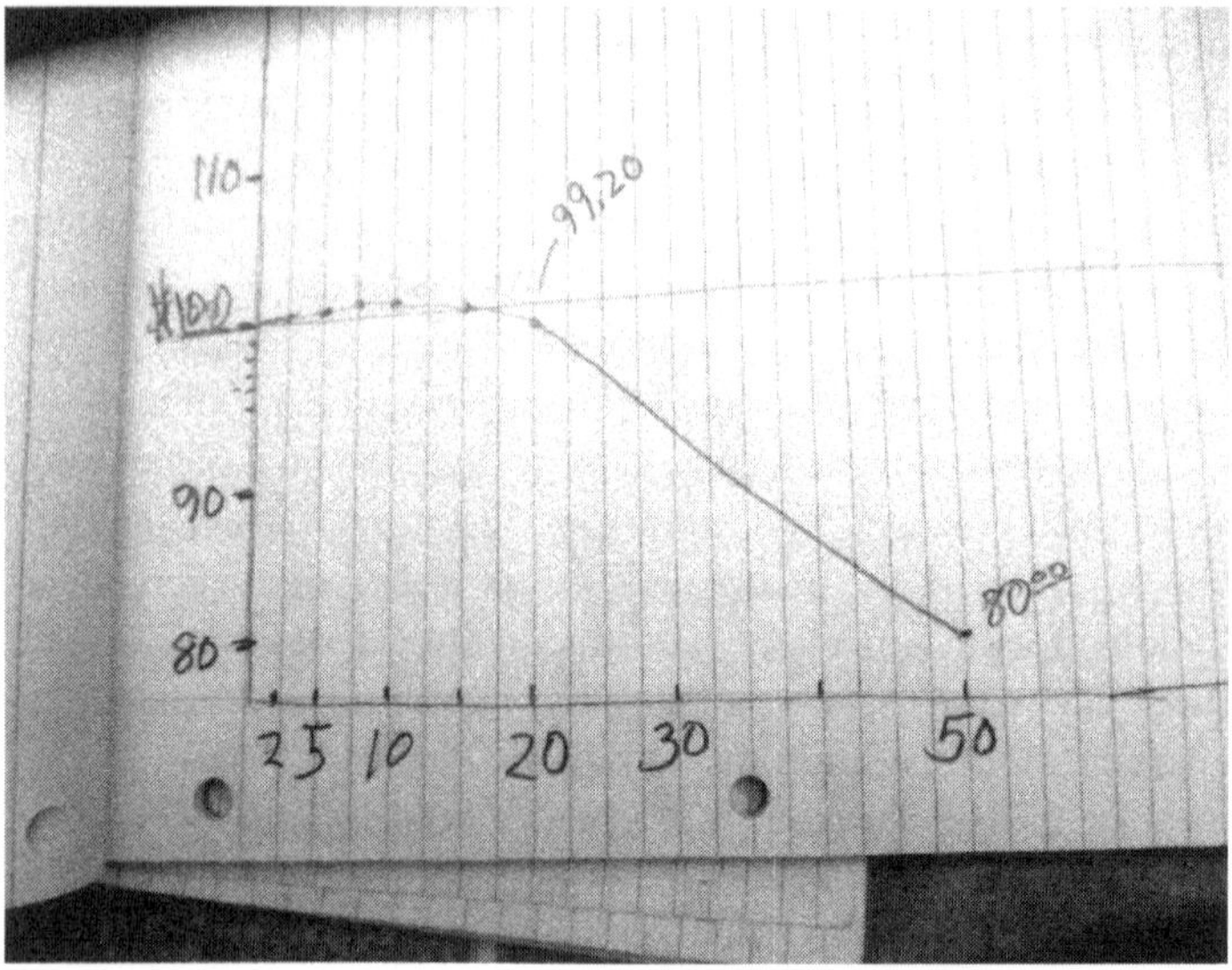

フの左右がいかに対照的かに改めて感嘆した。私はできるだけ芯が太いシャープペンを使っている。そのせいで、大きな消しゴムが必要なのだ。普段は〇・七ミリの芯を使っているが、〇・九ミリの芯を見つけた。ミャンマーでは二・一ミリの芯を見つけたことがある。芯が二・一ミリの鉛筆は三〇セントだったので、お店にあるものを全部買った）。横軸は投資比率、縦軸は総資金を表している。私たちは一〇〇ドルから始めた。そのため、このグラフは、投資すると決めた比率ごとにトレードを二回

行った場合のエクイティカーブを表している。このグラフの右側の大きな空間には、大多数のトレーダーが入る。彼らはみんな損をする。ここでは、アドレナリンが出て、トレードに関する素晴らしい物語が作られ、知ったかぶりをする人々が勝ったときに大儲けをする。しかし、結局は平均の法則が追いついてきて、突然、不振に陥る。次に、グラフの左側は、右側と比べるとあまりにも微細で、退屈に見えるほどだ（この先はもっと退屈になる）。

まず、資金の五〇％と二〇％を投資した人々の将来を見る必要がある。

どちらのトレーダーもすぐには破産していない。しかし、どちらも破産は避けられない。私がこのシナリオを何回続けるかは重要ではない。毎回、結果は異なるだろう。どの回でも、アドレナリンがたくさん出るだろう。平均の法則によって、仕掛けのポイントが素晴らしく見える瞬間があるからだ。資金の五〇％を投資した弱いシナリオの曲線には、見事な上昇があったことに注意する必要がある。ある時点では資金が三倍近くになった（最大で二七〇ドル）。これほどカクテルパーティーで自慢したくなる話はない。あなたは帰宅したとき配偶者とハイタッチをしただろう。その時点では、だれもがあなたを天才と思ったはずだ。あなた自身でさえ、そう思い始めるに違いない。しかし、どのシナリオでも結

図4−4　50%を投資した場合のエクイティカーブ

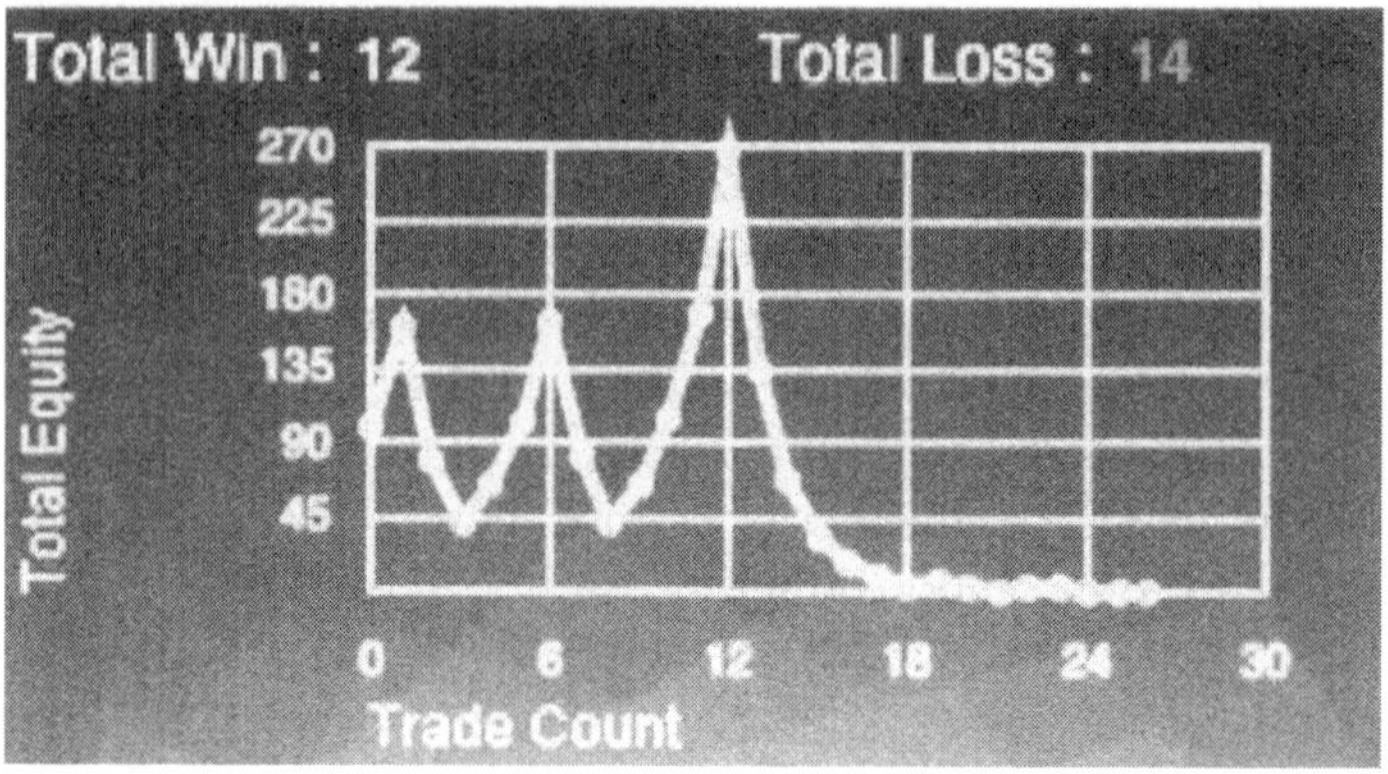

図4−5　20%を投資した場合のエクイティカーブ

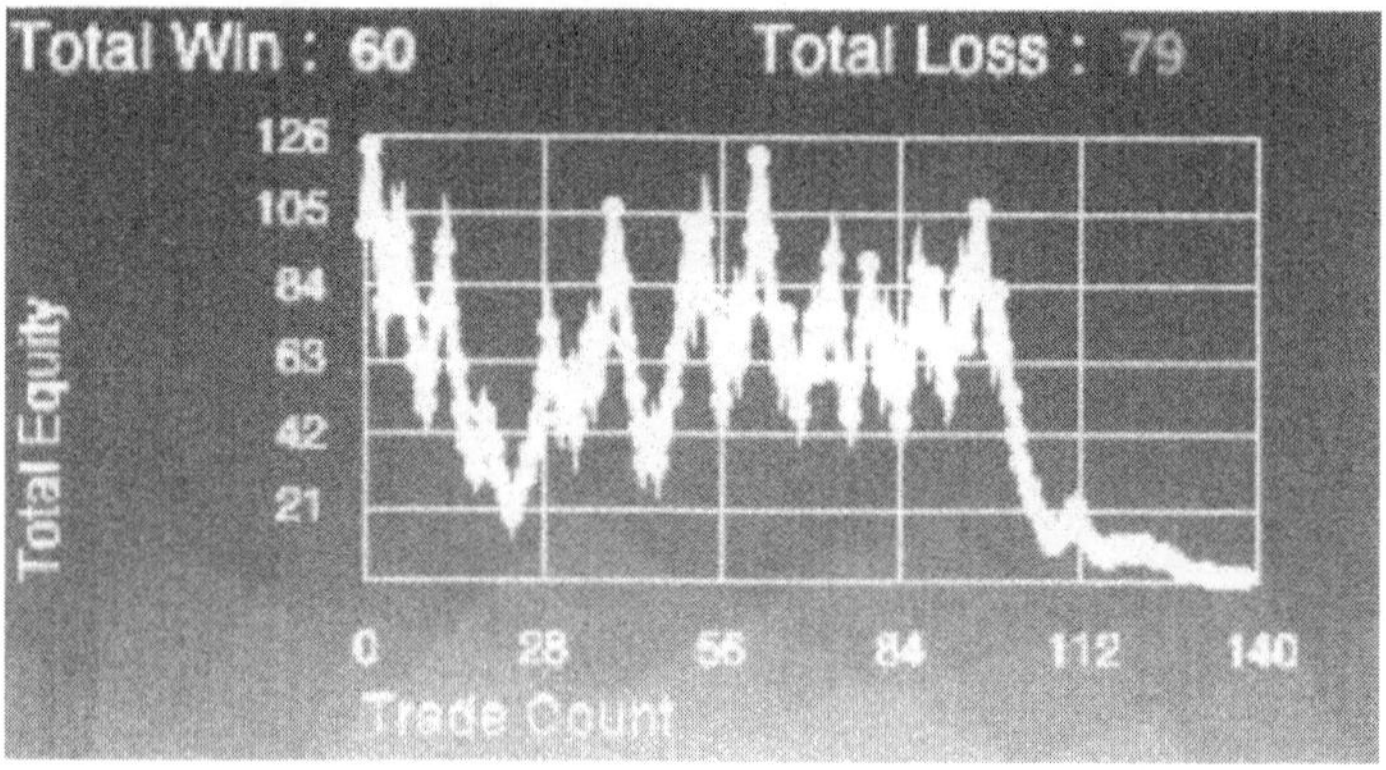

末は同じだ。この章で説明するシステムにはある保証がなされているので、私はこれを聖杯と呼ぶ。あるシステムは何度やっても破産が保証されている。それは時間の問題にすぎない。また、あるシステムでは成功が保証されている。

投資を勧める営業担当者が「金融市場で投資をする人の八〇％は損をしています」という統計数字を持ち出すのを聞いたことがあるかもしれない。彼らは次に、「ということは、残りの二〇％は大儲けしているということです」というオチを付ける。

そんな見方をする人には二つの重要な特徴がある。まず、彼らは無知であること。次に、彼らはトレードの経験がまったく不足していること。これは人目を引くが、数学的には人をだましている。前の二〇％のグラフを見れば、利益が出ている期間があることに気づく。この期間は、半ば架空のトレーダーたちのうち、特定の年に利益を出していると思っている二〇％のトレーダーたちのトレードを表している。しかし、翌年には、前年に利益を出していたこの二〇％は、新たにトレードを始める人々に合流する。トレーダーの八〇％は賢くなって、トレードをやめたと考えるのが妥当だ。そしてこの年には前年の二〇％の勝者のうちの八〇％、つまり一六％が今度は敗者になる。分かっただろうか。やがて、彼らは全員、敗者になるのだ。

これらの統計数字は毎年、利益を出し続けているプロトレーダーにはまったく当てはまらない。また、これらの数字はアマチュアを誤解させる。彼らのうちのかなりの割合は毎年負け続けて、やがてみんな消えていく。その割合がどれくらいかは、あなたにも私にも興味がない。八〇％に達する可能性もあるが、だれがそんなことを気にするだろうか。もちろん、才能のある営業担当者がそうした数字を用いて、自分たちはトレード方法を知っていると顧客を納得させるおかげで、市場に毎年新たに参加する人たちが現れる。だが、彼らが実際にトレード法を知っていれば、彼らは顧客を必要としないだろう。彼らの努力で新しい投資資金が市場にもたらされるため、通常はこの回転が続く。これら営業担当者と顧客は悲惨な手描きのグラフを見たことがなく、この概念をまったく知らない。そして、顧客はグラフの右側に移動していく可能性が高い。この資料はあなたにとっても、彼らにとっても目新しいものだ。

プロのトレーダーたちは、もう一つのアイテムであるリッチールールに従えば、この本で提供されるすべてが手に入る。インターネットで、このアプリを購入できる。この章で使っているチャートは、手描きのグラフを除いて、このアプリで作成したものだ。これはなんと九九セントだ。人生で最高のものはほとんど無料だ、という古い格言を証明するた

図4－6　リッチールール・アプリ

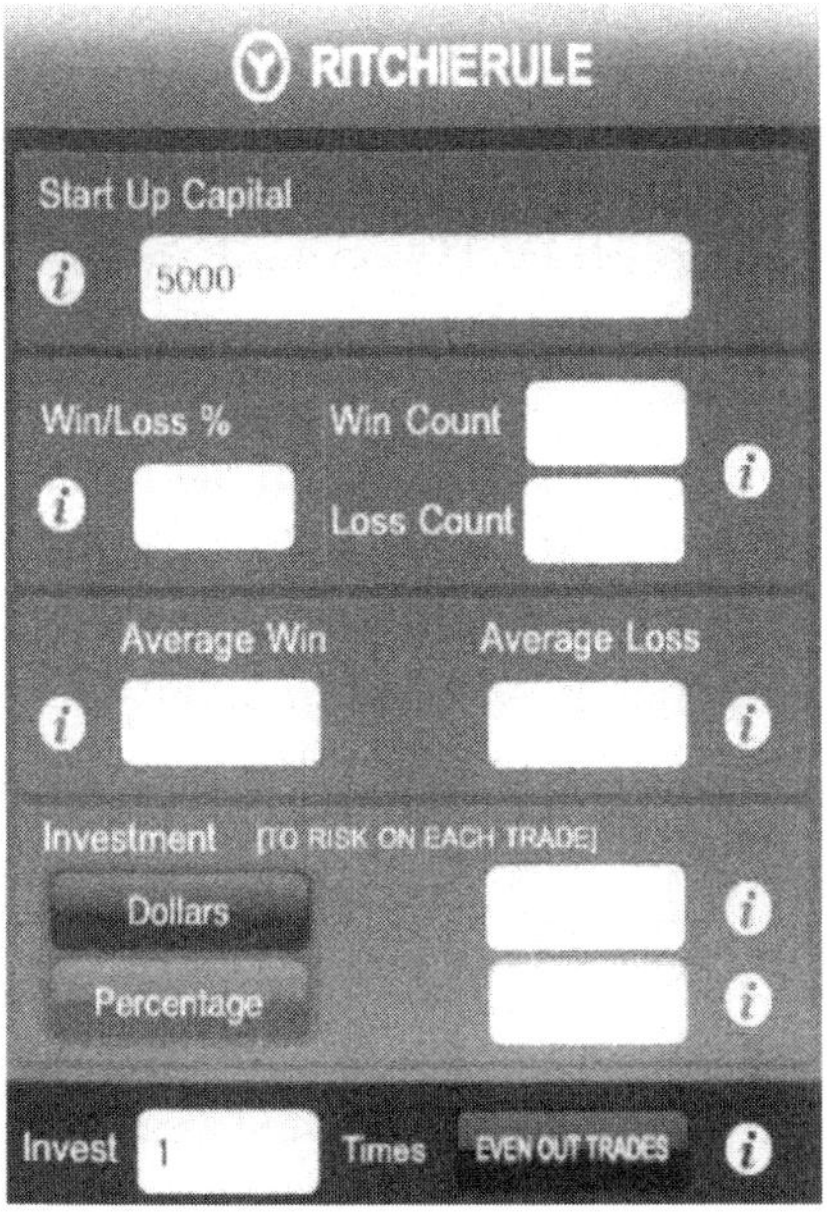

めに、そうしてみた。「Ritchie Rule」で検索すれば、見つけることができる。今のところ、iPHONEとiPadでしか動作しない（アンドロイド版は近いうちに公開する予定）。

　このアプリはビデオゲーム形式でいわゆる聖杯を示す。アプリを開くと、このページのような図が現れる。あなたは四つの非常に簡単な質問に答えるように求められる。

●一番目　当初資金。これは「いくら失う気があるか」を表す取引用語だ。この用語を覚える必要はないが、この値は十分に理解しておく必要がある（初心者トレーダーは一人も「多くのプロも」この概念を理解していない。彼らは一万ドルのリスクをとって五〇〇〇ドルを損すると、トレードをやめてしまい、勇気の大半は慎重さにあると自分に言い聞かせて、それを知恵とみなす。そして、一万ドルのリスクをとったと言ったときに、自分が勘違いをしているとは思いもしない。彼らが実際にしたことは、だれか――ほとんどは自分――にもったいぶって一万ドルをちらりと見せたが、とったリスクは五〇〇〇ドルにすぎなかった。それなのに、おそらく一万ドルのリスクをとっている場合に合わせてトレードサイズを決めただろう。この章では、この間違いが致命的であることを示す。そして、この間違いはこの業界全体に蔓延している。営業担当者は顧客に「一万ドルを二万ドルであるかのようにトレードしますか」と尋ねることすらある。彼らは営業担当者であって、トレーダーではない。幸運にも、非常にうまくいく人も少しはいるだろう。だが、グラフの右側の下降気流に巻き込まれた顧客は消えていく。そして、営業担当者は儲けた少数の人の実績を見せて、新しい顧客を難なく獲得する。なんという商売だろうか！）。デフォルトでは、この値は五〇〇〇ドルになっている。だが、ここをクリックすれば、必要に合わせて調整できる（この章の説明では、ここに一〇〇ドルが入る）。

●二番目　勝率。これは投資で勝った比率を示したものにすぎない。四回に一回勝った場合は、左側のボックスに二五％と入力するか、右側の勝ち数に一、負け数に三と入力する（私たちの例では、ここは五〇％になる）。

●三番目　平均利益と平均損失。運が良いときだけ得られる大きな利益を入力すると、このアプリはあなたのシステムに不承認と言う（印刷する）が、それでもトレードをすることはできるが、私たちはこれをギャンブルと呼ぶ（ここでの説明では、平均利益は一二ドル、平均損失は一〇ドルだ。これで、前に述べたシミュレーションができる）。

●四番目　例で説明したように、あなたが利益を得られるシステムを構築したと仮定すると、これが最後だ。各トレードにいくら投資する（つまり、リスクをとる）かだ。金額を入力すれば、アプリは比率を表示する。比率を入力すると、アプリは金額を表示する。

一番下にボックスがあと一つある。それは「投資」ボックスで、一度に複数の投資を実行できる。デフォルトは一で、ここから始めるべきだ。「トレードを均等にする（EVEN OUT TRADES）」というオプションを使うと、トレードから運の要素が取り除かれる。

つまり、二五％の勝率で、一〇回トレードをしようとすると、勝ちトレードが三回、負けトレードが九回のトレード一二回と返してくる。ただし、このオプションはまだ機能していないので、わざわざ試す必要はない。

このアプリを手に入れたプロのトレーダーは、授業を受ける必要はない。次の章に移って、アプリの背後にある式を知るほうがよい。あなたたちにはそれが必要になる。また、次の章では被る損失がいかに深刻なものかが分かる。だが、その点をわざわざ教えてもらう必要はないはずだ。

ほかの人たちはこのゲームで自分のトレードの数字を当てはめて、それを使えば、自分のシステムでどういうエクイティカーブが得られそうかが分かる。ご存知のように、トレードは単なるゲームではない。だが、ゲームとして扱うと役に立つこともある。実際にいくら損をするかに焦点を合わせないほうがよい。そんなことをすると、集中できなくなるほど絶望する恐れがある。このアプリの目標は、実際の市場でトレードをした場合の資産の増減（主に減少）を事前に教えることだ（私たちが関心を持つのは資産の減少だということは、すでに分かっているだろう。相場が味方に付いてくれたときには、どんな愚か者でも儲けることができる。そんな場合にさえ損をするには、また違う才能が必要だ。これは変わった言い方と思うかもしれないが、こだわったほうがよい。私たちトレーダーはネガティブな人間ではない。破産が自分にとってプラスになることは何もないと知っているだけである。私が聖杯と呼んでいるものがだれも注目していないところに現れるのは当然のことだ。それは儲けるところではなくネガティブな面、つまり、破産を防ぐところで機能する）。あなたはこれまで私が説明してきたことにすぐに気づくだろう。勝てるシステムを構築しても、破産する可能性があるということを、だ。たとえ、運が悪くなくてもだ。もちろん、平均の法則が有利に働いた場合は、みんな天才になる。

あなたがプロのトレーダーを知っているのなら、この章全体について同意しない人を見つけるかもしれない。この章が間違っているのならば、この本の残りの部分は砂上の楼閣になる。彼らが同意しないとすれば、それは彼らがこのアプリが必要ないからだ。プロのトレーダーはこのアプリの背後にある式がＤＮＡに組み込まれているのだ。彼らが異議を唱えるのなら、私はこう反論する。ミツバチは六角形について何も知らないと主張するだろう、と。これは私の誇張ではない。本当だ。プロのトレーダーが初心者トレーダーとわずかでも似た比率を使ってトレードをすれば、初心者と同じ割合で破産することになるはずだが、それは事実とは異なる。私のこれまでのトレード歴で、破産したプロのトレーダーは二人しか思いつかないからだ。

私たちは今、聖杯の興味深いところにいる。トレードで失敗した人（通常、彼らは話がとてもうまいために、カクテルパーティーではよくもてはやされる）に、トレードをやめたあと、そのシステムがどうなったか尋ねてみるとよい。彼らから、後悔の話が聞けるだろう。おおざっぱに言って、このビジネスでの後悔話の七五～九五％は、この原則を根本的に誤解したせいで起きている。

単純な数字で復習をしておきたい人のために。最初に、資金の五〇％を損する。次に、七五％を儲ける。すると、うまくいっているように感じる。しかし、実際に計算をすれば、これはまだ最初の資金の八七・五％の水準にしか戻っておらず、負けている（これがすぐに分からないのならば、このビジネスで数字をあまり重視しない分野を見つける必要がある。次に、数字に強い人を雇って、あなたの記録を付けてもらうことだ）。あなたは仕掛けと手仕舞いのポイントが悪かったせいにすることもできるし、実際にそのせいにするだろう。だが、実際には、仕掛けと手仕舞いのポイントを微調整し、トレードを続けていたら、どれだけ儲けられたかと話しながら、同じことを続けている間、あなたは次の原則を見落としている。あなたのトレードサイズは大きすぎるのだ。これは、あなたの資金が不足していたという意味ではない。もう一つ、大きな間違いがある。それは資金不足のせいではなかった。もっと多くの資金を持っていたら、もっと多額の資金でトレードをしていただろう。資金が少ないときに適切なサイズでトレードができない人は、資金が増えても適切なサイズでトレードはできない（これで政府を思い出すだろうか。ぜひそうであってほしい。政府はこの問題のシンボルだ。政府の収入［私たちの税金］が増えると、自信過剰になって支出を増やし、国の債務も増える。私は悲観的な人間ではないが、そうした行為はいつか報いを受けるだろう）。

トレーダーがこの資料で最も意見が食い違うのは、「聖杯」という語句を使ったところだ。プロのトレーダーはこれを軽蔑するだろう。聖杯を探すのは初心者であり、知ったかぶりをする人で、破綻に向かう最初の兆候だと、プロのトレーダーならだれでも知っているからだ。それにもかかわらずこの語句を使うのは、この考え方を身に付けなければ、トレードで成功することはできないからだ。伝説的なシステムを考案したウエルズ・ワイルダー・ジュニアは数十年前に聖杯を見つけた（若い人たちに。ウエルズ・ワイルダーはＲＳＩ［相対力指数］を考案したことで有名だ。しかし、彼はそれから少し浮かれすぎた。私の友人のオースティン・プライアーは、ワイルダーと聖杯について最高の話をしてくれる。ワイルダーは相場のすべての転換を永遠に予測できる指標を思いついた。それはすべての歴史のなかで最も驚くべき発見だった。私はこの話をする権利をプライアーから奪うつもりはまったくない。ワイルダーが自分の聖杯でどういう代償を払ったかを知ると、オースティンだけがその話をする権利を持っている理由が分かる。それは衝撃的で、ずっとして、爆笑もので、聖杯など存在しないという私たち全員が知っていることを証明してくれる［オースティンが笑われてもかまわないという気分のときに彼を見つけることができれば、話をしてくれるだろう。それは究極のあり得ない話だ］）。聖杯があるとすれば、だれも注目していないところに聖杯が隠れているとしても不思議ではない。私はそういうところで、それを見つけたのだ。

この章と次の章を完全に理解していなければ、トレードで必ず失敗すると分かっているかぎり、聖杯をどんな言葉で呼んでもかまわない。本当だ。

間違いなく、これで十分明らかになっただろう。まだ、これが数学的なワナだと思っている人もいるだろう。そう思うのなら、もう一度読んで確認してほしい。それでも、気が変わらなければ、別の種類の本を見つけることだ。

光が見えた人に。本当の問題はここからだ。この難問は市場によってうまく隠されているのだ。市場はこれまで単純な数字で見てきたような分かりやすい形で利益と損失をもたらすことはけっしてない。そのため、私たちは相変わらず、どこで仕掛けて、どこで手仕舞うかに焦点を合わせてしまう。私たちは市場の分析を続け、自分の考えを微調整し、さらには自分自身や自分がどうしてトレードの執行ができないかまで分析するかもしれない。私たちには、「素晴らしい」後知恵で過去のことを考える機会がたっぷりあり、相場のあらゆる変動を分析しすぎる可能性がある。「利益を十分長く伸ばさなかった」とか、「損切りの逆指値をもっと離して置くべきだった」とか、「あの損切りはもっと早くすべきだった」などだ。こうしたあとからの分析を続けると、一章分にもなるだろう。余りにも多くのことに焦点を当てると、自分のトレードはすべて完璧であり、トレードサイズが大きすぎただけだったのかもしれない、とはけっして想像もしないのだ。これがすべてだ。以上。終わりだ。悲しみや痛みは言うまでもなく、こんな分析からは抜け出そう。

読者のなかには、この著者はなぜ金の卵を産むガチョウをタダで人にあげるのだろうかと不審に思う人もいるだろう。彼らは、私が仕掛けのポイントを絶対に教えてくれないと不平を言っているのと同じ人たちかもしれない。プロのトレーダーのなかにも同じことを思っている人もいるかもしれない。その答えは、私の利益（それに、プロのトレーダーの利益）は、どこで仕掛けて、どこで手仕舞うかによって得られているからだ。あなたは彼らの仕掛けと手仕舞いのポイントを絶対に教えてもらえないだろう。あなたの損失はと言えば、それはこの章で示したグラフを理解していないせいで生じているのだ。あなたがトレードをこのグラフを参照して調整しても、私の利益やほかのプロトレーダーの利益には影響しない（この段落の主張の根底には間違いがある。それは、世界には限られた量の富しかない、つまり、トレードはゼロサムゲームだという考えだ。思い出してほしい。大衆に広く受け入れられていることはすべて、再検討する価値がある。トレードはゼロサムゲームだという考えは、これまでに現れた間違いのなかで最大のものだ。これはこの本で扱うことではないが、要約すれば、私たちの先祖がアメリカにやってきたとき、その富のすべてではないにしても、ほとんどは存在していなかったのだ）。それはあなたの利益にしか影響しないのだ。

今、読者のなかには、どうすれば利益が得られるのか、仕掛けと手仕舞いなのか、それとも資金管理なのか、と私に問うている人もいるだろう。あるいは、私が仕掛けと手仕舞いという本当の秘密を教えないと非難している人もいるだろう。

答えを言おう。利益はあなたがどこで仕掛けて、どこで手仕舞うかによって決まる。そのことは仕掛けと手仕舞いを繰り返しながら経験を積むにつれて、やがて発見できるようになるだろう。しかし、リスク管理が少しでも間違っていれば、絶対に良い仕掛けと悪い仕掛けの区別ができるようにはならない。

この章のグラフで、私の言いたいことが伝わっていることを願う。グラフの小さな左側の部分に集中しよう。トレードで成功したいと望むのならば、その小さな部分に必ずとどまる必要がある。しかし、これで終わりではない。この章では、初心者がどうやって破産するかをはっきりと見てきた。破産は難しいことではないし、長い時間をかけて着実に破産に向かう場合もある。しかし、次の章では、グラフの左側の小さな部分にどれほど危険が潜んでいるかを示す。トレーダーは、将来がどうなるかを十分に理解しておく必要がある。さもないと、状況が厳しくなったときに困難を乗り越えることができない。そして、状況は厳しいものになるだろう。

FYX（クリスチャンのために）

まず、私たち「クリスチャンの不利な立場」と闘おう。次に、聖書に現れる比率について扱うことにする。

この章のテーマに関して、クリスチャンが不利な立場にあることは読者のだれも理解していないだろう。クリスチャンでさえもだ。どの宗教の神にも強調される特徴がある。ヒンドゥー教徒にとって、神はすべてのものを表す。イスラム教徒にとっては慈悲深い存在だ。ユダヤ教徒にとって、神は唯一の存在でとても神聖なので、あえて神の名前をつづらない。私たちクリスチャンにとって、神は至高の存在だ。それはクリスチャンであるために不可欠だ。神を至高の存在と思わないのなら、あなたはクリスチャンではないのかもしれない。神はすべてを知っている。何が起きるかをすべて知ったうえで、宇宙を創造したのだ。だから、神は悪が存在するという問題について非難されるのだ。たとえかけ離れた形であったとしても、悪を生み出したのは神なのだ（あなたは間違いなく、悪の問題について知っている。神が「バーン」か「光よあれ」［あなたの訳による］と言わなかったら、世界は存在していないので、悪も存在しない。だから、神は非難、あるいは称賛されるのだ。しかし、私はあえてこの問題で横道にはそれない。それでも、あなたが考えられるように、示唆をしておこう。個人的な経験から、私は野球場での思考の九〇％、あるいはそれ以上がキャッチャーによってなされていると知っている。そして、野球殿堂入りをしたヤンキースの捕手であり哲学者であったヨギ・ベラが「終わるまではけっして終わらない」と言ったとき、彼は悪の問題を解決した「ヨギ・ベラではなく、このテーマについて、第6章でもう少し説明する」)。この点についてはトレーダーに当てはまる場合を除いて、ここでは議論しない。これが私たちに当てはまるのは、宇宙に至高の存在があり、運などというものがないからだ（クリスチャンの歌手が「メリー・リトル・クリスマス」を歌うのを聞いたことがあるだろうか。彼らは「運命が許すならば、私たちは何年も一緒に過ごせるでしょう」という最後の部分を歌うことに耐えられない。それで、「主が許すならば」と歌う。これは、クリスチャンは運を信じていないという私の主張を裏付けている。あなたはこの歌の歌詞がどう変わってきたかを調べたくなるだろう）。したがって、平均の法則は疑わしく、おそらく（多くの神学者はこの「おそらく」という言葉をここで使うことに反対するだろう。彼らにとって、運は確実に存在しないからだ）、私たちクリスチャンには当てはまらないのだ。

問題を極端に単純化したことは認めよう。そこで、理屈は抜きにして、さっそく非常に現実的な例に移ろう。ダビデがほかに石を四つ拾った理由を牧師や神学者から聞いたことは一度もないはずだ。覚えているだろうか。巨人ゴリアテに立ち向かう前に小川で拾った石の話だ。ゴリアテに四人の兄弟がいたという話を聞いたことがあるとしよう。分かった。これは冗談だ。一般的に、神学者は避けたい問題から気をそらす必要があるときしか、ユーモアのセンスを発揮しないと思って差し支えない。

ここに牧師たちの問題がある。神を暗に信頼していた信仰の偉大な英雄が、わざわざ余計に石を四つ拾ったのはなぜだろうか。私はまもなく異端の罪で告発されるだろう。だが、実は信仰の偉大な英雄たちでさえ、平均の法則をきちんと理解している現実的な人々だったのだ。ダビデは戦いの最中に小川に石を取りに戻るという恥ずかしい目に遭う場合は言うまでもなく、石を一つしか持っていなかったらどうなるか、十分に分かっていたのだ。

ダビデは神の恵みを信頼していたので、巨人に向かって首をはねてやるなどと言い放った。これは歴史上初めて記録された挑発の言葉だった。それほど偉大な信仰の英雄でさえ平均の法則を尊重しなければならなかったのならば、あなたや私も同じようにしなければならないはずだ。

そして、平均の法則では比率が大事なので、そこに目を向けよう。これは聖書に詳しく書かれているテーマだ。イエスは少額の硬貨二枚を献金した女性をたたえるとき、乏しい持ち金からすべてを出した、と比率を強調して周囲を驚かせた。女性が献金したお金の価値は比率の問題だった（ルカによる福音書一一章四節、マルコによる福音書一二章四三節）。ヨブは最終的に富を倍にした（ヨブ記四二章一〇節。ヨブが強欲な人だったという話は聞いたことがない。当然だろう。だが、彼は確かに自分の利益を最大化する方法について何か知っていたはずだ）。

才能についての例え話はちょっと極端だが、一〇〇〇％、五〇〇％、一〇〇％、〇％のリターンという比率を扱っている（マタイ二五章一四節以降、ルカ一九章一一節以降）。あなたたちが私の言うことを信じないのは分かる。牧師が比率という観点からこれについて話すのを聞いたことがないからだ。しかし、私はイエスの言葉を引用しているだけだ。もちろん、これらの数字は本当にあった話に出てきたものではない。これらはイエスが考え出した数字だ。これは例え話であって、イエスの想像力の産物だった。しかし、伝えたいことを強調するために数字を考えたとしたら、これらの数字がいかに重要かを示していないだろうか。さらに、数字は現実的だった（マタイとルカはそれぞれ別々の例え話を残している。テーマは似ているが、数字は対照的だ。興味がわくように、マタイの話がタラント「これは適切にも「タレント＝才能」の語源になった」を使っていることを考えてほしい。タラントは金を測る尺度で、ルカの話に出てくるムナの約六〇倍の価値がある。これらの二つの話が示すように、イエスの話はどれも素晴らしい）。

サフィラとその夫は、持って行ったお金が代金の一〇〇％よりも少なかったのに、一〇〇％と言った（使徒言行録五章一節以降）。彼らは一体、何を考えていたのだろうか。それは無駄な考えだった。彼らは一緒に埋葬されただろうか。神は私たちの持つ現金やそれを表す比率を重視していないと思うのならば、あなたは宗教について不勉強すぎる。

聖書にある比率に関するすべての話のなかで最も興味深かったのは、持っている物を一〇〇％売り払うようにとイエスがお金持ちの若い支配者に要求したことだった（マタイ一九章一六節以降、マルコ一〇章一七節以降、ルカ一八章一八節以降）。そして、その後すぐに、おそらく翌日にはザアカイが財産の五〇％を貧しい人々に施した（ルカ一九章二節以降。ザアカイはルカにだけ登場する）。この男性はタラントで施しをするという常識的な配慮はしなかった。この素晴らしい話をだれが忘れられようか。そして、イエスは、「今日、救いがこの家を訪れた」（聖書協会共同訳）と言って、彼のやり方を支持した。現在、このような信仰の表明に同意する福音主義の神学者はほとんどいない。彼らが、「ザアカイよ、王国への道をお金で買うことはできない。大事なのはお金ではなく信仰心であり、イエスを心から受け入れることだ」と言って、ザアカイを正すのが聞こえないだろうか（これで決まった。私は今、忌み嫌われた。だから、福音派の牧師から支持される望みは消えた）。彼らが大事なのはお金ではないと言えば言うほど、お金が大事なのだと確信できる。あなたがだれかにひどい仕打ちをしたときは、謝罪をするのではなく、小切手を渡そう。

聖書がはっきりと私に同意している問題で、この章を締めくくらせてほしい（あるパターン――私の考えすべてに聖書の裏付けがあってほしいという願望――があなたに見え始めることを祈っている。これはとても大切なことだが、無視されていて、しかも注意の足りない観察者ですら気づくことだ）。一獲千金を狙いたがる人間の欲望には、強欲を禁じた十戒の最後の戒めに反しているさまが見え隠れする。これは間違いなく十戒のうちで最も過小評価されている。詳しいことについては箴言に戻ろう。「急いでためた財産は減っていき、小まめに集めた財産は増えていく」（箴言一三章一一節、聖書協会共同訳）。これは「ゆっくりと金持ちになれ」という究極の戒めだ。

「忠実な人は多くの祝福を得る。急いで富を得ようとする者は罰を免れない」（箴言二八章二〇節、聖書協会共同訳）

そして、その証拠に、「欲の深い人は急いで富を得ようとする、かえって欠乏が自分の所に来ることを知らない」（箴言二八章二二節、聖書協会共同訳）。

この章で達成したことは、箴言の知恵を利用して、この驚くべき箴言を無視することがいかに重大な危険を招くかを証明したことかもしれない。そして、重大な危険（peril）という言葉の力を知らないのならば、あなたはまだトレードをしていないのだ。

第5章

どれほど悲惨になり得るか

HOW BAD CAN IT BE?

この業界ではいかに簡単に損をするかを前章で学んだ。グラフの右側にいる人はだれでも、一〇〇回ほどトレードをすると資金をすべて失って、ほかの仕事を探し始めることになる。しかも、彼らは統計的に勝利が保証されたシステムで、そういう道をたどった。彼らは挑戦したあとトレードをやめていった。そして、頼むからトレードには手を出さないでほしいと言っていた多くの人に従っておくべきだった、と後悔している。よろしい。

このゲームで数字に真剣にこだわらない人は時間を無駄にしている。私はあなたがまだこの本を読んでいることに戸惑っている。あなたはトレーダーではなく、学者かもしれない。別の本を手にして、象牙の塔を見つけたほうがよいだろう（この文章にうんざりしても、我慢してほしい。うまくいけば、この説得で多くのトレーダー志望者がようやく理解して、この業界に近寄らないようになるからだ。あなたがその一人ならば、時間とストレスと資金が大いに節約できるだろう。しかし、もっと重要なことは、ほかの仕事で重要なことを達成できるようになるかもしれないことだ）。恐れることはない。多くのひらめきは象牙の塔から生まれているのだ。

では、残った人たち――非常に臆病で控えめにトレードをするので、グラフの左側から絶対に離れない人たち――の人生がどうなるかを見てみよう。

図5－1

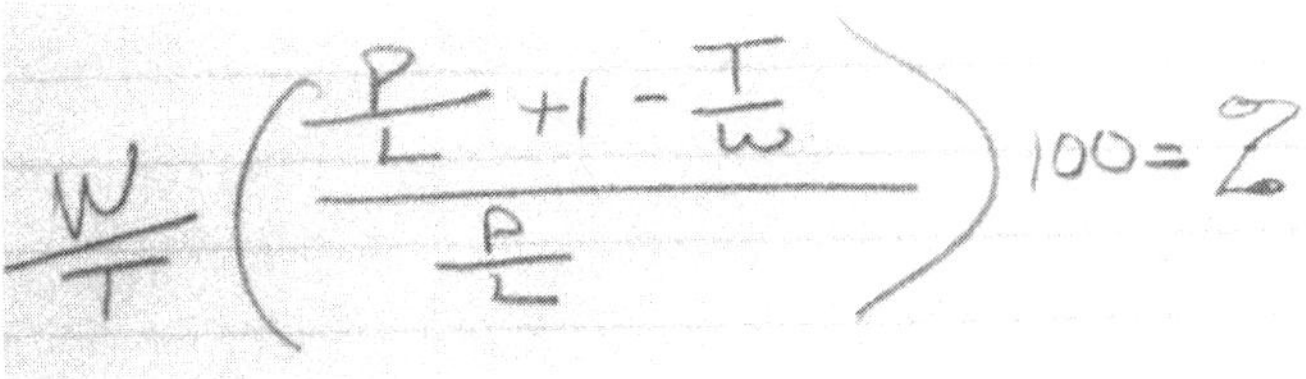

W＝勝ちトレード数
T＝総トレード数
P＝平均利益
L＝平均損失

プロのトレーダーのための公式は図5－1のとおりで、リッチールールのアプリもこれに基づいている。

私が初めてこの概念を考え出したときは、投資初心者たちに神に対する恐れを植え付けるのが目的だったので、これらの数字は極めて理論的で、象牙の塔でしか通用しないものに近かった。しかし、これらは塔から持ち出して実際に使わなければならない。私はこの公式に基づかずにトレードアイデアを実行し始めたことは一度もない。一度もだ。

この図5－2では、第4章とこの章でエクイティカーブを生成するためにアプリで使った数値が表示されている。一番下の投資比率は、第4章では五〇％と二〇％を使った。この章では八％のみ

図5－2

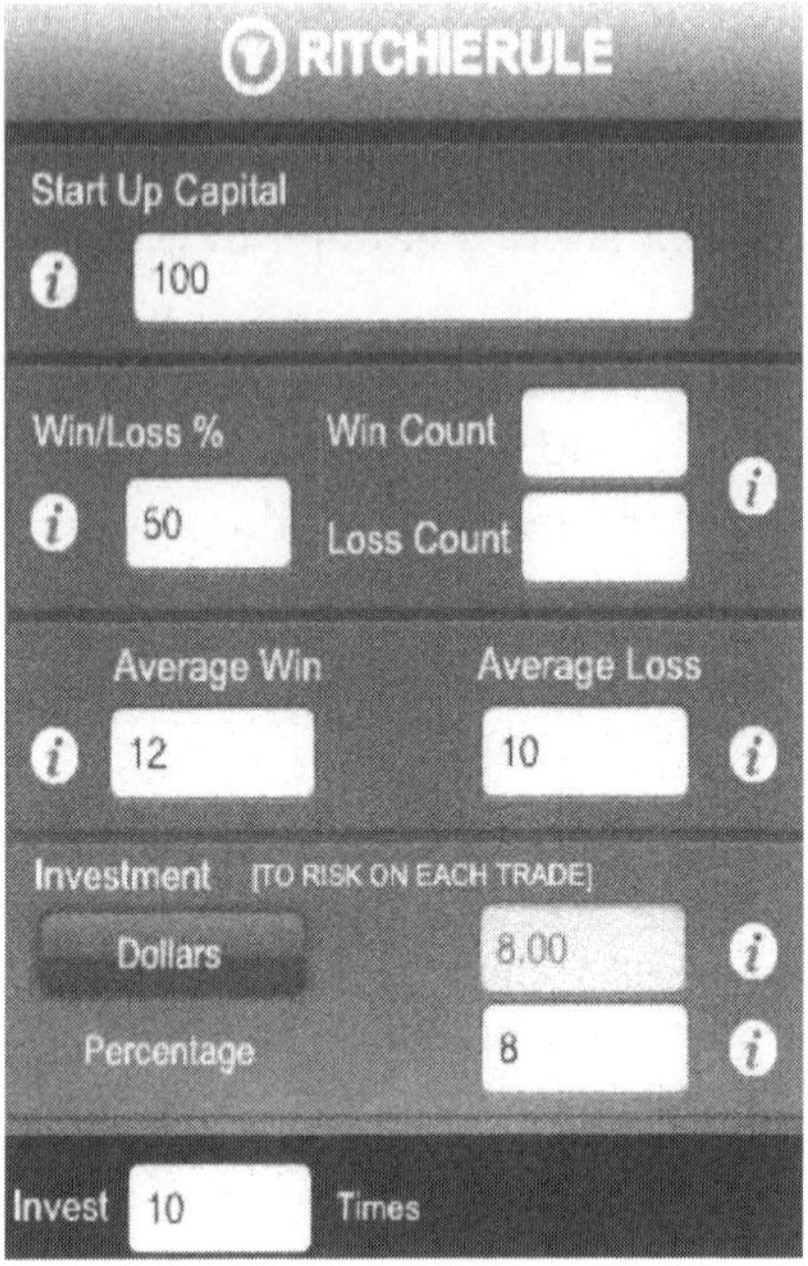

を使う。これで、私たちの目標である利益の最大化が達成できる。

図5－3は同じ公式にこれらの数値を入れた場合を示している。

この公式を分析するのに少し時間を使っても、苦痛は感じないだろう（この公式の分子で、勝率の逆数を引いていることに気づくだろう。つまり、勝率が三三％で、勝ちトレードの平均利益が負けトレードの平均損失の二倍であれば、分子はゼロになる。ちょ

図５－３

$$\frac{1}{2}\left(\frac{\frac{1.2}{1}+1-\frac{2}{1}}{\frac{1.2}{1}}\right)100=8\tfrac{1}{3}\%$$

W＝勝ちトレード数	1
T＝総トレード数	2
P＝平均利益	12（このアプリでは1.2は使えないので、12と10を使う）
L＝平均損失	10

っと考えてみれば、こういう結果になることは公式がなくても分かるだろう）。この公式は、八・三三％が最適な投資比率であることを示している。この比率であればドローダウン（初心者のために言っておくと、「ドローダウン」とはスランプの業界用語だ。トレーダーはだれでもこれを経験する。トレードでスランプに陥りたくなければ、ほかの職を見つけよう）中のトレードサイズが小さくなるため、利益は最大になり、トレードを続けることができる。

　この公式を考え出して約二〇年間使ったあと、トレードを学びたいと思っている業界外の友人に出会った。彼はこの概念を知っていた。そして、数学の本を引っ張り出してきて、この現象に最初に気づいたのは私ではないことを教えてくれた。現在では、ケリーの公式として広く知られている。エドワード・

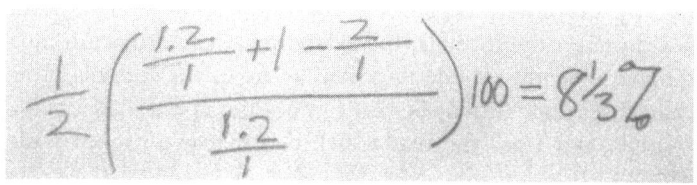

ソープもこの公式に取り組んだはずだ。『**新マーケットの魔術師――米トップトレーダーたちが語る成功の秘密**』（パンローリング）のインタビューを受けたとき、私はここまで詳しく話す気にはならなかった。ケリーの数学の本を読んだこともなく、今まで参加したどのセミナーでもこの問題について触れられたことはなかった。そこで、遅ればせながら、ケリーとソープの功績をここで認めておきたい。

また、私は一九六〇年代にソープと会話をしたことがある。それは、私が学んだブラックジャックの理論についてだった。当時は電話番号案内で、ほぼすべての教授の電話番号を教えてもらえたのだ（この本が読まれるときまでに、他人に連絡を取る方法がどう変わっているかはだれにも分からない）。そして、「とにかく、小さく賭けるように」と言われたことを覚えている。

この意見には戸惑った。彼はかつらや口ひげやその他の変装道具一式は言うまでもなく、実験に使える現金をいくらでも持っているように見えたからだ（『**ディーラーをやっつけろ！――ブラックジャック必勝法**』（パンローリング）を読むとよい。だが、自分で試してはならない。相場のほうがまだ簡単だ）。

私がこの公式を使い始めるまでにも、その後の三〇年の間でも、公式を見たりそれについて聞いたりしたことは一度もなかった。実際、最近あるセミナーでこの話をしたとき、この公式やそれがいかに価値あるものかを知る人は一人もいなかった。そのため、「私が初めてこの公式を考案したのではないかもしれないが、これなくしてトレードはできないとあなたたちに言うのは私が初めてだ」と言った。

これで準備ができた。私たちは鉛筆で描いた大まかなグラフの左側にずっととどまり続ける覚悟ができた。まだ理論上の数値を使ってはいるが、これは勝てる数値だ。そして、実験では、八％という最も有利な数値を使う（実際には八・三三％が最も有利になる値だが、私たちは常に控えめなほうに間違えるべきだという教訓を学んだ。この臆病さを必ず尊重しよう）。では、何をしているかが本当に分かったので、アプリを実行して人生がどうなるかを見てみよう。あなたはリスクについて決意を新たにした。とても控えめになったので、自分を臆病者のように感じているかもしれない。

前の第4章では一〇〇ドルから始めたが、できるだけ現実的な数値を使おう。自分の四〇一ｋで資金を運用していることにして、当初資金を一〇万ドルにしよう。この仮定ならば単なるゲームではなく、実際のトレード感覚を実感できる。

私が二週目の週末には国の借金を返済できると言ったことを思い出してほしい。三週目

図5－4

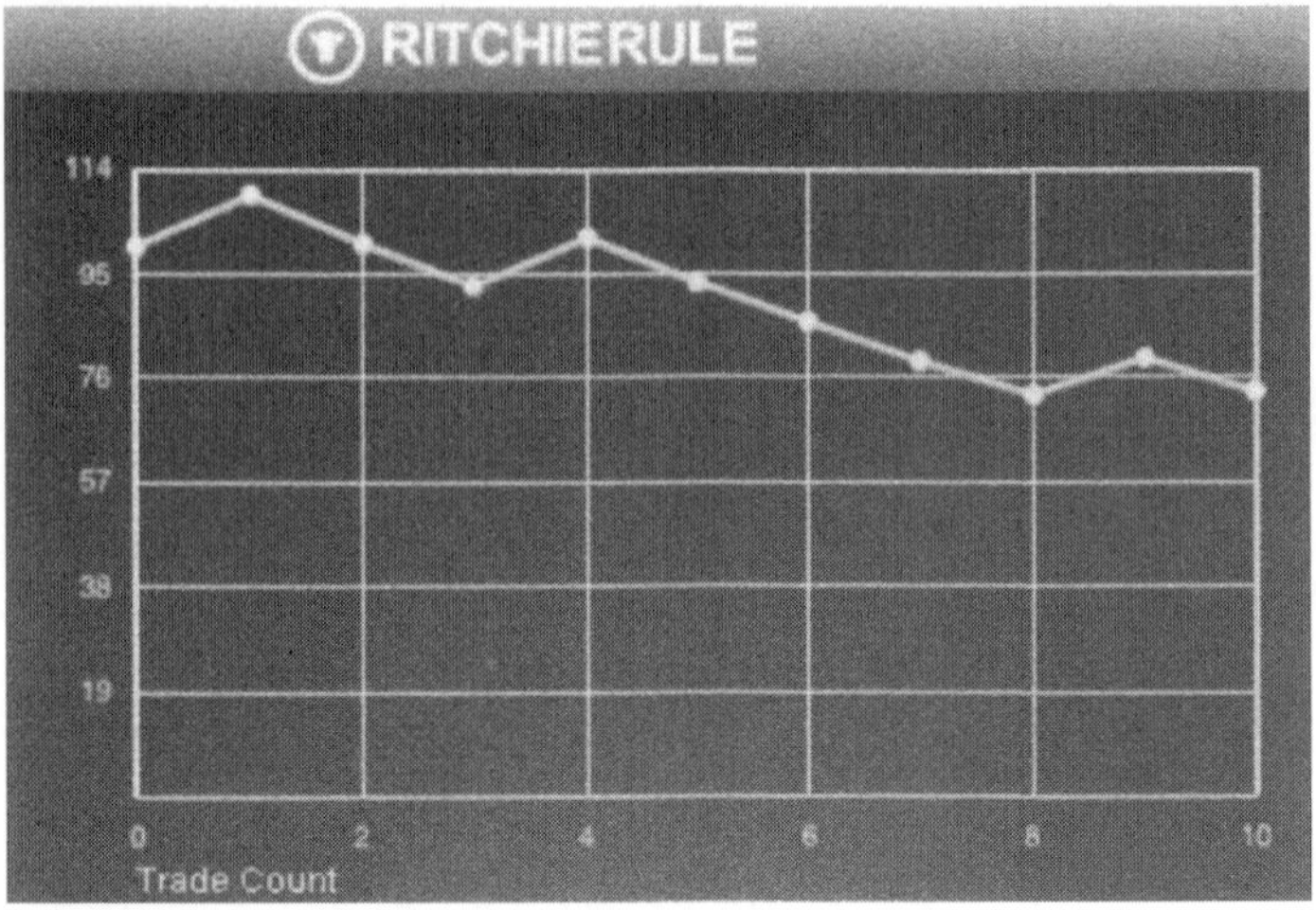

を気にする必要はない。それでは、最初のうち、トレードがどういう展開になるかを見てみよう。**図5－4**は平均の法則で得られそうなリターンを示している。この例はアプリを実行した二回目に得られた結果だ。

一〇回のトレード後、資金が約二五％減っていることが分かる。これは悪いドローダウンだが、私たちには自信がある。悪運が続いただけだ。そこで、気を取り直してトレードを続ける。

二〇回のトレード後、私たちは平均の法則に対する信頼を失い始めている。私たちは自分の仕掛けと手仕舞いのポイントについて疑いの目を持っているかもし

図5－5

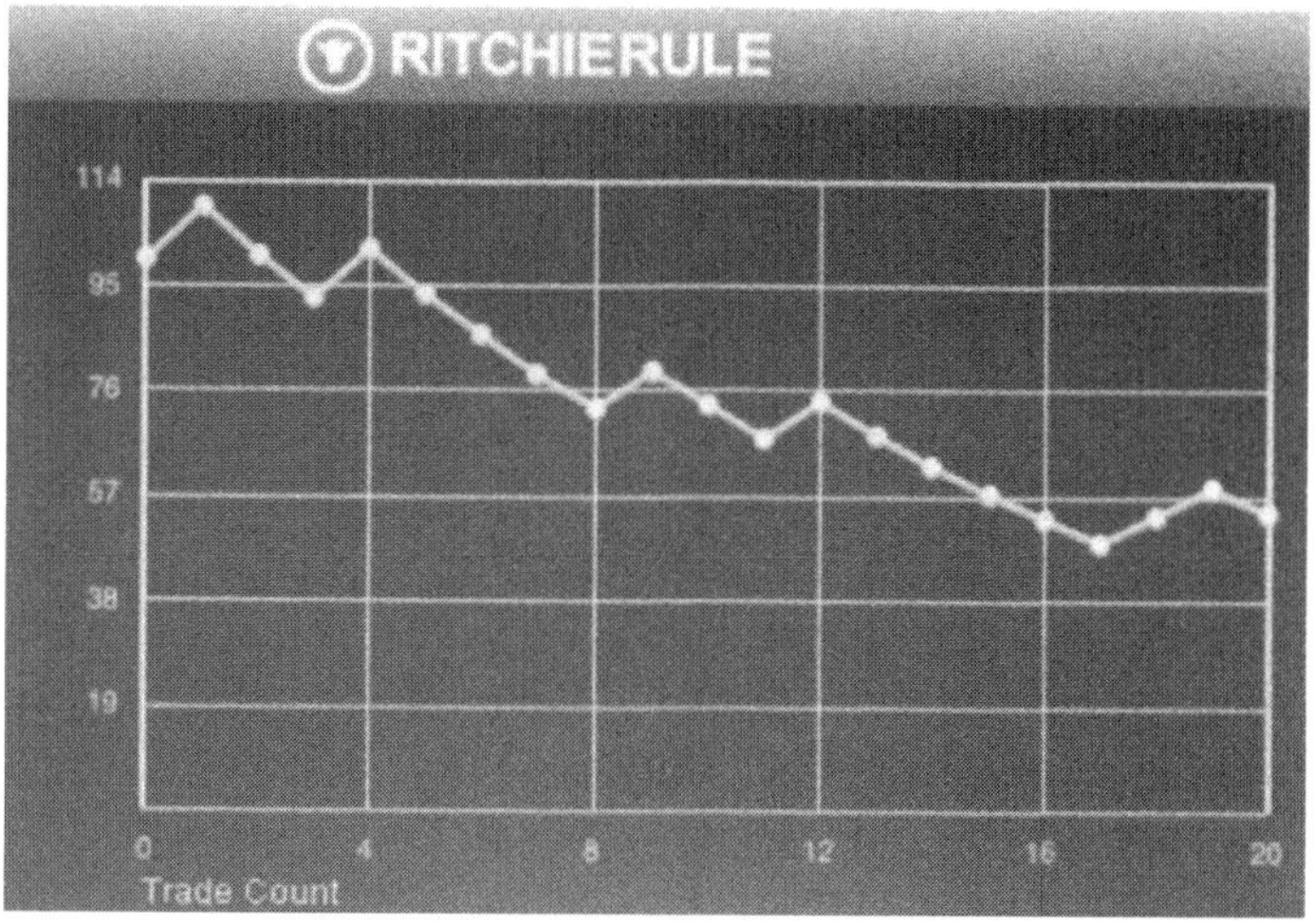

れない。資金は約四五％減っていて、このアプリに不審を抱いている。私たちはトレードをやめようかと真剣に考えている。しかし、とにかく続けよう。

三〇回のトレード後、資金は約六〇％減り、平均の法則は愚かなものに見える。私たちはリッチールールを紹介した愚か者を始末する人間を探している（私たちはリッチールールが何を意味するのかを忘れていて、リッチーは隠れてしまった）。

ここで肝に銘ずべき格言がある——人生で失敗した人の多くは、成功にどれほど近づいているかを気づかずにあきらめた人たちだった（立ち止まって考えることがもう一つある。このテーマについて

図5－6

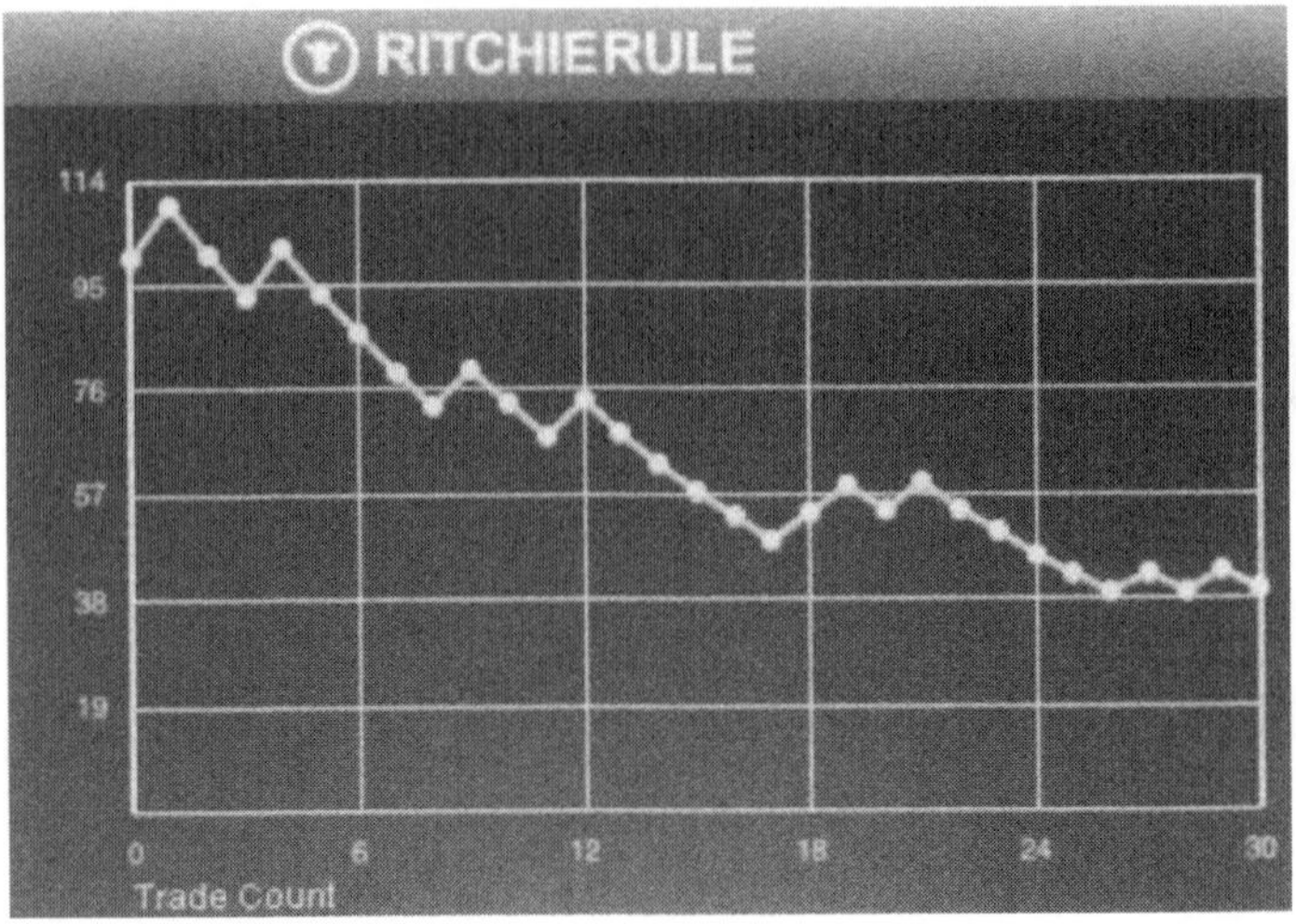

はまた検討する）。プロのトレーダーはだれでもこの格言を指針にしている。

あなたは事態がこれ以上悪くなることはないと自分に言い聞かせて、また最近犯した間違いを繰り返す。そして、平均の法則に打ちのめされ続ける。トレードを四〇回行った**図5－7**を見てほしい。三八回までひどい悪運続きだったのが分かるだろう。あなたは今、息をのんでいる。数値をすべて確認し、一〇万ドルのリスクをとって始めたことを思い出し、残りの三万五〇〇〇ドルを失っても大差はないと思う。

あなたはリッチールールを呪い始めていて、私に電話をかけてくるかもしれな

図5－7

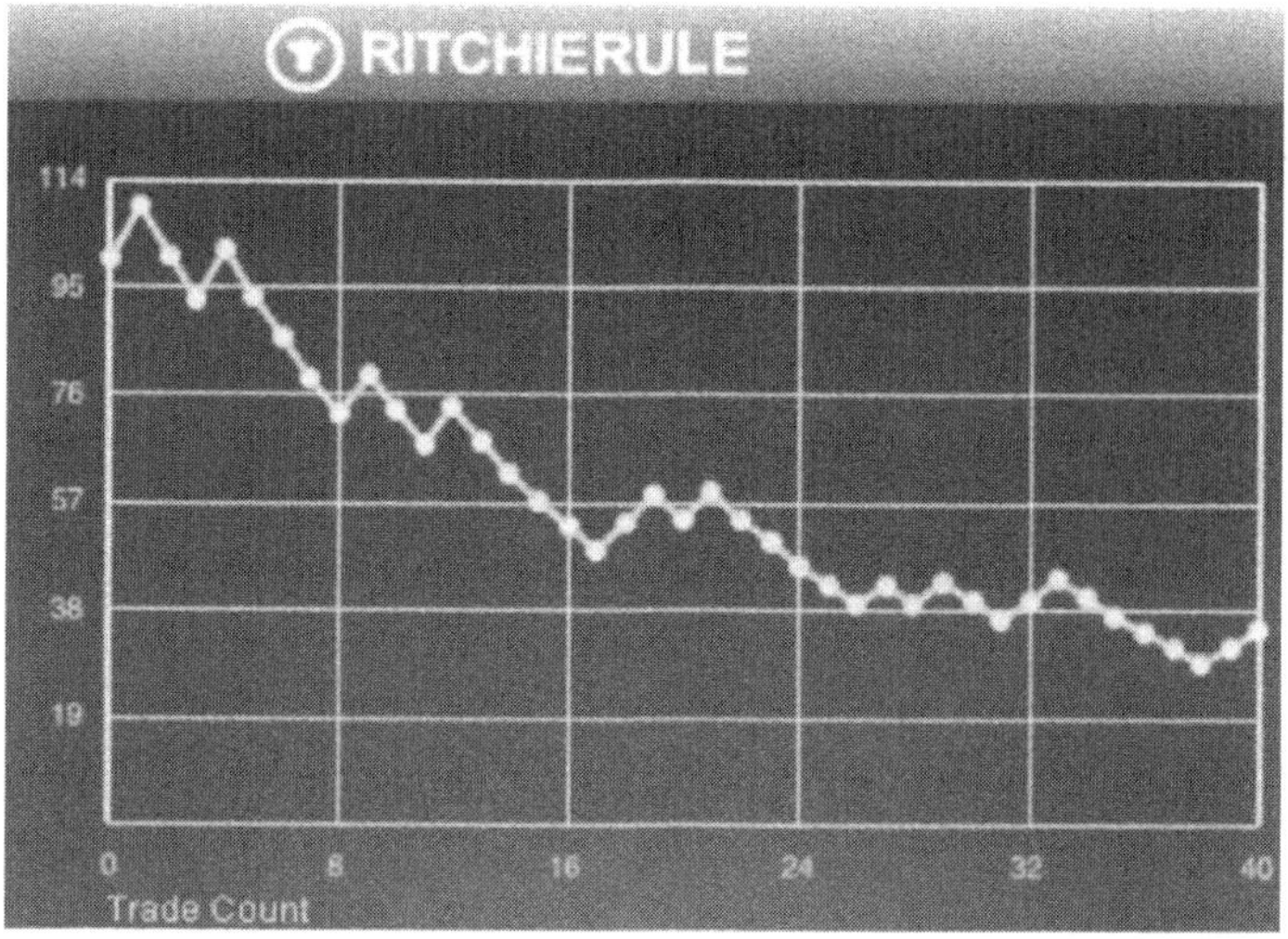

い。どう言えばよいものか。私はまだ話していなかったが、最初からだれもがあなたに言っていた。失ってもかまわないと思っている以上の金額を投資してはならない。だから、最後の三万五〇〇〇ドルを失いたくないのならば、あなたはそもそも自分をごまかしていたのだ。営業担当者に一〇万ドルを二〇万ドルであるかのようにトレードをしたいですかと尋ねられても必ず断るほど、あなたはしっかり者のはずだった。担当者は一七回目のトレード辺りであなたの口座を閉鎖して、自分たちは最善を尽くしたと言っただろう。

そこで、あなたは私に電話をかけてく

る。「資金はあといくら残っていますか」と私は尋ねる。

あなたは「三万五〇〇〇ドルです」と答える。

私は、「過大なトレードをしないように、トレードサイズを減らし続けるように」と言う。

あなたはあまり納得していない。

そこで、ちょっと励ますために、人生で失敗した人の多くは、成功にどれほど近づいているかを気づかずにあきらめた人たちだった、という言葉を思い出してもらう。あなたはその言葉をよく覚えているが、トレードを続けるのがいかに苦痛で難しいかを教えておいてほしかった、と言う。そこで、私は次の決めぜりふを言う。私はトーマス・エジソンの言葉を引用したが、彼の言葉だと言わなかったのは、私ではなく言葉自体の意味に集中してほしかったからだ。だれでも、私たちがエジソンのような偉大な人間ではないと分かっている。この言葉の重みがあなたのトレードスタイルに加わり、あなたはトレードに戻る。

案の定、エジソンの言葉の重みとリッチーによる励ましにもかかわらず、平均の法則には勝てない（私は勝てないと言ったはずだ。それは明白だ）。事態はさらに悪くなる。しかし、元気を出そう。六五回から七〇回の間に執行猶予の瞬間がある。だが、賢明な人でこの傾向を続けるようにと言う人はどこにもいない。この**図5－8**を見ればよい。資金は

図5－8

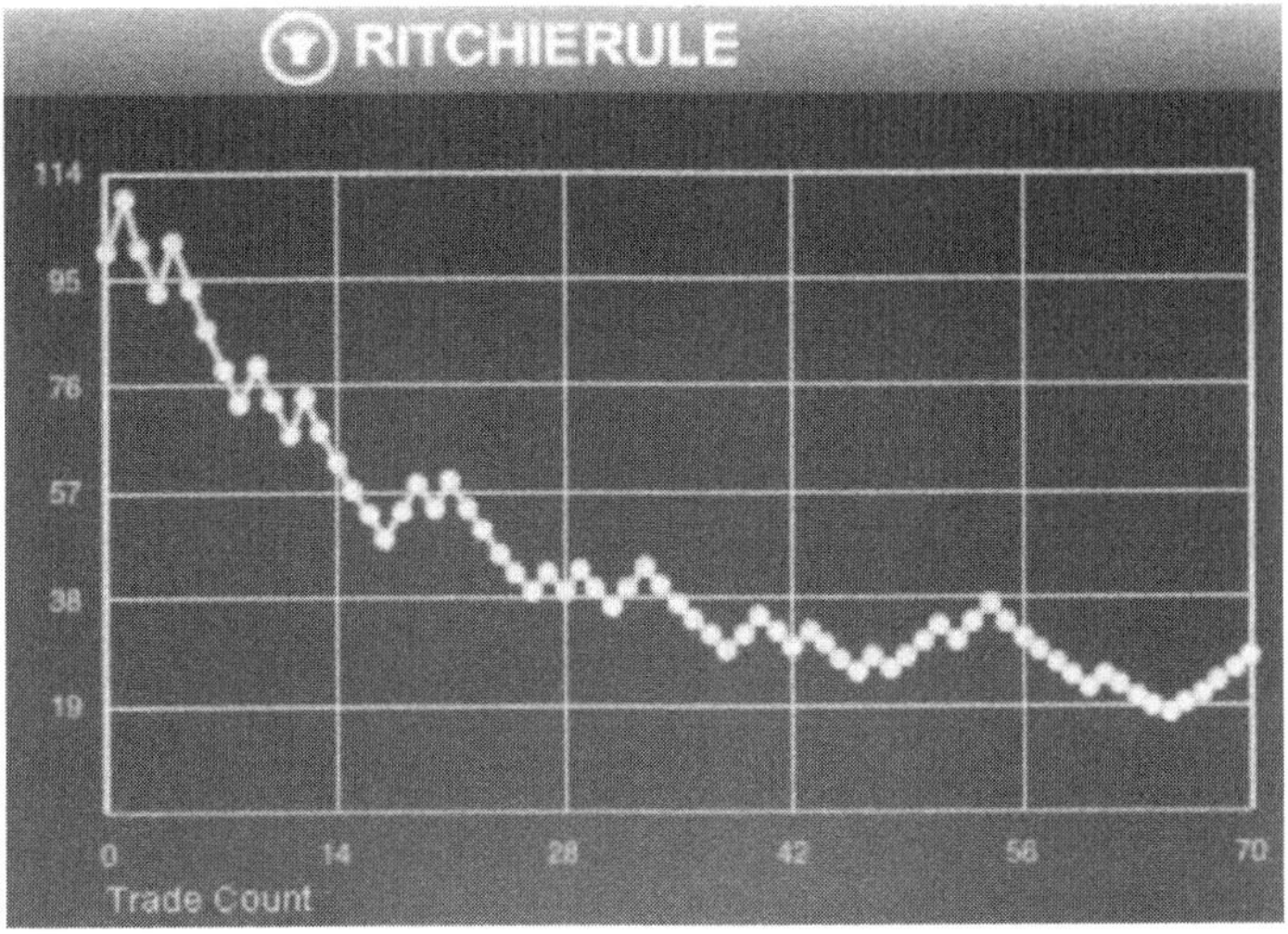

八〇％も減っている。これは極めて深刻なドローダウンで、まったく耐えがたい。また、アインシュタインを引用したくなっただろうか？　同じことを何度も繰り返すことについての言葉だ。

リッチールールのアプリは現実の世界がどんなものかを本当に教えてくれるのか、と疑問に思っている人もいるだろう。これらの数値は完全に平均の法則に従って生成されている。前に述べたように、これらの数値はこのシステムを実行した二回目に生成されたものだ。あなたが見ているこの展開は珍しいものではない。これはだれにでも起きる可能性がある。だから、四〇一ｋの残りが失われること

図５−９

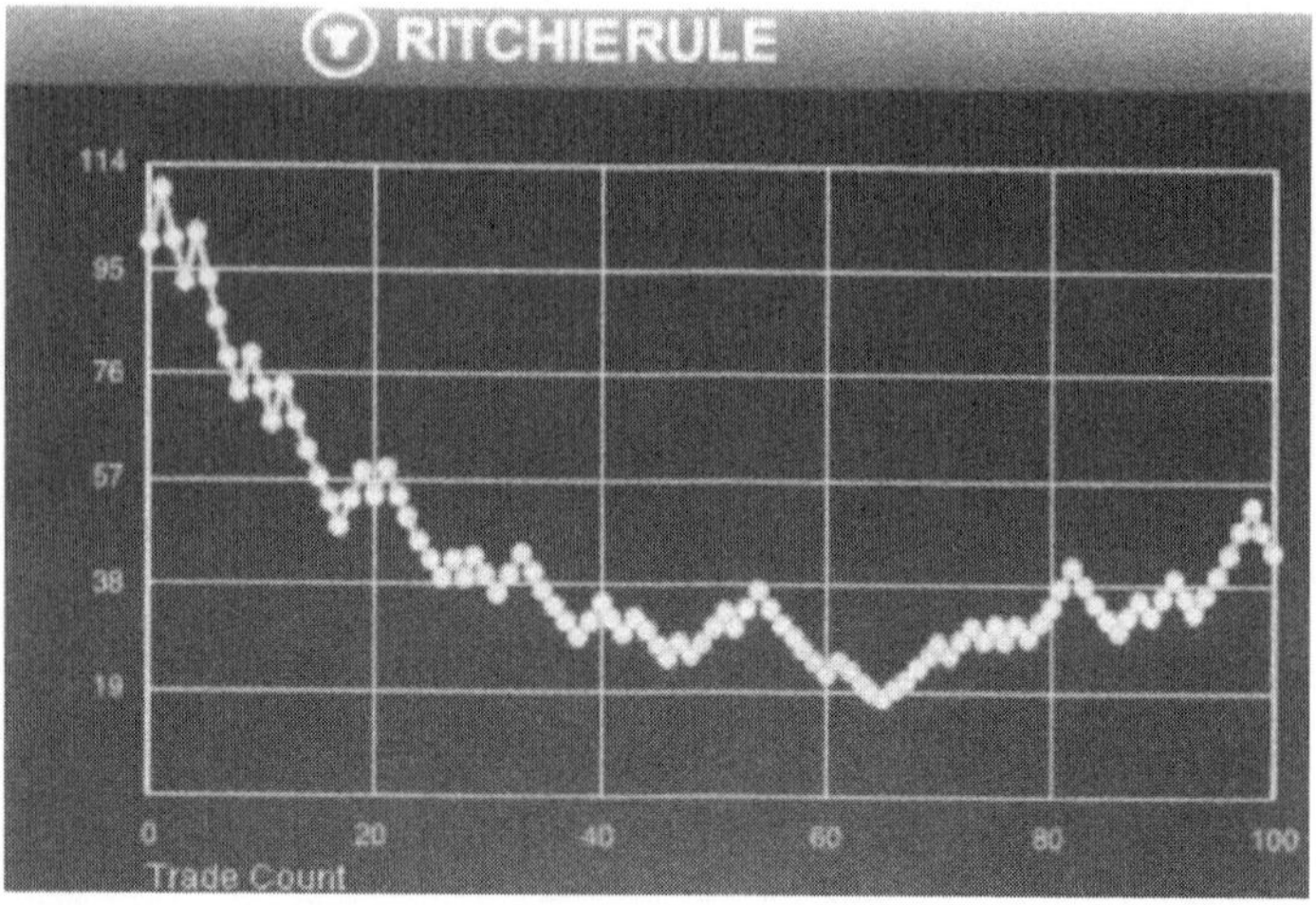

を考えながら、目を閉じて思い切って続けよう。

一〇〇回のトレードで、資金はようやく最悪のドローダウンを喫したときからほぼ二倍になった。あなたはきっと、ここではやめないだろう。トレードを続けさえすれば、やがて幸運の女神が微笑んでくれるだろう。そのためには我慢強さが大いに要求されることは分かっているはずだ。そして、あなたはそれを身に付けつつある。さらに、あなたはあきらめないという最も重要な教訓を学んだ。六五回目のトレードと一一九回目のトレードを**図５−10**で見てほしい。

では、勝敗の記録を確認しよう。**図５**

図５－10

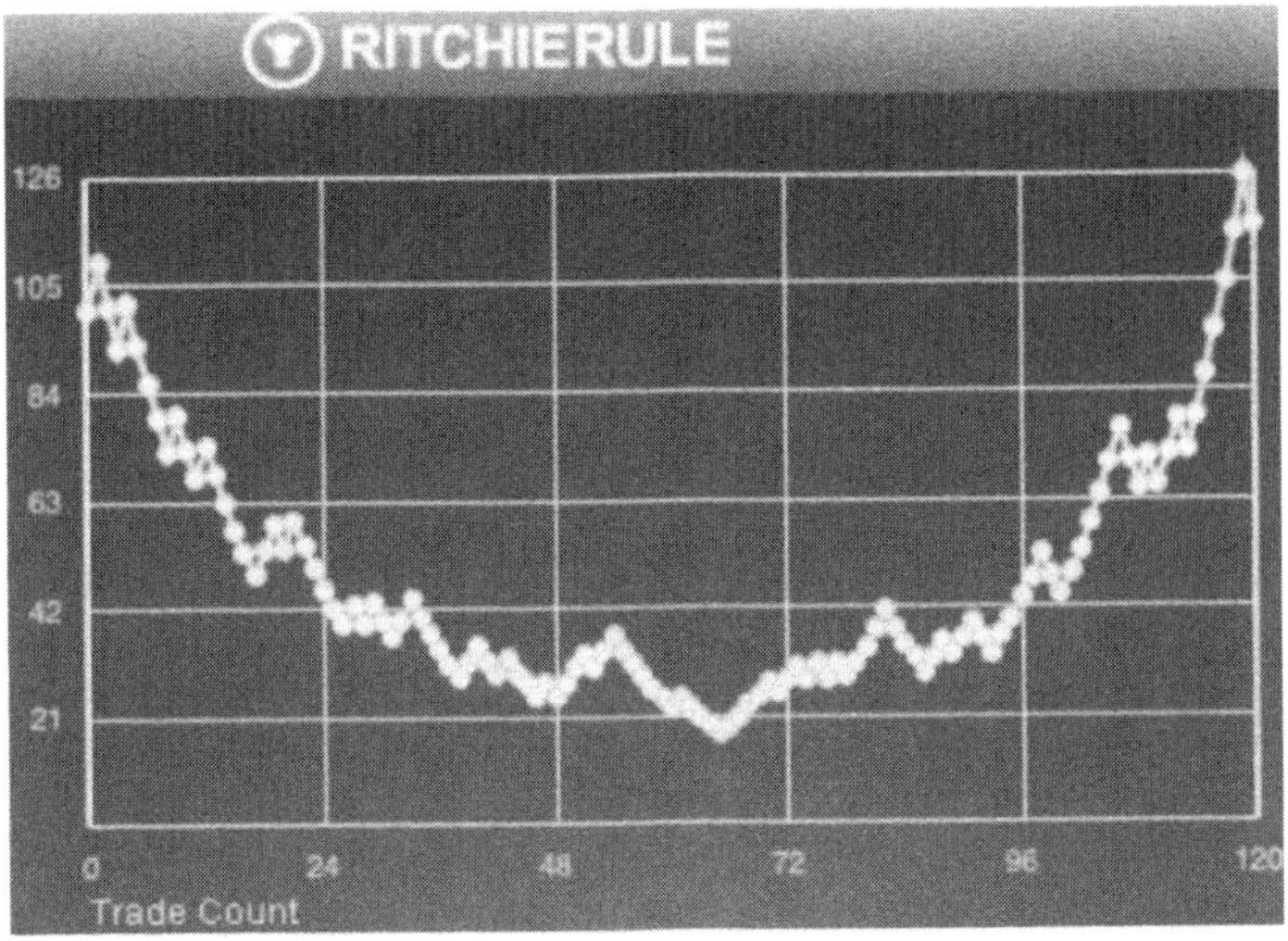

－11を見ると、一二〇回のトレードで五八勝と、平均の法則はあなたに優しくなかったが、それでも資金が当初からわずかに増えていることが分かる。トレードサイズを調整していなかったら、ここまで到達することはできなかっただろう。また、勝ちと負けがどういう順番で起きようと、合計額は変わらないということも私たちはすでに見ている。

リッチールールによって、ドローダウンからどのように抜け出たかを見たので、規律を守りながらやり続ける準備ができた。良かった。今後の資金の浮き沈みを一気に見ていこう。では、二四〇回目のトレードを図５－12で見てみよう。

図5－11

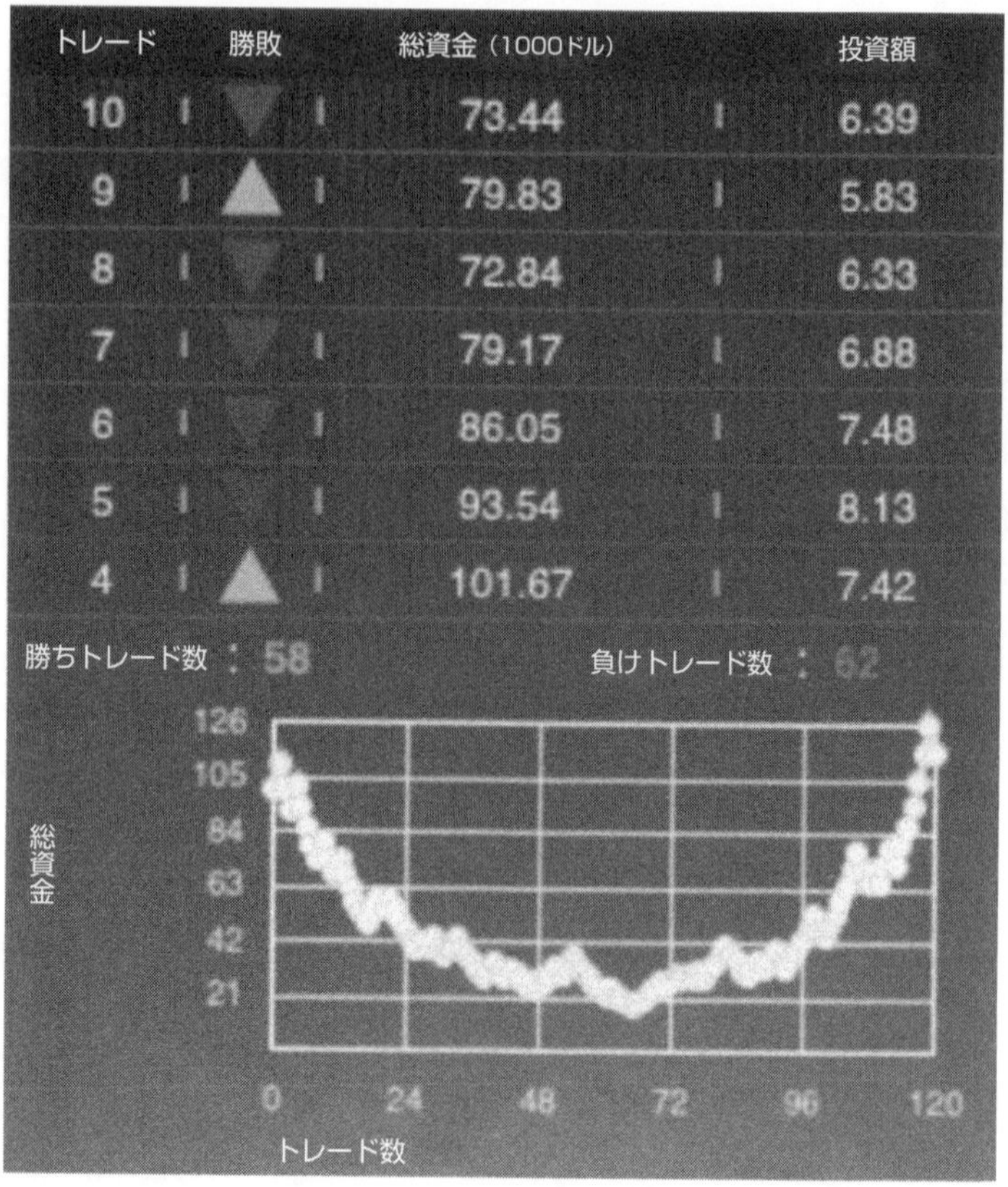

トレード
勝敗
総資金（1000ドル）
投資額
10
73.44
6.39
9
79.83
5.83
8
72.84
6.33
7
79.17
6.88
6
86.05
7.48
5
93.54
8.13
4
101.67
7.42
勝ちトレード数 ： 58
負けトレード数 ： 62
126
105
84
63
42
21
総資金
0
24
48
72
96
120
トレード数

図5－12

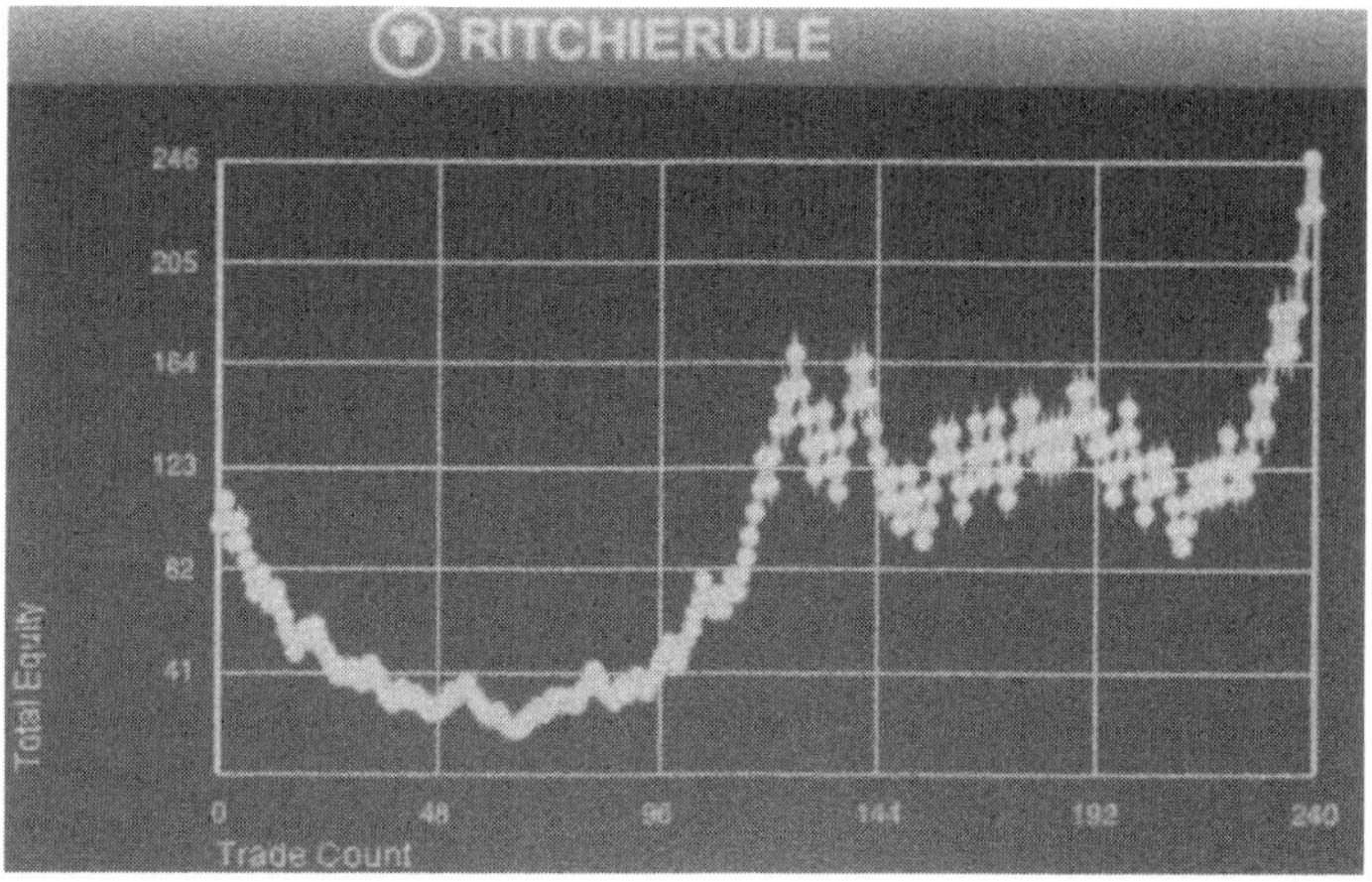

一二〇回から二二〇回まではかなり手こずっていることが分かる。しかし、あなたぐらいの評価を受けているトレーダーたちにとって、それがどうしたというのだ。ルールに従いさえすれば、遅かれ早かれ資金は増える。これがその証拠だ。

とうとうやった。ここまで到達した。リッチーはついに証明した。あなたは私をたたえている。カクテルパーティーでは引っ張りだこだ。まだ仕事を辞めていなければ、辞めることを考えている。アインシュタインの言葉を引用するのはやめて、エジソンの言葉だけを引用するようになった。もう聖杯の話はしない。それは理論上の話にすぎなかった。だが、これは現実だ。マジなのだ。

そして、取引銀行の担当者は大歓迎だ。あなたが資金を二倍にしたこと以上の証拠が必要だろうか。それだけではない。別荘、フロリダのサニベル島のビーチに面したマンション、キャンピングカー、そのほか念願のものが手に入る。友人のラリー・バーケットの言葉では、「妻はドレスを五着買い、夫はボートとキャンピングカーとフェラーリを買う」。要するに、あなたはお祝いをする。ドローダウンを被りながらトレードを続けられたら、あなたも家族全員もお祝いをしてよい価値がある。

しかし、確かなことが一つある。それは、あなたはマーケットからお金を引き揚げないということだ。金の卵を産むこのガチョウを傷つけたり、怒らせたりするようなマネをしてはならないと考えることだろう。そんなことをする必要はない、と。銀行の担当者があなたの総資金とトレード記録を見れば、望むほぼすべてのものを手に入れるだけの資金を融資してくれるからだ。

子供たちはどこの大学に行けるかだって？　ペパーダイン大学、ボストンカレッジ、家族に天才がいるのならばノートルダム大学かラトガーズ大学に行けるだろうか。問題ない。論より証拠だ（カクテルパーティーでは、自分で決まり文句を考えるだろう）。あなたは健全なアドバイスに従った。間違いなく成功者だ。これからは、一〇〇万ドルに達するま

図5－13

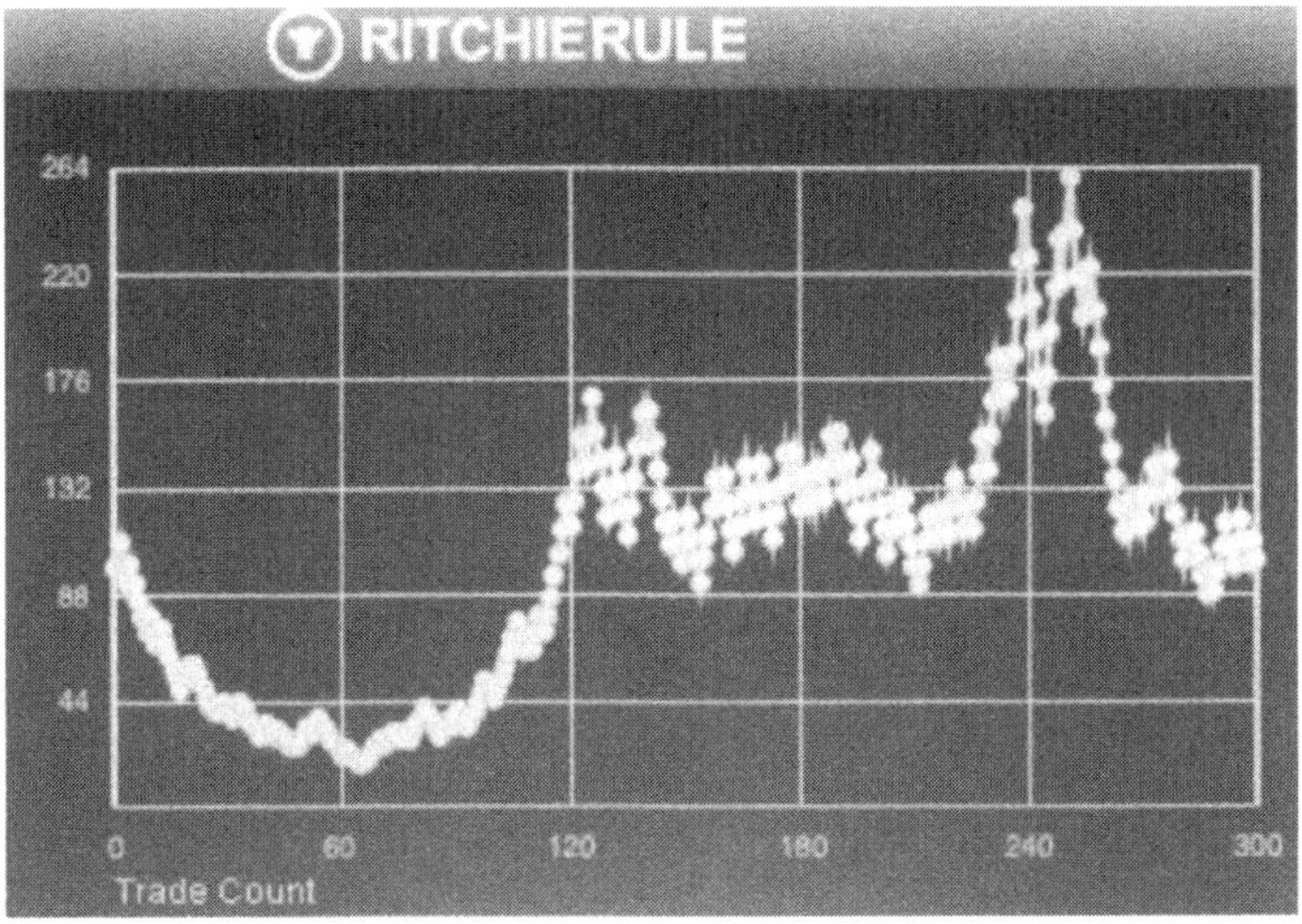

でやめようとしないだろう。私が最初にあなたをプロのトレーダーとして認めよう。当然、ほかのプロと同様に、あなたはこれらすべての買い物を静かに行うべきだ。「知ったかぶりをして脚光を浴びたがる人」という印象は持たれないほうがよい。

この考え方自体に問題はない。あなたは一〇〇万ドルを二五万ドルにした。これ以上の証拠が必要だろうか。では、トレードを続けよう。ここで示されているのは起きる可能性がある一例にすぎないということを忘れないでほしい。これは私がアプリを二回目に実行した場合に生成された例だ。極端な例ではない。

図5－14

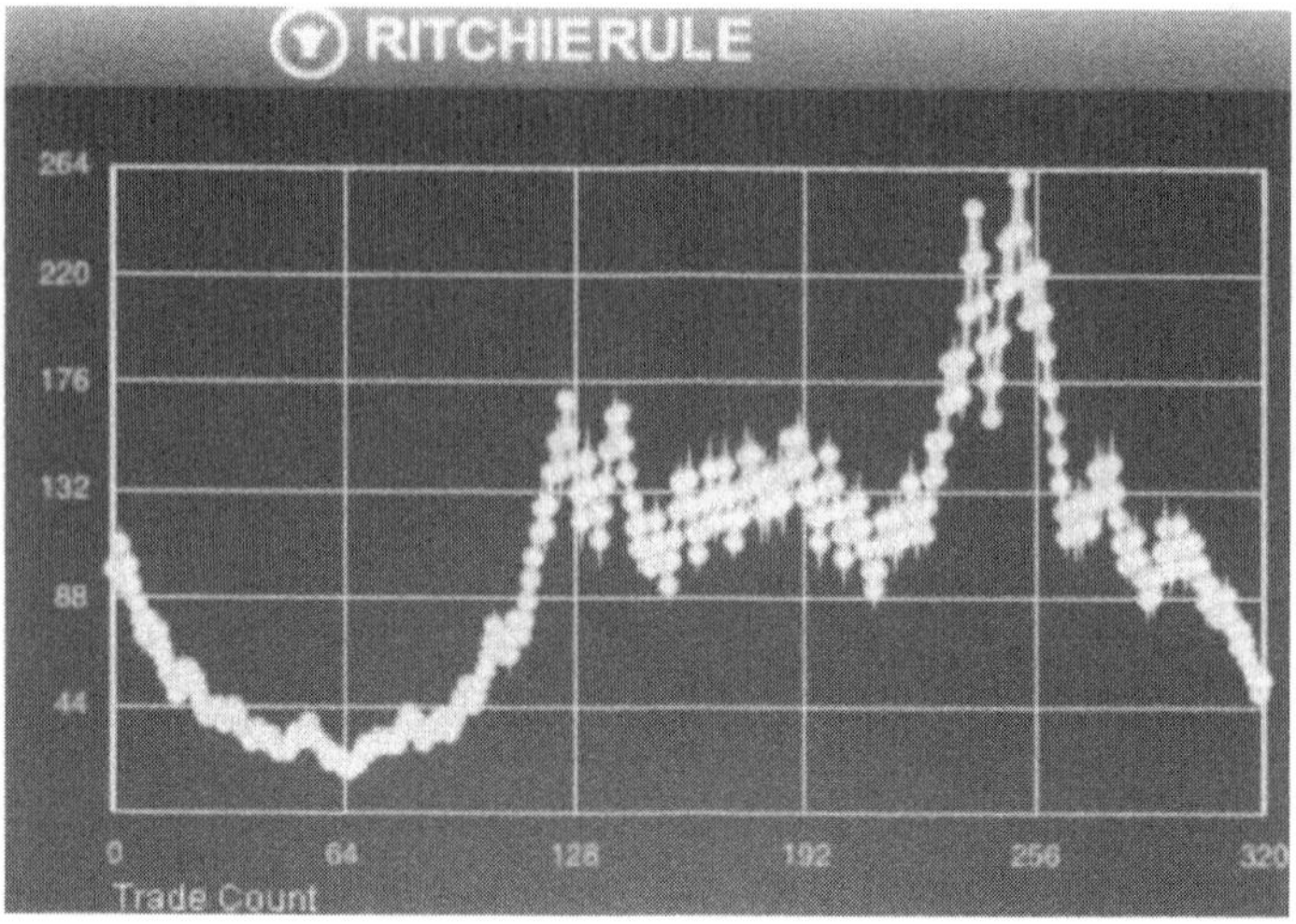

　では、図5－13を見てほしい。心配無用だ。あなたはもう経験豊富なトレーダーなのだ。資金は当初の一〇万ドルまで減ったが、こうしたドローダウンは資金が最大になったときに生じるものだ。続けよう。そして、幸運の女神が以前のように私たちを試さないことを祈ろう。

　私たちのほとんどは悪夢の状況から脱した。残念ながら、あなたは再び悪夢に襲われている。そして、これはあなたが眠れると仮定しての話だ。

　本当にそんなことが起きているのか、実際の資金を確認してみる。一番上の行に総資金が七万九一七〇ドルと表示され

図5－15

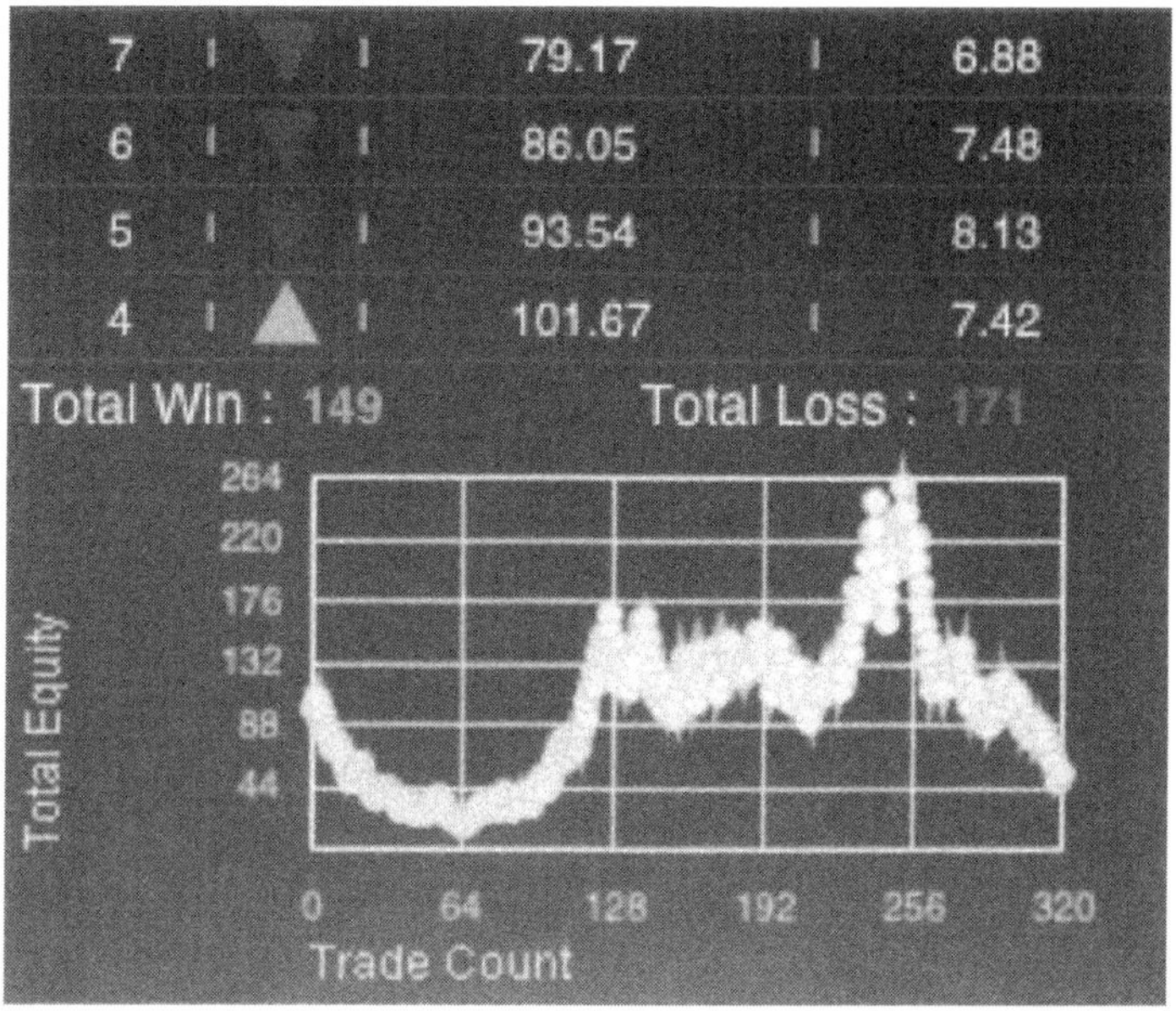

ている（**図5－15**では総資金は一番上のところ［七行目］に表示されている。実際には、約三〇〇回目のトレードで八万ドルを下回った）。これは三二〇回のトレード前の当初資金よりも約二万一〇〇〇ドル少ない。

さて、悪い知らせだ。これは本当に悪い知らせで、今回のドローダウンは前回のドローダウンとはまったく異なる。今まで、あなたはかつてないほどの自信にあふれていた。夢に見ていたことをするために自分のお金を使う必要もなかった。しかし、それらの夢のためにした巨額の借金の支払いが待っている。支払いのせいで、口座の資金はこのドローダウンと同じぐらいの速さで引き出されていく。そして、子供たちだ。彼らはノートルダム大学かボストンカレッジに通っている。どちらも授業料で年間五万ドルが必要だ。一方、キャンピングカーとボートの支払いも自動的に引き落とされる。あなたはトレード資金をうまく活用したので、何に対しても現金を支払っていない。

奥さんは、あなたがいつもよりも怒りっぽいことを理解できない。あなたは気が散って、もう何もかも面白くない。

さあ、大笑いしよう。こんなことになって、あなたは気持ちが沈んでいるからだ。私が以前に話した牧師のことを覚えているだろうか。私が自殺について触れると、彼の陥っている苦境を私が理解していると気づいた。第1章のタイトルは冗談ではないし、軽はずみに付けたわけでもない。

すると、知ったかぶりをする（smart-ass）このアプリの開発者はずうずうしくも、この**図5－16**に載せたようなコメントをする。「言うのは簡単だ」とあなたは思う。あなたは普段、smart-assのような下品な言葉は使わないだろう。しかし、恐れることはない。こんな機会に語彙を増やしても、だれも文句は言わない。

図5－16

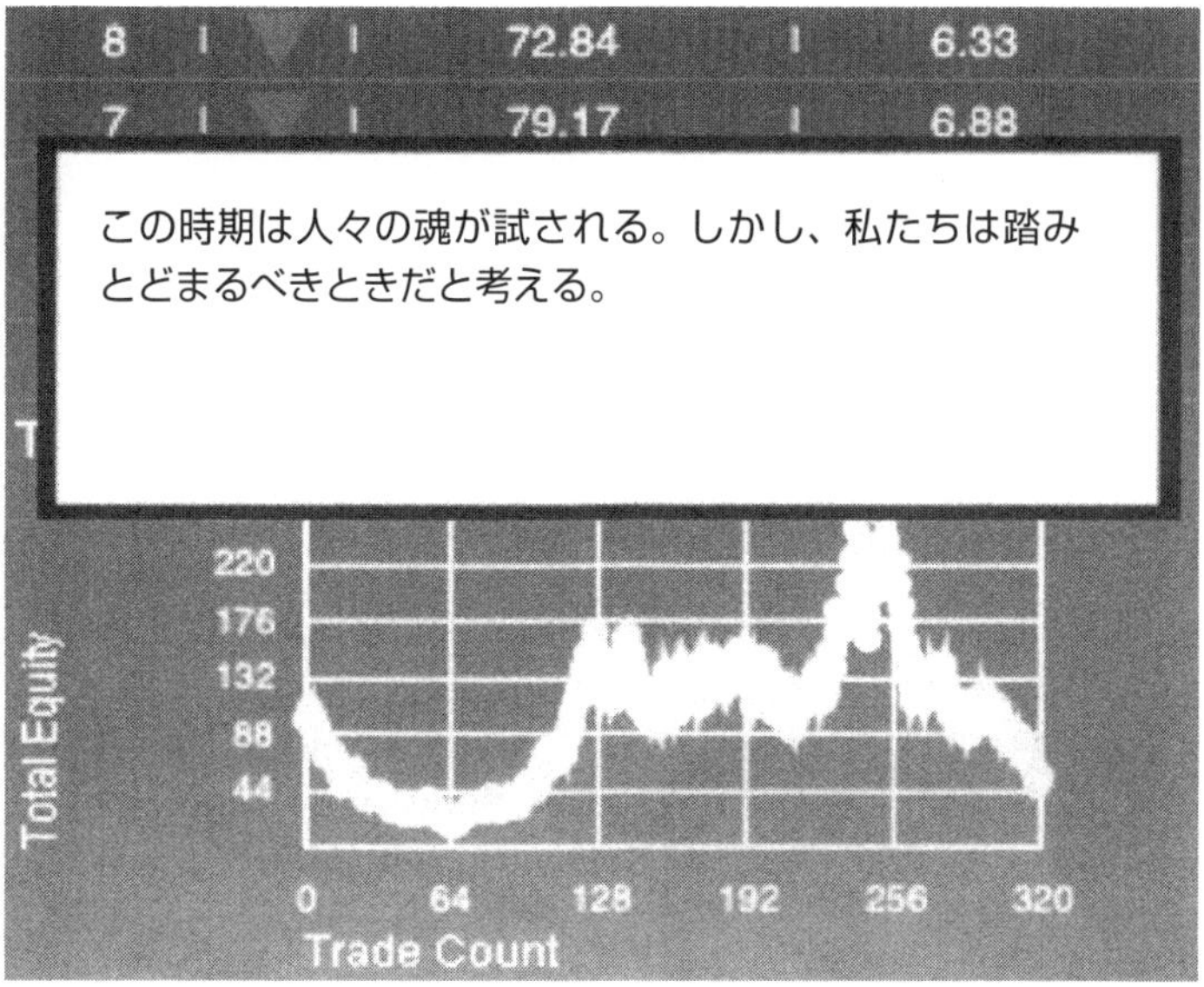

重要なことは、これ以上悪くなることはない、とは絶対に言わないことだ。次の章では神の存在について議論する。しかし、ここでは、起きるはずがないことを話す人のように、神を行動に駆り立てるものは何もない。確かに、こんな考え方が神の意図を疑う人によるおきまりの反応の場合もある。だから、神学のことは忘れて、平均の法則に焦点を合わせよう。状況は常に悪くなる可能性があるのだ。

ここで、状況はしばらく良くなるが、三六〇回までにあなたは再び落ち込む。

図5－17

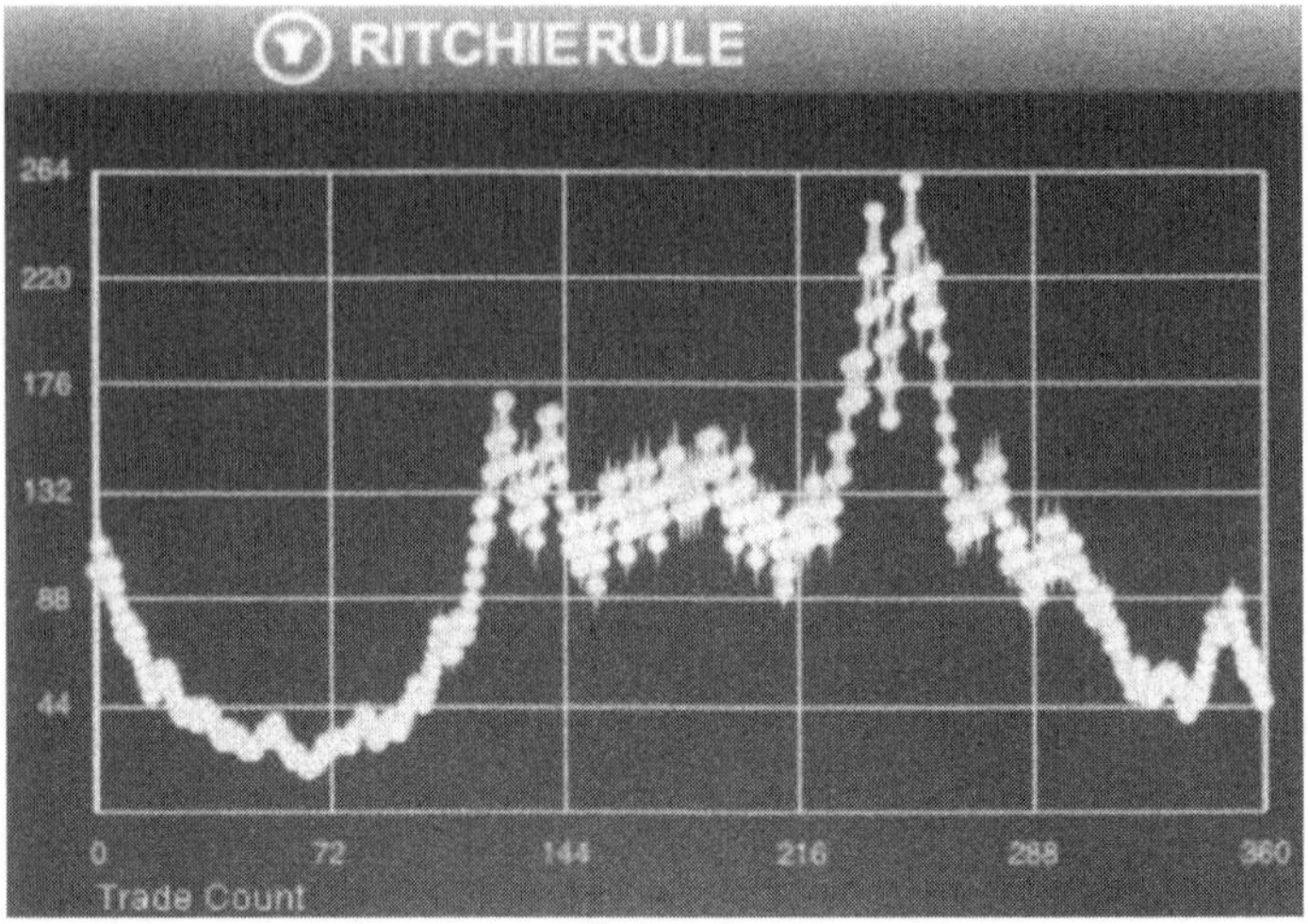

もう少し詳しく見てみよう。三四〇回から三六〇回の間で、総資金はトレードを始めた当初の一〇万ドル近くになっていた。だが、その後は再び減っていく。

あなたは三六〇回目のトレードまでに破産したと考えてもよいだろう。もはや追証を払えないからだ。あなたはテーブルから資金を引き揚げないという典型的な間違いを犯した。すべてをリスクにさらし続けた。自信過剰に陥ったのだ。実際に手仕舞ったのは借金を負ったときだった。私の友人のバーケットは話を聞いてくれる人には、こんなことはしないようにと生涯言い続けていた。彼の言うとおりにした人もいたが、多くはなかった。

図5－18

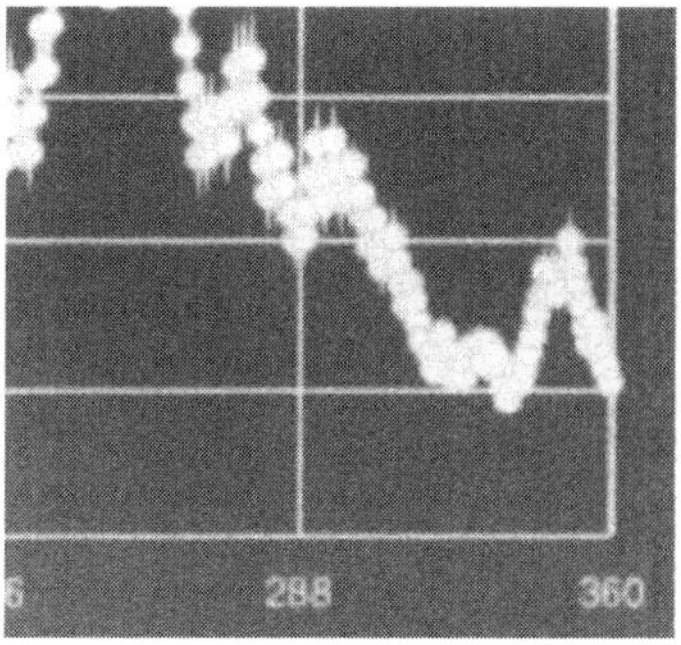

しかし、あなたは口座に現金があるかのように自分をごまかして、借金の担保にした。だから、資金を引き揚げなかった。しかし、どのローンも状況次第で取引口座の負担となる偶発債務だ。そのため、含み益が大幅に増えているときに湯水のようにお金を使っていたら、今ごろは破産して追証を払えなくなっている可能性が高いだろう。キャンピングカーは買いたたかれる。ボートはもっと悲惨だ。しかも、追証の支払いは迫っている。しかし、まだ破産していなければ、次の一〇〇回のトレードで平均の法則がどういう働きをするかを、**図5－19**で見てみよう。

ここら辺りで破産しているはずだ。少なくともボストンカレッジの授業料と寮費を支払っていることを願う。そうすれば子供が自宅に戻ったときに、夏休みはずっと働いて近くのコミュニティーカレッジに通う費用を稼ぐ必要がある、と子供に伝えることができる。ボストンカレッジの単

図5－19

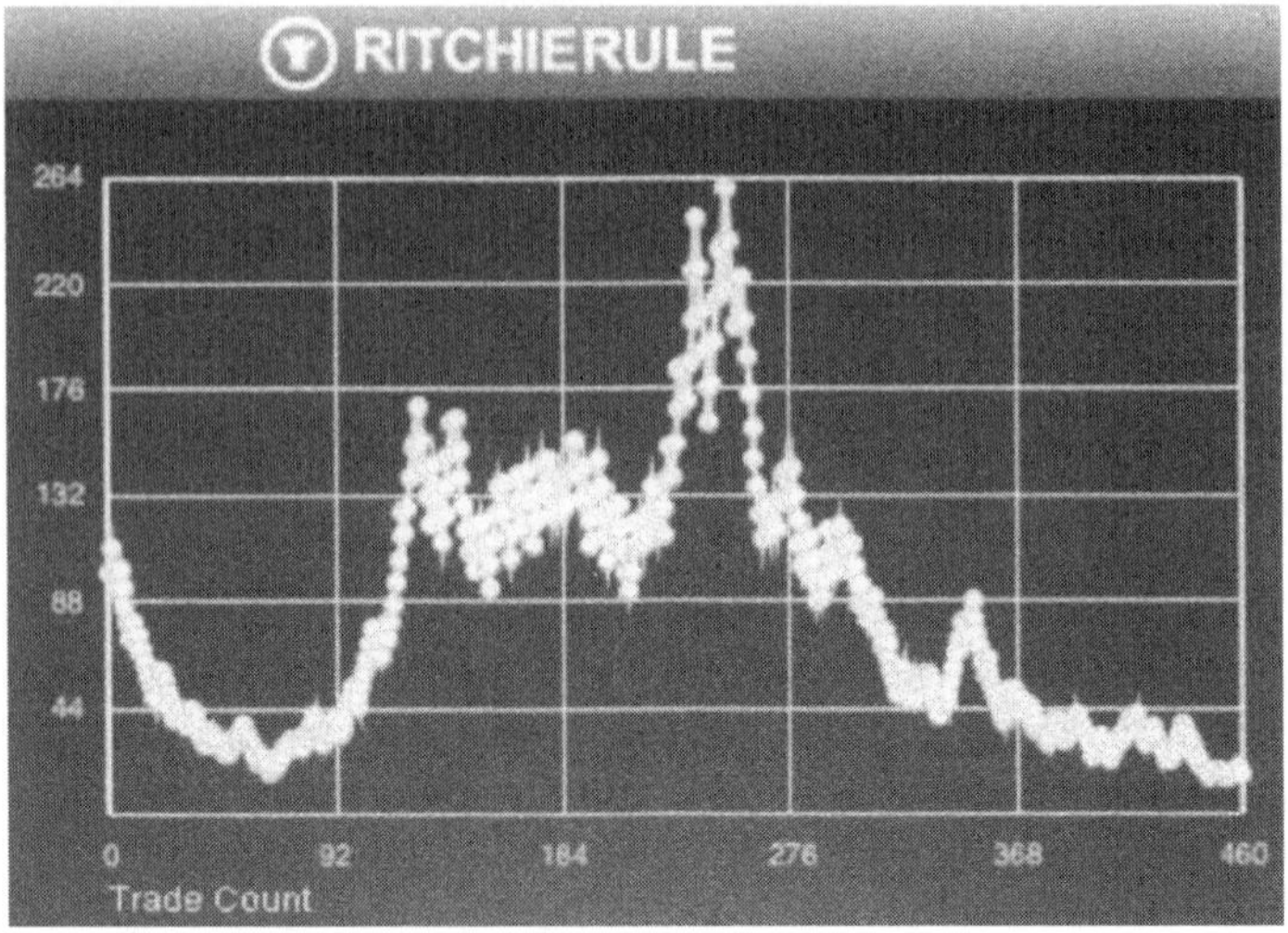

位は転校先に移すことができるので、問題ない。しかし、キャンパスではうわさが広がるだろう。娘さんは優しい人かもしれないが、喜ぶとは思えない。

態勢を立て直してから市場に戻るためには、トレードをいったんやめて、持ち株を手仕舞いし始める以外に道はない。賢明な人なら、だれでもこの考えを支持するだろう。

立て直しを図っているときには、自分のシステムでのトレードをやめざるを得ないほど大きなドローダウンを被った理由を考えてみよう。最適な投資比率から始めたのに、あっという間に過大なトレードをするようになった。これは簡単に陥りやすかった。望むなら、強欲という言葉を使ってもよい。しかし、これは個人的で難しい問題であり、私たちの目的からは外れるので、この問題に立ち入る必要はない。ただし、これは無視できない問題だということは言っておく。

強欲の役割を考えるのはあなたに任せるので、ここでは別の問題を取り上げたい。あなたは平均の法則のせいで、どれほどのドローダウンを被る可能性があるかを予想していなかった。平均の法則を幸運の女神と呼びたければ、そう呼んでもかまわない。しかし、実際は法則だ。この法則はひどい打撃を与えることがあるので、たいてい市況が変化したのだと誤解される。トレードをやめるしかなくなるのは、市場に意表を突かれたせいではなく、平均の法則がどういう結果をもたらし得るかを予測できなかったせいだ。

次のことを心に留めておいてほしい。リッチールールのアプリを何度も試して、今後使うシステムに平均の法則がどういう影響を及ぼそうと落ち着いていられるようになる必要がある。この落ち着きがなければ気が散って、過度な分析や後知恵や最適化などに手を出すようになる。

九九セントのアプリに大した価値はないと誤解しないでもらいたい。最も良いアドバイスは無料で得られることが多い。だから、人々はそういうアドバイスをしてくれる人を親と呼ぶのだ。あなたはこの法則がどういう結果をもたらし得るかをよく理解しておく必要がある。そうすれば、うまく対応するためにトレードサイズを調整することができる。

これから見ていくと分かることだが、もう一つの選択肢は不愉快だろう。なぜなら、トレードをやめて態勢を立て直している間、あなたのシステムでトレードを続けていたらどうなるかをこれから見ていくからだ。

図5－20では、五三〇回目のトレードで、損益分岐点に近づいていることが分かる。**図5－21**では勝ち続けて、資金は六二〇回目のトレードで、それまでで最大の三〇万ドル以上に達する。私はこれをどう説明すればよいのか戸惑うが、良いことも悪いこともまとまって訪れるように見える。

図5－22では、六八〇回目のトレードで六〇万ドルを超えた。

図5－23では、七四〇回目のトレードで、総資金は一二七万ドルに増えて、一〇〇万ドルを超えた。この業界で、「だから言っただろう」は禁句で、勧められない。ほかのトレーダーの過去の成績を見て、こうしたほうが良かったと言う人は愚か者の烙印を押される（最近、一九七〇年代に私が行ったトレードをある専門家が振り返って、愚かだと評した。そのとき、このトレーダーが長年苦労し続けていて、一度も取引所の会員権を買えるほど

図5－20

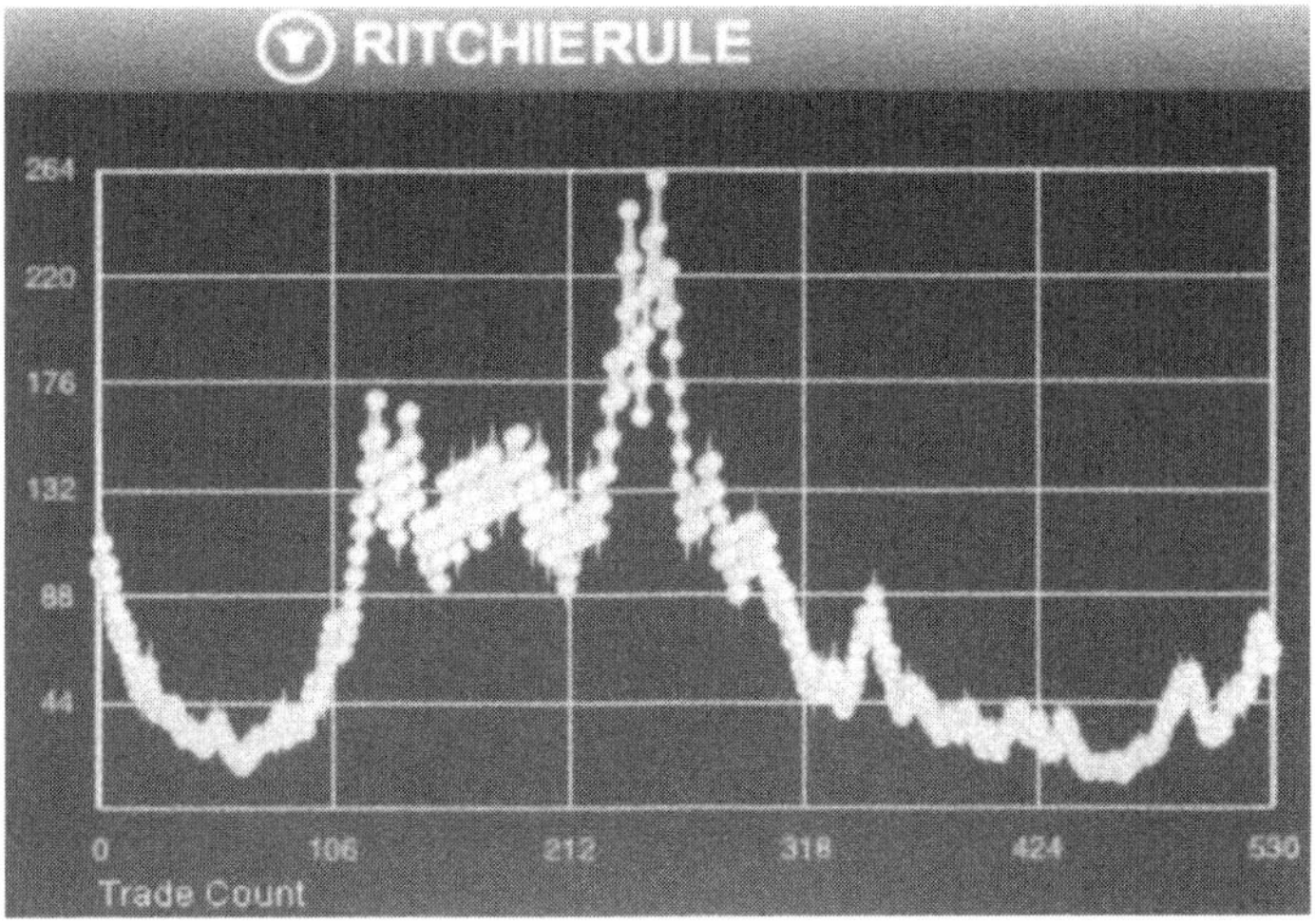
RITCHIERULE
264
220
176
132
88
44
0
106
212
318
424
530
Trade Count

図5－21

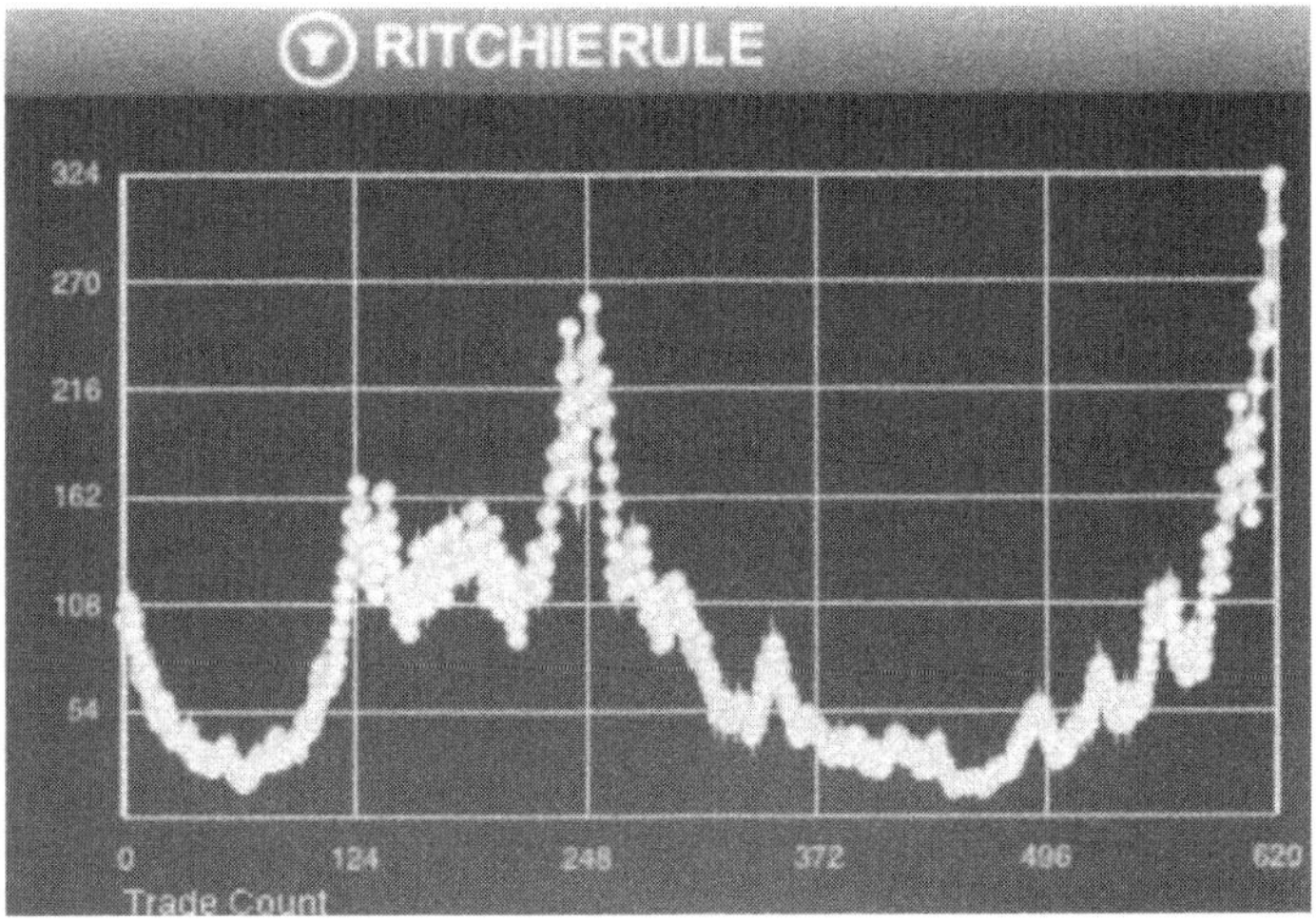
RITCHIERULE
324
270
216
162
108
54
0
124
248
372
496
620
Trade Count

図5－22

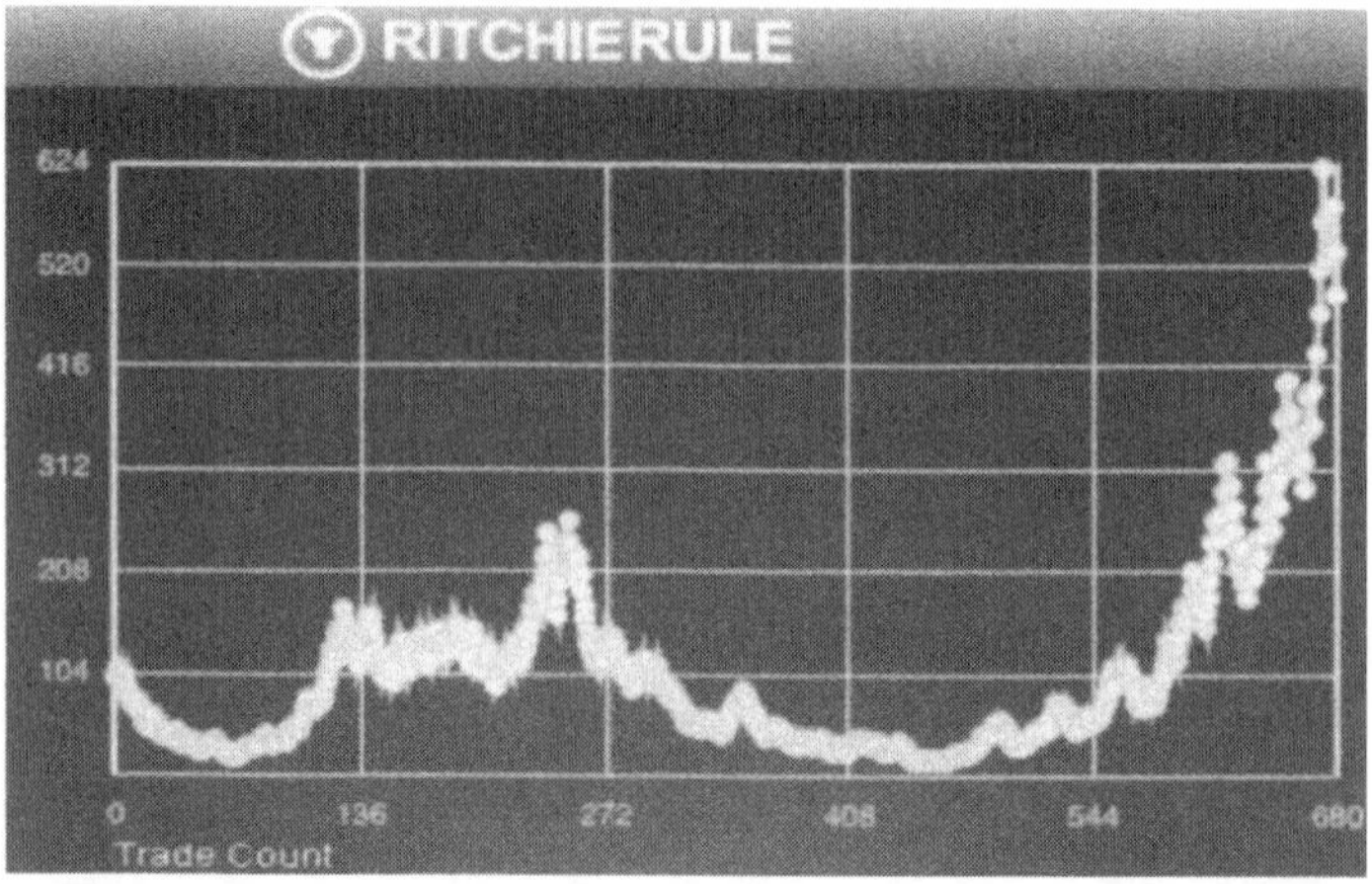
RITCHIERULE
624
520
416
312
208
104
0
136
272
408
544
680
Trade Count

図5－23

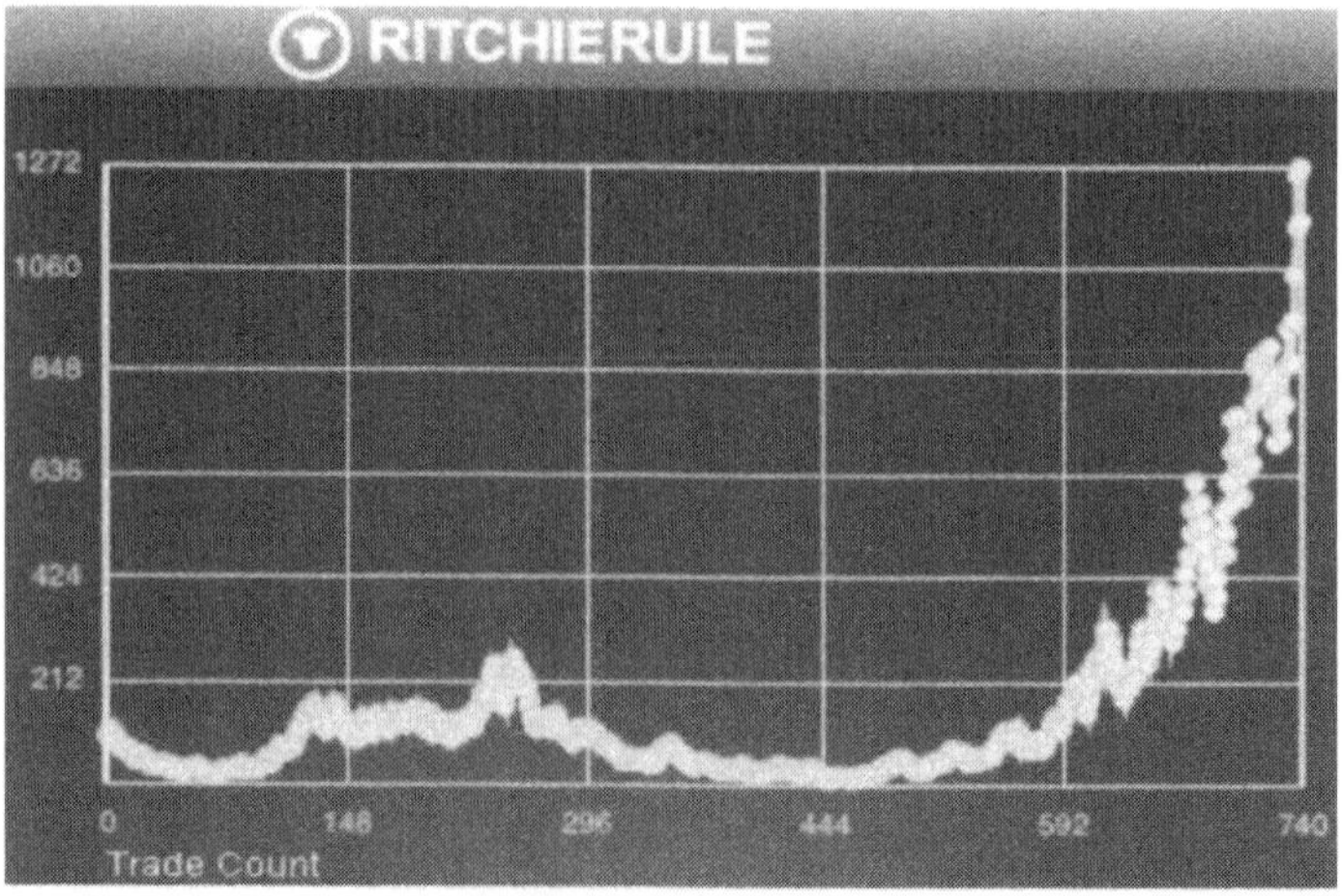
RITCHIERULE
1272
1060
848
636
424
212
0
148
296
444
592
740
Trade Count

図5－24

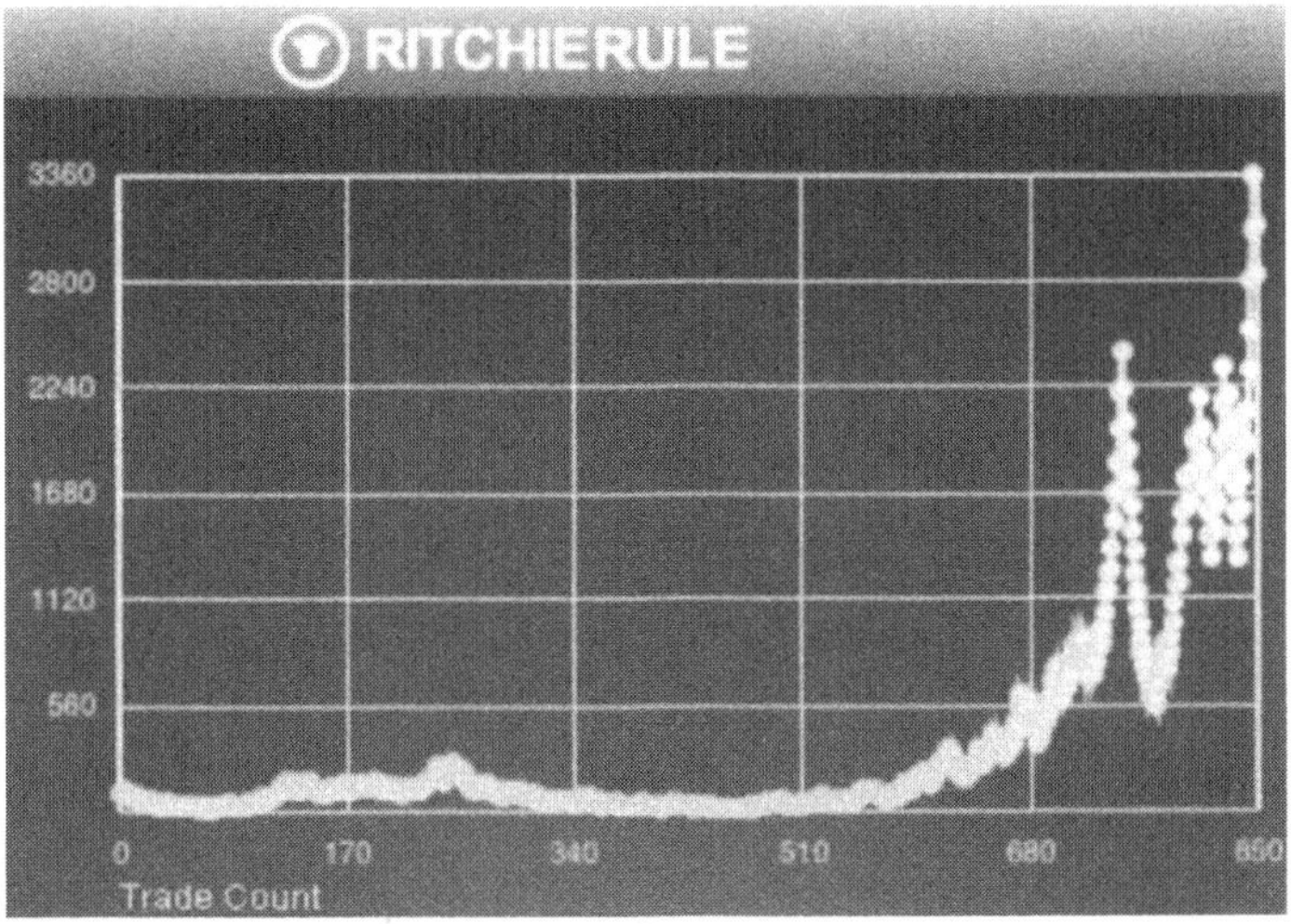

の成功を収められなかった理由が分かった。本物のトレーダーは自分のトレードを後講釈で振り返っても、他人のトレードについて後講釈するものではない。しかし、彼は他人の間違い――この場合は私の間違い――をかなり的確に分析した。彼の記事は評判になり、本まで出した）。

このことを踏まえたうえで、このシステムで勝てると私が言ったことをあなたはきっと思い出すだろう。あなたがキャンピングカーを処分していたときに何が起きたか、もっと詳しく見ておこう。

図5－24では、八五〇回目のトレードで三〇〇万ドルを超えて過去最高を記録した。もちろん、この途中でドローダウ

ンのせいで五〇万ドルまで減ったことにも気づかされる。あなたはそれを避けられたことで喜ぶこともできる。

しかし、本当の問題は、あなたがこれらすべてを取り損ねたということだ。私たちはあなたがトレードを続けられていたら、どういう展開があり得たかを振り返っているだけだ。タラレバの話だと分かってもらえたら、どんなトレーダーでも私が書いたことに満足するだろう。私たちはエジソンの例の言葉を復習したほうがよいだろうか、それともそれは苦痛が大きすぎるだろうか。

図5−25で分かるように、トレードで一一〇〇回を超えられたら、八〇〇回での経験は大した問題に見えない。私たちはまだ大きなボラティリティ（変動率）を経験しているが、資金が二八〇〇万ドルに達すれば少々のボラティリティぐらい耐えられると思うだろう。しかし、それは初心者が発する典型的な言葉だ。自分のお金でなければ、どれくらいのボラティリティまで耐えられるかと推測するのは簡単だ。私たちは六桁（二五万ドルから一〇〇万ドル）のボラティリティに耐えられないことを証明した。資金が八桁のときに自分がどうなるかなど推測できるはずがない。

図5−26では、トレードをなおも六〇回行って、幸運にも一一九〇回目のトレードまで

図5－25

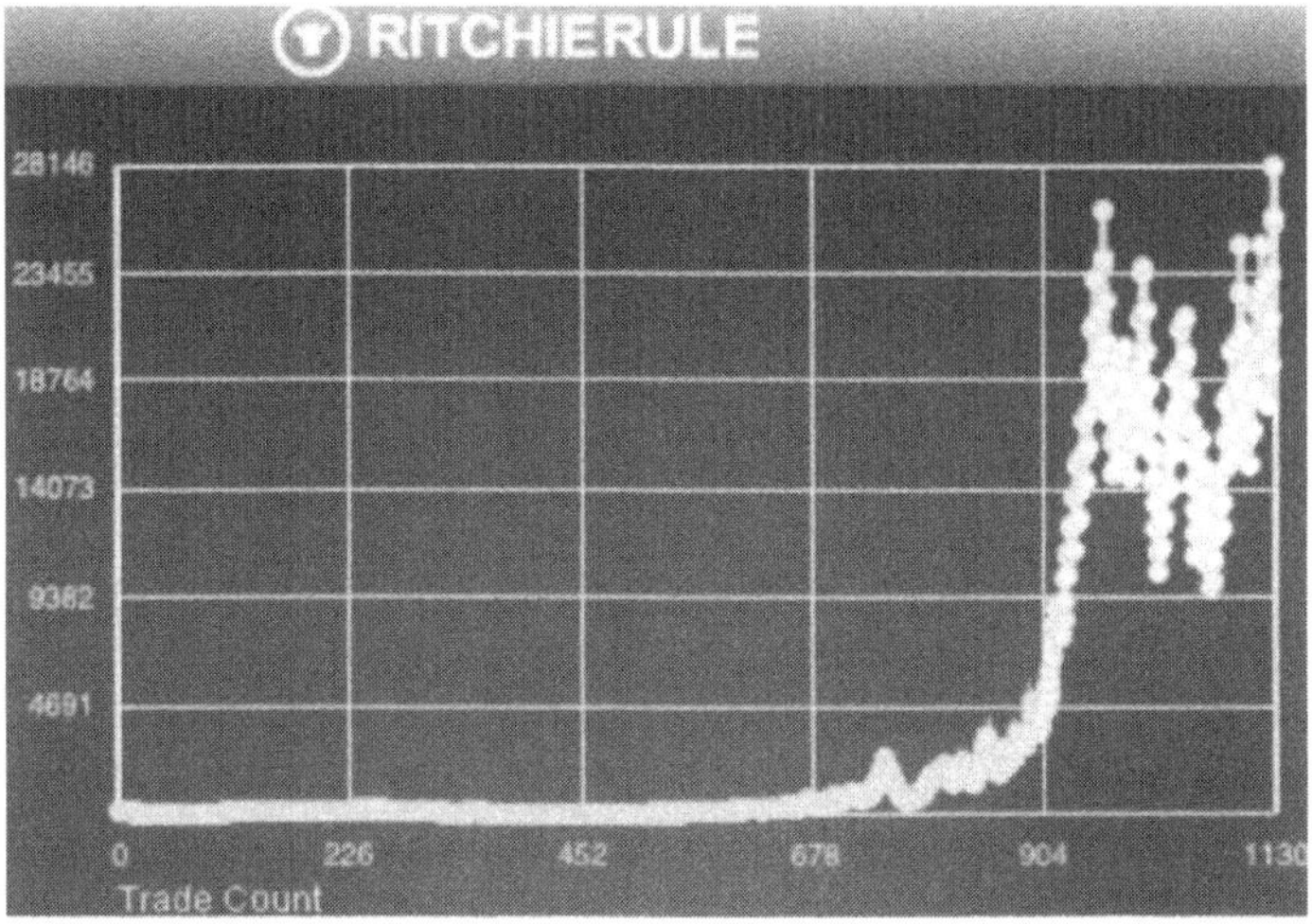
RITCHIERULE
28146
23455
18764
14073
9382
4691
0
226
452
678
904
1130
Trade Count

図5－26

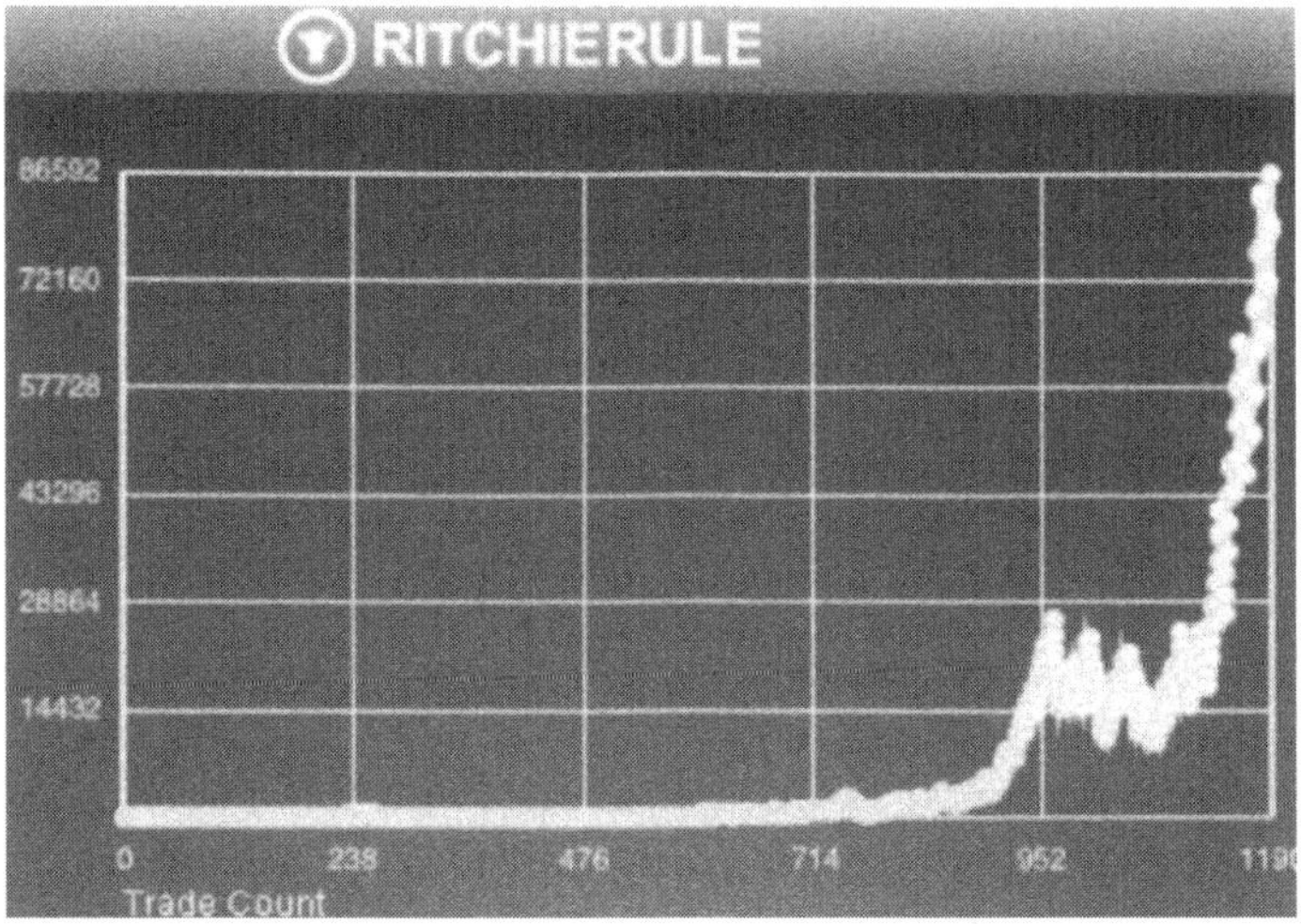
RITCHIERULE
86592
72160
57728
43296
28864
14432
0
238
476
714
952
Trade Count

図5－27

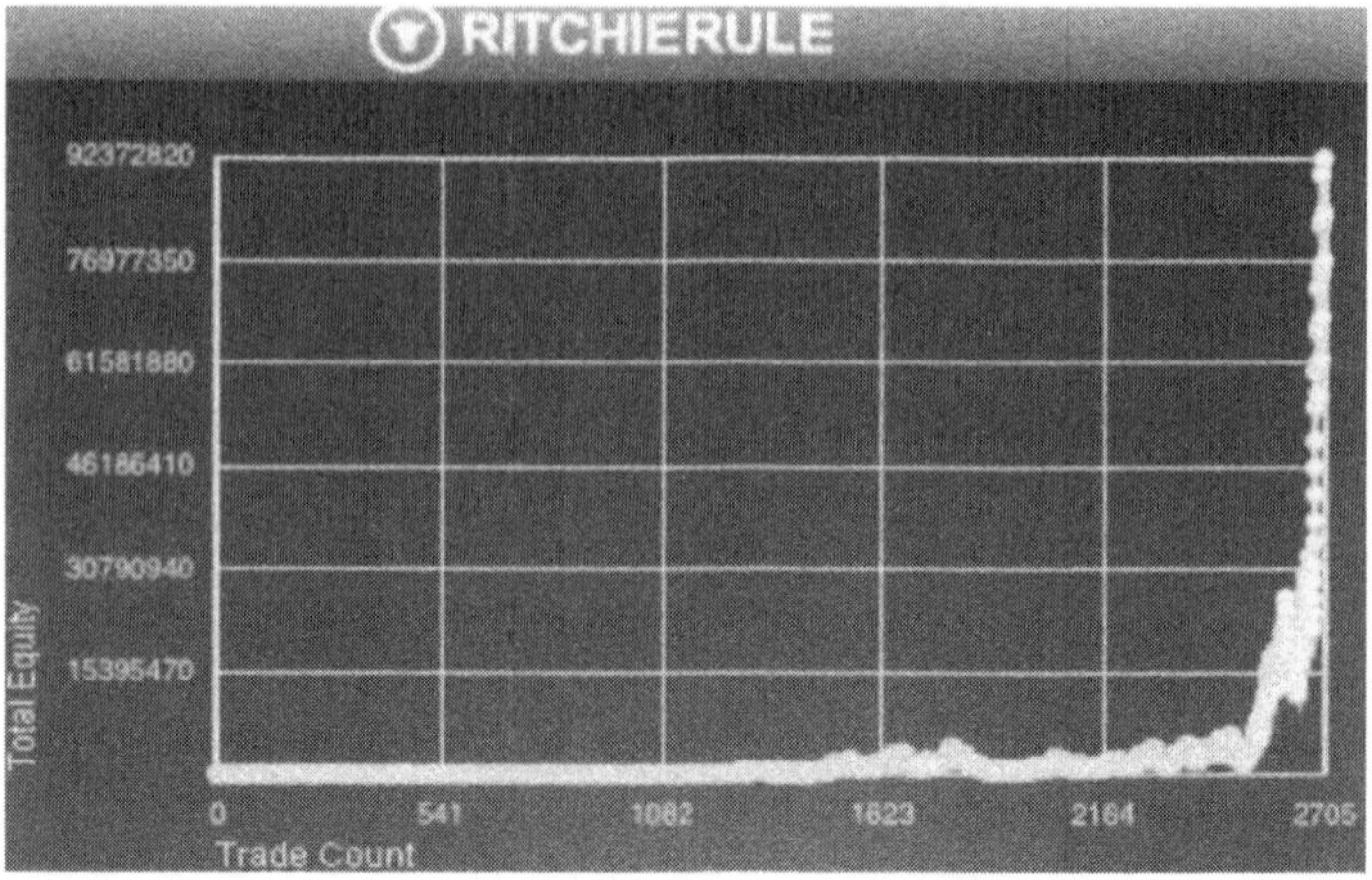

に二八〇〇万ドルからなんと八六〇〇〇万ドルまで増えたことを示している。

これくらいで十分だ。言いたいことはすでに述べた。これと**図5－27**で示されている理論上の勝利はかなり危なげない動きに見える。一〇万ドルから九二〇億ドルまでは、あっという間に増えている。これは滑らかな上昇に見えるが、実際にはどんな人間であろうと付いていけない上昇かもしれない。

分かっただろうか。私は地獄を紹介しただけだ。つまり、前もって地獄をのぞき見ただけだ。それで、あなたは一〇億ドルを稼いだ？大したことではない。この金額にかつて思っていたほどの価値があるとは思えなくなるだろう。私はこの章を妻に読んで聞かせた。子供たちが夏休みにボストンカレッジから帰ってくるところになると、彼女はもう耐えられなくなった。もう読むのをやめて、と言った。

ここで、最適な投資比率である八％を使ったことを思い出してほしい。比率をもっと大きくしていたら、はるかに悲惨だっただろう。一六・六七％を超えると確実に破産する。しかし、私たちは最適な比率でもうまくいかない場合があると分かった。だれがこれらのすべてのドローダウンを乗り越えられただろうか。この純粋にランダムな数値が現れて、資金が二五万ドルから二万ドルに落ち込めば、ほぼすべてのトレーダーがトレードをやめざるを得なくなっただろう。そして、私の架空のストーリーが非現実的だとはけっして思わないでほしい。エジソンの言葉は悪夢を予言している。この道はあなただけでなく、だれも進むことなどできない道だ。

二〇年前にシュワッガーから資金管理について尋ねられたとき、私は総資金の〇・五％のリスクをとると答えた。典型的なトレーダーがいるとすれば、彼らは一～二％と言うかもしれない。そして、この数値はそのときどきの自信によって大きく変わる。思い起こすと、ある機会にあるトレーダーがこれに触れて、このトレードは家や利用できるものをすべて抵当に入れた場合の話だとコメントしていた。しかし、これらの数値は本当に話のほんの一部にすぎない。

実際の数値は次のとおりだ。『新マーケットの魔術師』のインタビューを受けていた当時、私は約二〇〇の戦略を実行していた。各戦略に一万ドルを割り当てて、各トレードで二〇％のリスクをとれるシステムがある場合、一トレード当たり二〇〇〇ドルの損失が生じる可能性がある。つまり、各仕掛けのポイントから損切りの逆指値まで二〇〇〇ドルになる（仕掛けのポイントから逆指値まで二〇ティック離していて、一ティック一〇ドルの場合、一〇枚をトレードするので、合計で二〇〇〇ドルの損失になる）。しかし、この二〇％を二〇〇のシステムで分ける（正確には「割る」）と、各トレードでとるリスクはそれぞれ総資金の〇・一％になる。これは一般的に言われる一～二％に比べるとほんのわずかだ。ところで、一％と二％ではかなりの違いがあることにあなたは間違いなく気づいたはずだ。だから、シュワッガーに対する私の答えは本当に（literally）話のほんの一部だと言ったとき、私はこの単語を文字どおり（literally）団塊の世代の使い方で使っていた。辞書の定義を覚えているだろうか。

言いたいことはこうだ。プロのトレーダーはどんな場合でも絶対に総資金の二〇％もリスクにさらすことはない。また、私にとっては二％をリスクにさらすと想像するのも難しい。退屈な話だろう。よろしい。この退屈なテーマについて、さらに詳しく説明する。

より実際に近い現実

前の第4章では、確実に負けると決まっていた。この章では数学と平均の法則を味方に付けて、最適な投資比率でトレードを行った。だが、それにもかかわらず負けた。不安でみぞおちに違和感を覚えるのならば、あなたはトレードを理解し始めている証拠だ。希望はあるのだろうか。

実行可能な選択肢を三つ紹介するので、自分の性格に合ったものを選んでほしい。まず、第4章の一四〇～一四一ページ付近の欄外に書き込んだ数字を確かめてほしい。現実を見て、調整を余儀なくされただろうか。それなら結構だ。

●一番目——典型的なプロのトレーダー
●二番目——ブラントとソープによる修正
●三番目——私の修正

●一番目――典型的なプロのトレーダー

典型的なトレーダー（典型的なトレーダーという人はいない。この点はすでに指摘した。この業界はさまざまなトレードスタイルや性格を持つ人を受け入れている。私たちはあなたが自分に合ったスタイルを見つけることを望んでいる。しかし、「典型的なプロのトレーダー」は、この問題に対する最も一般的な取り組み方で私が最善と考えたものだ）は任意の値を選んで、それを損失の許容限界として使う。通常、この値は総資金の〇・一～二％の間だ。だから、ケリーの公式を使うプロのトレーダーはほとんどいないし、私が設定した八％は間違いなく疑いの目で見られるだろう。忘れないでもらいたいが、私たちは第4章で始めたところから見れば、控えめなほうに大きく動いている。

ある日、第4章とこの第5章で私が説明した間違いを犯しているトレーダーにピットで出会った。彼はまだ経験が比較的浅いほうで、私たちは彼のトレードスタイルについて少し話をした。彼と私は、実は同じポジションを取っていた。それが良いポジションであることは彼にも分かっていたが、不安そうだった（トレーダーは通常、トレード戦略についての個人同士が情報を交換することはない。一方、市場分析は安く手に入り、絶えずあふれている）。彼はどれくらいのトレードサイズかを話し、私はそれは大きすぎると言った。

翌朝、彼は、私のほうが正しかったと言い、アドバイスしてくれたことに感謝した。彼がよく眠れなかったのは明らかだった。「今朝の寄り付きでポジションを半分に減らした」と彼は言った。私は良かったとは思ったが、実は半分に減らしても、リスクはかなり大きいのではないかと思った。私は少なくとも九〇％、おそらくはそれ以上に減らす必要があると考えていた。

現在、彼はトレードを行っていないが、優れたアナリストであり、多くのトレーダーが彼の市場分析を利用して、トレードで儲けている。私は彼の個人資産を知らないので、確実なことは言えないが、彼が成功するか失敗するかの差はトレードサイズの問題だけだったのではないかと思っている。

私はこれまで何度も言ってきた。今ではあなたも「私たちトレーダーには、大衆が驚くほど臆病なところがある」と分かり始めたかもしれない。大衆は私たちトレーダーを大胆なギャンブラーだと思っている。だが、私たちが何年にもわたって利益を上げ続けているのは、臆病さのおかげだ。典型的なプロは控えめな数字、例えば総資金の〇・五％のリスクをとると決めると、仕掛けと手仕舞いのポイントが失敗したか利益を上げていると確信するまで、すべてのトレードで同じリスクをとり続ける。

●二番目――ブラントとソープによる修正

投資比率を半分に減らすと損失が半分に減り、利益率は二五％だけ減る。リスクを半分に減らして、利益が四分の一だけ減るのを許容できるときには、いつでもそうしよう。私たちの業界で言うように、これはだれにでもできる。私の言葉を標語にしてもかまわない。ここにも臆病さが現れている。

手描きのグラフでは、八％という最適な投資比率を用いて、二回のトレードで八三セントの利益が得られた。この半分の四％しか投資しない場合、二回のトレード後の利益は六一セントになる。自分でやって、慣れたほうがよい。明らかにリスクを半分に減らせた一方で（システムで一〇万ドルを運用している場合、損切りの逆指値は八〇〇ドルではなく、四〇〇ドル離したところに置く）、利益は四分の一しか減っていないことが分かる。こんな掘り出し物を見逃すトレーダーはいない。

ソープは数十年前にこの点について意見を述べている。また、ブラントの功績も認める。彼ほどの経験を持つトレーダーならば、間違いなく実際に検証をしているからだ。利益の不規則な変動を見てきたあとでは、何十年にもわたって彼が成功を収めたことに議論の余地はない。ブラントと私は一九七〇年代にフロアで会った。お互いにトレードをした記憶はないが、平均の法則が大いに有利に働いていただろう。
第2章でこの本を書くことを思いとどまらせようとしたのは、まさにこのピーター・ブラントだったことを思い出すかもしれない。それが、まっとうなトレーダーがすることだ。まっとうなトレーダーは、投資家が傷つくことは何でもやめさせようとする。ブラントは人々にトレードを奨励する本は何であれ、人々を惑わすと思っていた。問題は、そうした健全なアドバイスをしても、金銭的に報われることはない。だから、あなたを含む一般の人々がいつも、「金を買え、銀を買おう」などといったメッセージを浴びる理由だ。

分散しよう。

●三番目──私の修正

最初に厳しい警告をしておきたい。信じられないほど才能に恵まれた優秀な医者が、種付け料を稼ぐために競走馬に投資をしたが、結局は去勢馬だった。なぜ、そんな投資に手を出したのだろう（しかも、医者なのに）。なぜ商品トレーダーがLP（有限責任組合）に投資するのだろう。私はなぜガス井と油井に投資するのだろう。それは分散のワナに陥ったからだ。そのため、何も知らない分野に手を出してしまうのだ（しかも、私たちはいつもどんな人物かよく知らない人とよく知らない投資を行う。私たちは他人の「推奨」に基づいて、第三者のスキルや誠実さを判断している。これを説明するには別に一冊の本が必要になるが、私はそれを書くつもりはない。私はかつて、同僚から推薦された人が不正を働いたせいで損失を被ったことがあり、その埋め合わせに同僚から六桁の小切手を受け取ったことがある。言いたいことはこうだ。聞き逃さないでほしい。今は新千年紀だが、それにふさわしいほどの誠実さを他人に期待することはもはやできないということだ)。あなたがトレーダーか投資家ならば、好きなだけ分散ができる。この業界には落とし穴や欠点がたくさんあるが、分散が少ないことはこれには当てはまらない。アップル、ウォルマート、ADMの株を保有している人に、もっと分散する必要があると言う人は頭の中身を分散・多様化する必要がある。

私の修正では、トレードアイデアを広く分散することが必要になるだろう。一〇のシステムがあり、そのすべてで八%のリスクをとる必要があるとする。その場合、一トレード当たりのリスクは〇・八%になる。そして、エクイティカーブは滑らかになるだろう。口座に一〇万ドルがあり、各システムに一万ドルを割り当てている場合、各トレードのリスクは八〇〇ドルになる。システムを過度に最適化していないと確信できるかぎり、私は恐れることなくこれらに幅広く分配した資金の八％を投資する（この問題についてはあとでもっと詳しく説明する）。システムの数が約五〇になると、やがて成功できるような滑らかなエクイティカーブが得られ始める。

評価

まず、一番目の「典型的なプロのトレーダー」の手法はまったく私の推測だ。各トレーダーの手法を正確に知っている人はだれもいない。しかし、それは彼らによる推測でもあることを忘れないでもらいたい。適切なトレードサイズを客観的に知る方法はない。通常、彼らは勘と経験に基づいて判断している。彼らはそうするのが得意なのだ。だから、私は成功したトレーダーに、実績を誇るシステムを変更するようにとは絶対に言わない。あなたがプロならば、ここまで成功してきた手法を使い続けよう。

●長所　過大なトレードサイズで破産しない程度に慎重だ。
●短所　①利益の最大化にはほど遠い。②ドローダウンから立ち直るためにトレードサイズを小さくするのにシステムは必要ない。

二番目の「ブラントとソープによる修正」は、仕掛けのポイントに自信が持てない場合に特にお勧めだ。この手法を用いれば、新しいシステムを使うときのストレスを大いに減らせる。しかし、まだ分散はされていない。

三番目の「私の修正」では資金当たりの効果が最大になるだろう。すべてのシステムをブラントの修正から始めても、私は反対しない。トレードサイズを適切に決めて、過度な最適化という問題を見逃さなければ、トレードサイズを減らすことで損失から回復するようにシステムを構築できる。そうすれば、システムは次第に衰えて、自然に消滅する場合もある。

補足

最大損失

損切りの逆指値は仕掛け値から平均損失ではなく、最大損失に一致するところまで離して置く必要がある。もしも最大損失が平均損失の五倍にもなっているのならば、最初の計画よりもはるかに多くの資金でトレードをしていると分かる。そうすれば、すべての計算を大幅に考え直せるだろう。つまり、最初に考えていたよりもはるかに慎重になるだろう。できるだけ損失が一定のシステムを開発して、この問題を正すように最善を尽くそう。一〇〇〇ドルで損切りできるように逆指値を置いておけば、平均損失は八〇〇ドルで済むかもしれない。それならば大丈夫だ。しかし、ポジションを翌日に持ち越すのならば、気を付けよう。リスクは大きく増える。ポジションを翌週に持ち越すのならば、もっと気を付けよう。リスクは指数関数的に増える。私たちは短期トレードについて一般的な話をしていることを忘れないでほしい。これはポジションを翌週に持ち越してはならないという意味ではない。翌週に持ち越すことは可能だ。しかし、それをする場合のリスクを理解していなければならない。これは、そのリスクを相殺できる資金を用意しておく必要があるということだ（もう少し臆病になるだけだ）。

過度な最適化（私たちの業界の悩みの種）

どのコンピューターでも過去データでのテストでは、大儲けできていただろう（「～していただろう」という表現を聞いたら、それがどういう意味で使われているかを深く考える必要がある。同じことは、「〜できていただろう」や「〜していたはずだ」についても言える）過去の状況に、システムをぴったり合わせることができるからだ。コンピューターではどんな人間よりも優れた後知恵が使える。過度に最適化され、過去データにぴったり合わせて検証したシステムの問題を克服するためのアドバイスはこの本を含めてどの本にも載っていない。「過去のパフォーマンスは将来の結果を保証するものではありません」という決まり文句を無視すべきではない。本当の実績でさえ、過度な最適化に使われることがある。それは次のような形で毎日起きている。

あなたが顧客として投資顧問に、「本当の口座で実際に取引されている内容を見せてくれませんか」と言ったとする。彼はキャビネットの一〇〇〇口座から選んでどれかを見せる。では、彼が損の出ている口座を見せるだろうか。それとも「平均的な」口座を見せるだろうか。そんなことはしない。見せる口座は最も利益が出ているものだ。一年後、あなたは思う。どの顧客も実際にとても利益を出しているはずなのに、自分が彼らほど「幸運」でないのはなぜだろう、と。パフォーマンスは本物だった。ただ一番良いパフォーマンスの口座を見せられていただけだ。

私は今でも信じられないのだが、過去データで見事に検証されたシステムを持つグループにかかわることになったことがある。彼らは一度もそのシステムでトレードをしたことがなかった。だから驚きではないのだが、首謀者のなかには服役した人や、現在服役中か、これから服役するか、その運命から逃れるために姿を消した人もいる。

この本で取り上げたテーマの多くは紹介にとどまっている。例えば、この最適化もそうだ。これは自分で解決する必要がある。おそらく、何が問題かは分かるだろう。コンピュータで次々と戦略を試し、フィルターでそれを調整して問題があるトレードをとらえ、さまざまなパラメーターを追加することもできる。そうすると、それらのパラメーターをすべて事前に知っていたら、うまくいっただろう何かを必ず思いつくことができる。そして、また、「～だっただろう」だ。覚えておこう。この言葉が出てくるとき、近くにワナがある可能性が非常に高い。

確かに、過去データで検証されたこれらのアイデアはうまくいっていただろう。こうした発見の有害な性質を私が説明できるかどうか確かめてみよう。これで何かを発見したと思うだろうが、実際には後知恵を利用してコンピューターに複雑な計算をさせただけだ。有害という言葉は、この危険な行為を非常に穏やかに表現したものだ。素晴らしく見えるこのシステムは、コンピューターでしか発見できない絵空事にすぎないかもしれない。最適化の問題を解決するのに役立つ提案を二つしよう。

第一に、一般的に言って、システムに手を加えるのに必要なフィルターやパラメーターが多いほど、システムは過度な最適化に陥っている可能性が高い。

第二に、コンピューターに考えさせようとしないように。コンピューターは計算の道具であり、考えるのはあなただ。ありとあらゆるフィルターや最適化されたパラメーターを入れたテクニカルシステムには、それが機能すると言えるファンダメンタルズ（初心者の人へ。この業界には、昔の牧場主と農家のように、ファンダメンタルズ派とテクニカル派がいる。ファンダメンタルズ派は需要と供給やそれらに影響を与えるあらゆる要素が大好きだ。テクニカル派はランダムなものから秩序を見いだす――とにかく、それが私たちの考え方だ。テクニカル派は、「三日連続で上げているので、明日も上げる可能性が高い。だから、買いだ」と言う。プロのトレーダーならばだれでも、このテーマはまだ取り上げられていないのに第5章の終わりに近づいていることに興味があるだろう［私も同じだ］。そして、今でもこれは脚注に埋もれている）の理由がないかもしれない。そのシステムにファンダメンタルズの基盤が本当にあるという理由を一つも考えつかないのならば、過度な最適化がなされている可能性がある。

この業界に入って間もないころ、ジャック・シュワッガーがセミナーのQ＆Aでこの問題について答えているのを聞いたことがある。彼はコンピューターで可能なパラメーターをすべて調べるような大がかりな最適化は実行しないようにと言っていた。当然、質問者はシュワッガーがルールとパラメーターをどこで入手したのか知りたがった。彼はちょっと肩をすくめて、「驚くかもしれませんが、自分ででっち上げるだけです」と言った。このときのことを思い出すと、今でも笑ってしまう。

トレードはトレーダー個人の性格に大きく左右される、と私が第1章で主張したことを覚えているだろうか。私は間違いなくシュワッガーのようなやり方はしない。しかし、成功について言い争うこともない。実際のトレードでそのやり方が自分の役に立っているのなら、私の意見に従わないでほしい。

あなたはすでにこの本の主張は、「人々が負けるのは一トレードに費やす資金の比率が大きすぎるからだ」ということを知っている。しかし、「過度な最適化ほど、確実に負けるシステムはない」ということも事実だ。

過度の最適化を避けるには技術が要求される。過度な最適化に注意しよう。それを探して、避けよう。

FYX（クリスチャンのために）

これは簡単すぎる。ヤコブの手紙（五章一節以降）は富める者に直接語りかけ、待ち受けている危険について警告している。そして、クリスチャンならば私に言われなくても、お金持ちが神の国に入るのがいかに難しいかについて、神が警告しているのを知っている。神はこの点について、人を不快にするラクダの比喩で強調した。私は自分の利益を最大にしようと奮闘するあまり、この使徒ほど真剣に警告を受け取ってこなかったと最初に認めるべきかもしれない。これは私や億万長者のクリスチャン仲間が犯しやすい間違いだった。私たちは心の持ち方がいかに大切かを強調する聖職者のせいで、自分のお金を現在のように使うよりも、はるかに以前にこの間違いを犯してきた。私はかつて聖職者が、クリスチャンならば持つべきでない車種と時計を指定していて、その見返りにこの間違いを見逃そうとしているのを目撃した（これについてはあとで説明する）。

しかし、これらのテーマ（ヤコブ、イエス、ラクダ）は私たちよりも少し先の問題だ。

これらのテーマは、裕福であることの苦しみを伝えている。しかし、私たちはまだそこにたどり着こうと苦しんでいる途中の段階だ。テビエが少し教養のある娘から、富は呪いだと言われたときの反応をだれが忘れられようか。彼は、「主よ、私の富について罰を下してください。そして、私が二度と立ち直れませんように」と言う。私たちは今、この状況にある。そして、この「呪い」にたどり着くまでのいばらの道を検討している。

したがって、この時点で私たちに当てはまる聖書の指示は、ゆっくりと裕福になることだ（箴言二八章二〇節）。前の第4章から続くこのテーマについて十分に理解できていないのならば、ここでもう一度説明しよう。実はあなたはすでに、本書の至るところで多くの聖職者たちと異なる考えを私が持っているようだと気づいていただろう。この傾向はさらに続くだろう。しかし、私は反教権主義者ではない。聖職者たちが私たちの業界を理解していないだけだ。彼らは一人ではない。

にもかかわらず、この最も重要な点では、私たちトレーダーは聖職者に完全に同意する。そして、私たちは彼らをためらいなく称賛する。もっとも、この同意は長く続かないので、私が異端の罪から解放されることは断じてないだろう。

同意した点は次のとおりだ。説教師たちが私たちの業界に対して説教をしているのを聞くと、実際には強欲に対して説教をしていることが分かる。そして、私は第4章とこの章で、強欲に付き物の危険性を数学的に示してきた。成功したければ、強欲を捨てる必要がある。強欲のせいでこの業界に興味を持ったのならば、牧師の言うことを聞いて、トレードをやめたほうがよい。ただ箴言で気づいた人は正しい。箴言の著者がゆっくりと富を増やすようにと言ったとき、何について話しているのか、彼は分かっていたということを、私は公式を使って示した。

次の文章を読むと、箴言の著者はコメディアンだったのだろうかと思うかもしれない。「目を富に向けても、そこに富はない。自らワシのような翼を生やし、天に飛んで行く」(箴言二三章五節、聖書協会共同訳。ところで、私はユダヤ人の友人たちが人生に役立ったことに触れておく必要がある。それはユーモアだ。彼らはポグロムで破壊されたシナゴーグについて話した。略奪者たちは、「俺たちはみんなを解放してやるが、ラビと先唱者とシナゴーグの主任は処刑する」と言った。彼らは三人に、「撃つ前にそれぞれ、最後の願いを聞き入れてあげよう」と言った。そこで、ラビは「最後にもう一度説教をしたい」と言った。次に、先唱者が「最後にもう一度歌いたい」と言った。最後に、シナゴーグの主任は「最初に私を撃ちなさい」と言った。こういうユーモアは神からの贈り物としか考えられない）。

これを書いた人は第4章と第5章を事前に読んでいたような気がしないだろうか。私たちはジレンマに陥っている。私たちには二つの目標がある。「強欲を避けること」と「利益を最大化すること」だ。

ある同僚が私と私のパートナーに「君たちにとっては利益が常にすべてなの」と尋ねた。私たちの態度はとても単純だ。「自分はトレードを続けたいのか」だ。あなたが強欲と利益の最大化の対立に苦しんでいるのなら、それは良いことだ。そのまま頑張ろう。

そして、この点で箴言ほど良い本はない。給料に見合った仕事をするクリスチャンならば定期的にこの本を読むだろう（箴言には三一の章がある。今日は八月一〇日だ。私は第一〇章を読むつもりだ）。どのくらい読む時間を当てるかは自分で決めてほしい。

箴言が知恵と規律を強調していることはすでに述べた。ここで、勤勉という言葉を追加しよう（箴言四章二三節、箴言一〇章四節、箴言一三章四節、箴言二一章五節、そしてもっと多く）。

これは簡単に気づくことだ。これまでにも触れたし、ここでも繰り返している。あなたがトレードに飽きているのならば、正しい道を歩んでいる。アドレナリンで興奮しているのならば、失敗の道を突き進んでいる。

少し前に、私は人気がある説教師に言及した。彼はこの業界全般をバカにして、特にヤッピー（都会暮らしの若手エリート）を退屈な存在だと言った。私は聖書や聖典のなかで、退屈を用いて価値を測っている文章を知らない。この本を書くとき、私は時に強い退屈さと闘っている。どうぞ、この本を読みながら退屈さと闘っているあなたにとって、気の利いた言葉を挿入してほしい（率直に言って、私は説教師が私たちの業界を好き放題に退屈だと言っていたことを恥ずべき行為だと思っている。彼は発言を裏付けるために聖書を引用することさえしなかった。私はトレードに関する章では、彼が説教全体で聖書を引用した回数よりも多くの引用をしている。この違いは、説教師にとって恥ずかしいことではないか。エジソンは電球を作るために一〇〇〇種類の材料を試したが、退屈だっただろうか。二〇〇〇種類だったらどうだろうか。三〇〇〇種類だったらどうだ。キリスト教の評判が悪いのも不思議ではない）。

私はこの説教師に、ある人にとっての退屈さはほかの人にとっての勤勉さであるということを考えてほしいと思う。トレンドは相場の転換を見逃したときに始まって二度と戻らない、とリチャード・デニスが言ったとき、彼はこの点を指摘していたことになる。勤勉さを養わずにデニスのマネをしてはならない。彼はトレード法を教えた生徒たちを理由もなく「タートルズ」と呼んだわけではない。そして、たとえ説教師の言葉に耳を貸さないことになっても、退屈さに対処する準備をしよう。

私は『新マーケットの魔術師』でシュワッガーに退屈と言う言葉を使った。退屈に耐えられないのならば、カジノに行けばよい。そちらのほうがはるかに安くつく。かつて、一般の人は二階のギャラリーからフロアにいる私たちを見ることができた。そして、みんなが何かに熱中しているように見えた。しかし、それは誤解を招く。実際には、私たちは一回に小さな利益を少しずつ稼いでいたのだ。説教師の人がこれを退屈と呼びたければ、そう呼べばよい。退屈するのが気になる人は面倒なことになる。実はそれが仕事であり、重労働なのだ。そして、利益は運や予知能力や魔法で得られるのではなく、稼ぐものなのだ。説教師が、あなたの天職は退屈だと言ったら、そこを去って元気を出し、自分で聖書を読み、献金皿に入れなかったお金でどんな良いことができるか考えてみよう。私と聖職者たちとの良くない関係についてはすでに何度も述べた。ある聖職者は、私が何かネガティブなことを考えていると分かったという理由だけで、私たちの友情を終わらせた。人々は自分に危険が迫っているとき、ネガティブな面を無視する。しかし、これは私の意見にすぎない。ネガティブな面は避けて、ポジティブな面だけに集中することを人生の戦略にしている人もいる。トレードでは、これは致命的だ。

第6章

エースのフォーカードを持つクリスチャン？

A CHRISTIAN WITH FOUR ACES?

一見すると普通の日だった。私は大勢の人たちとシカゴ川にかかる跳ね橋を渡り、シアーズタワーのそばを歩いて、ジャクソン大通りとラサール通りの交差点に建つシカゴ・ボード・オブ・トレード・ビルディングに向かった。私にはそれらのどれも目に入らなかった。群衆や四階に向かう混雑したエレベーターや交わされるあいさつにさえ気づかなかった。昨日は悪夢だった。どこかで戦争が勃発した。連中は大引けまで待つ良識がなかった。私はパニックになったが、それは私だけではなかった。上着を取引用のジャケットに着替えた。頭上のプライスボードも見ずに、トレードチェッカーのところに直行した。トウモロコシのピットを通り過ぎるとき、だれかがビジターに、「今日はほとんど動きがないかもしれない。昨日からみんなかなり参っているからね」と言うのが聞こえた。確かに、それは私にも当てはまると思った。そして、「今日はおとなしくしておこう。トレードをしても、一度に一枚だけにしよう」と思った。

相場の動きが激しい時期にトイレで、あるトレーダーに会ったことがある。軽くあいさつを交わすと、彼は「ぼくはフロリダに行くよ。こんなに動きが激しいとトレードなんてできない」と言った。

私は、「今、辞めるのはかんべんしてほしい。人が一番必要なときなんだから」と言った。

すると、「こんなに激しく上げ下げすると、儲けられないよ」と言う。

「トレードサイズを半分にして、利益目標を二倍にすればいい」と言った。

「ぼくにはそういう調整はできない。もう辞めるよ」

トレーダー仲間を批判するのは私の役目ではない。だれでも自分に合うやり方でトレードをする必要がある。そして、相場の変動が激しい時期や、戦争の勃発で私たちの多くが大きな損失を被ったあとには（だれもが、フロアトレーダーはいち早く情報を得られると思っている。よくあることだが、事実は逆だ。私たちは何が起きたのかをいつも最後に知る。私たちはパニックを引き起こして、それに対処するのに忙しいせいで、ニュースなど見る余裕はないのだ）、トレードサイズを小さくする以外にできることは何もない。

しかし、前の二つの章で見たようなドローダウンに直面すると、トレードサイズを小さくするようにというアドバイスは冗談にしか聞こえない。それらのドローダウンでは自分の精神力が試されているほどの痛手を被る。私のアドバイスに従ってほかの仕事を探す人もいるだろう。ほかの仕事で平凡な結果しか出せなくても、トレードで失敗するよりははるかに生産的で楽しいものだ。

だが、トレードをやめても、前の二つの章で述べたようなトラウマから逃れることはできない。トラウマが別の形で襲ってくるだけだ。蓄えの管理を任せている親友が詐欺を働いて、すべてを失ったとする。そういうことは珍しくない。トレーダーならば、ドローダウン（落ち込み）はおそらく資産に関するものだ。しかし、資産以外のドローダウンのほうがもっと悲惨な場合もある。

第1章では、私の前の著書についてマーク・トウェインをほのめかして書評がなされたことに触れた。評者は、リッチーはポーカーでエースのフォーカードを持っているクリスチャンのように落ち着き払った自信を持っている、と書いた。彼はそれを褒め言葉として書いていた（私はそう信じる）。トウェインに関しては、彼は、三五七マグナムならばエースのフォーカードに勝てる、というアメリカのことわざを知っていたと思われる。トウェインの意味はあいまいだ。おそらく、クリスチャンは目に見えないものを信頼しているが、実際に威力を発揮するのはエースのフォーカードだ。

さて、トレーダーにとっての問題は、これまで見てきたようなひどいドローダウンの最中に、一体、どうすればトレードができる自信を持てるかだ。私たちはエースのカードを持っていないし、資金はどんどん減っていく。

これは間違いなく感情の問題であり、精神の問題だ。この問題には遅かれ早かれ、だれでも直面する。

キリスト教の理論では、人は宇宙の創造者の子供たちであり、創造者は子供たちに最大の関心を持っている。いわゆるこれらの子供たちは比喩的な意味で、創造者のブドウ園で働く労働者であり、すべてが終わったときに創造者に会えば永遠の報いを得る、とされている。あなたはこれを全部信じることができるだろうか。あなたを強欲な商人と思っている人に説教をされても、簡単には信じられないはずだ。あなたが別の宗教の信者であろうと、無神論者であろうと関係ない。それでも、あなたは試されるのだ。さらに、あなたは試練の要因――あなたの貴重な資産を完全に支配する無害で画一的な市場――に不意をつかれるのだ。そうだろう？

私に同意できないのならば、あなたは前の二つの章でトラウマを負った自分を想像していなかったのだ。あなたは資産を最大にした。一〇万ドルを二五万ドルまで増やしたが、その後に二万ドルまで減らした。「トレードサイズを減らすように」というアドバイスは何の役にも立たなかった。あなたが感じるのはヨブとのきずなだけだ。落ち着いた自信は少しもなく、エースも手にできない。えっ、三五七マグナム？　一体、だれがそんなものを話題にしたのだ？（ところで、三五七マグナムは冗談だし、エースも冗談だ。しかし、こんな時期に銃の話は逆効果になる。私の友人の一人は絶望しているときに別の友人に電話をして、家にある銃を全部持って行ってほしいと頼んだ。苦しんでいる時期に問題を解決しようとするとき、手近にある銃は思考を明確にするのではなく、曇らせる。問題を素早く簡単に終わらせることはできるが、家族がそんなあなたを見たときどう思うかをもっと考えてほしい。めまいがする人は今すぐ読むのをやめてほしい。銃によっては頭に穴を開けるのではなく、頭の半分を吹き飛ばすものもある。私はそういう光景を一度見たことがある。鼻よりも上がすべてなくなっていた。こんな状態の人を発見した人は二度と元の生活に戻れない）

この話題はＦＹＸ（クリスチャンのために）の節に移すべきだと考える人もいるだろう。だが、それは違う。結論に同意できないからといって、支えとなる生活基盤の必要性を否定することにはならない。テーマが自分に当てはまらないからという理由でこの章を無視するのは、ＲＯＩ（投資利益率）が最低条件を満たしていないという理由で生命保険を無視するようなものだ。よろしい。この例えがあまりにもバカげていると言うのならば、ほかにもある。農作物のヘッジで五年続けて損をした農家を覚えているだろうか。彼はヘッジをやめてしまったのだ。

あるいは、利益のすべてを農作物のヘッジで着実に出していたので、農業をやめてしまった農民をだれが忘れられようか。

それとも、この逆はどうだろう。注意深く調べると、ROIが長期にわたって一貫して安定していたという理由で、バーナード・マドフ（アメリカ史上、最大の投資詐欺を働いた男）への投資を増やした経験豊富な投資家の話だ（私に感謝したほうがよい。こんな話をすべてしていたら、この本で脇道にそれた部分は一〇〇〇ページを超えていただろう。

言いたいこと――評価において、短期の結果は重要ではない。**当然の帰結**――短期であるほど、結果の信頼性は低い）。

まだ読み続けてくれているトレーダーに。私の目標は神学に関心を持ってもらうことではなく、あなたがより良いトレーダーになってくれることだ。あなたがこういう章を一度も必要としなかったトレーダーならば、それは素晴らしいことだ。あなたの場合、ドローダウンは追証という形では生じないだろう。もっとひどい形で生じる可能性がある。信じてほしい、今後、この章を必要とするときがいつかくるだろう。

ここで復習をさせてほしい。あなたはトレード本の途中で、キリスト教について議論する章が必要だとは思っていないはずだからだ。前の章では、すべて適切にトレードをしたのに、途中でやめたせいでうまくいかなかった。トレードを続けていたら、一〇億ドルを稼げていただろう。後悔しないためには、強い確信がありさえすれば良かった。確かに、トレードサイズの管理が必要で、その点も指摘した。しかし、超人的な自信がないかぎり、そこまで大きなボラティリティでトレードを続けられる人などいないことも指摘した。

どういう育てられ方をしたかは関係ない、自分がどういう人間で、何を信じ、どういう目標を持っているかについて確信を持てるまで、探求し続ける必要がある。「俺たちに明日はない」という映画で、ボニーとクライドの犯罪仲間になったモスを覚えているだろうか。ボニーはモスに、どういうふうに育てられたのかと尋ねた。彼は「キリストの弟子たち」と答えた。彼はおそらく、私が話す探求の旅を飛ばして、楽な道を歩み、殺人者になったのだ。

あなたがトレーダーになりたいのならば、この旅を最後まで続ける必要がある。前の章のドローダウンを乗り超えるつもりならば、自分の仕事に確信を持てるようになる必要がある。

投機における私の英雄であるヨセフが七年目の収穫の初めにどういう状態だったかをちょっと想像してみよう。彼はファラオの大金を使って、農民のために六年間、農作物の価格を支え続けた。過去五年間、毎年新しい穀物倉庫を建てた。そして、人々の嘲笑の矛先がヘブライ人やけちや穀物の買いだめから、彼に向かう。農作物の価格が下げ続けているからだ。七年目の収穫期の途中で、彼はファラオのところに行って、「この夢について、見直す必要があると思います」と言うかもしれない。

ヨセフの代弁はできないが、私は自分のことをかなりよく分かっている。そして、あなたについていくつか推測もできる。人生について精神的な基盤がしっかりできていないと、自信を失って、いつかトレードをやめてしまうだろう。

第一に、私たちがアメリカで暮らしていることに感謝しよう。アメリカではだれもが自分の望む何にでもなれる。キリスト教、ユダヤ教、イスラム教、仏教、無神論、ヒンズー教、悪魔主義、モルモン教、サイエントロジー、道教、ニューエイジ、自然神論、自然主義、ニヒリズム、存在主義、汎神論、シーク教、精霊崇拝、神道の信者にもなれるし、自分を無価値の存在にすることもできる（私たちは無価値を資本化した。アメリカでは無価値を定義して、それを教会としてＩＲＳ［内国歳入庁］に登録することができるからだ。私はこれをウィキペディアに載せて、「バカげた」の一般的な使用法の説明にしてもらうつもりだ）。これが世界観のリストだ。まだ挙げられるが、あなたはこのなかに入っているはずだ。これがアメリカ人であることの意味だ。好きなように生き、好きなように考える自由がある。

第二に、私たちはトレードや精神的打撃やもっと悪いことについて話している。ほかの投資の本では教えてくれない重大な問題、すべてのトレーダーが遅かれ早かれ直面する危機に取り組んでいる。そして、自分が先ほどのリストのどれに当てはまろうと、それは危機が訪れたときに再検討せざるを得なくなる。

だから、この章での私の目標は、私がこの問題にどう答えてきたかという一つの例を示すことにある。私と意見が異なっていても、私は喜んで受け入れる。それがアメリカなのだ。しかし、そうした精神的基盤を作れるということを分かってもらう必要はある。窮地に陥ったとき、説得力ある支えがなければ耐えられない。だから、あなたがどういう考え方をしていようと、その基盤を強固にするために何かをする必要があるのだ。

信仰の問題について言い争うのは政治的に正しい言動ではないと、だれもが知っている。だが、少なくとも自分自身と議論できなければ、何についても、まったく確信を持てるようにはならないだろう。私が確信を持った方法は次のとおりだ。

このテーマだけを扱う図書館があるくらいなので、どんなトレーダーでもやるように、最も共通する点に絞り込みたい。

私のようなクリスチャンの場合、確信する必要があるのは二つしかない。


一．神は存在する。

二．神はイエスという人間の姿になって現れた。


クリスチャンがこれらを「信仰箇条」と考えていることに気づくかもしれない。それは納得できるが、誤解を招くし、トレーダーの役には立たない。「信仰箇条」という言葉は、証拠を求めることとは矛盾する。私たちはキリスト教のこれら二つの基盤を、信仰に基づいて受け入れるのだろうか、それとも証拠に基づいて受け入れるのだろうか。

あなたは、私が信仰をあまり受け入れていないことにもう気づいたに違いない。私には証拠が必要だ。右の二つの項目を「信仰箇条」と呼ぶのは、この言葉を誤解しているからだ。これは少数派の意見かもしれない。

ある教授はこれを信仰に対する信頼と呼んだ。彼はそのタイトルで本さえ書いていたかもしれない。この半世紀に大いにはやったのは「前提主義」だ（学者は辞書を分厚くするのが大好きだ）。これは幾何学の公理のように、聖書に書かれていることのすべてを前提とすることを意味する。この場合、それが有用で絶対に破綻しないと分かれば、それは真実でなければならない。

そして、まだある。信心深い人のなかには、信仰心が強い人ほど、不合理なことを信じる能力が高まると考える人もいる。宗教的な世界観の領域に入ると、ほぼ何でも可能なように見える。私は次の発言をすべて聞いたことがある。


神は存在しないし、私は神に偏見を抱いている。

神は存在しないし、私は神が大嫌いだ。

神は存在しないし、イエス・キリストは神の息子だ。

神は存在しないし、聖母マリアは神の母親だ。これは偉大な哲学者であるジョージ・サンタヤーナの言葉だ。

さて、私やほかの人があなたの信仰や信仰によって生じる良い気分を見くびるのを許さないでもらいたい。しかし、この先のテーマに関しては、温かい気持ちではけっして乗り超えることができないだろう。私にはこの種の信念が何かの役に立つとは思えないが、今それは関係ない。

これらすべてについて、私が言えるのは「バカげている」という一言だけだ。信仰に対するこれらの取り組み方よりも、私の著書『ゴッド・イン・ザ・ピット（God in the pits）』に対するジョスリンの批判（アマゾンで彼が星一つの評価を下したところを参照してほしい。私はこの本で彼に答えるつもりだったが、ここでは十分に書けないので、アマゾンで詳しく答えた。ジョスリンは間違っているが、自分の頭で考えている。これは褒め言葉であり、トレードでは必要なことだ）のほうがはるかに筋が通っている。この点が、宗教は信頼できないと言われるところだ。人々は信じがたいことを信じることで、神について有利な立場に立てると考えている。復活のようなことを信じたいのならば立証責任を受け入れるべきだ、と言った無神論者の教授に私は同意する。明らかに、信仰に逃げるのは間違いだ。「信仰に対する信頼」という言葉を作った学者は、愚かさを重ねただけだった。この種の考え方はイスラム教徒ならば金曜日、ユダヤ教徒ならば土曜日、キリスト教徒ならば日曜日には役立つかもしれない。だが、追証を要求される月曜日には深刻な問題に直面するだけだ。

簡潔にするために、二つの主張について最も説得力ある議論を要約しよう。その後に、私よりもはるかに明快にこれらのテーマを研究し、書き、議論してきた私と同時代の二人を紹介する。

一．神は存在する。

これは簡単な問題だ。それにもかかわらず、あいまいであることを認めなければならない。これは魚に水の存在を証明しようと試みるようなものだ。あまりにも明白すぎて、気がつかないのだ（神の摂理のせいで、有神論が見落とされやすくなったというのは、私の推測だ。この考えはパスカルによるものである）。神が存在する証拠は宇宙のすべての原子、すべての草の葉、すべての星に存在する。科学と神が対立しているという固定観念は間違いなく最大の間違いだ。

バートランド・ラッセルは自分と同じ世代を生きる人々に対して、根源的なことを言った。彼は、永遠の存在が必要だと認め、宇宙が永遠だと信じるのと同じくらい簡単だと言った。それゆえ、私たちは神のような永遠の存在を必要としていない。ところが、科学が登場して、宇宙は永遠ではないことが分かった。非科学的な信仰を持つ人々が考えていたように、宇宙には始まりがあった。

ダーウィンは生命が自然に発生すると考えていた。科学はそうではないことを示した。科学者たちは、人間の胎児は系統発生を繰り返すと推測した。科学はそうではないことを示した。

アントニー・フリューは前世紀の中心的な無神論者で、その著書は哲学を専攻する学生の必読書だったが、八〇歳で無神論を放棄した。彼が考えを変えたのは、ＤＮＡの分野で科学が進歩したからだった。科学によって信じがたいほどの複雑さが発見されて、神を信じるようになるしかなかったと言った。

宇宙について何かを発見し、「この法則がわずかに異なっていれば、宇宙はもっと良かっただろう」と考えた科学者はこれまでいなかった。天文学者のアラン・サンデージは、私たちが今使っている脳の全原子はかつてある星の内部にあったと述べた。実際、すべての星の内部のすべての原子がかつては存在しなかったことを、私たちは今では知っている。

多くの人は、知識不足のせいでこれまで神で説明されていた部分は解消されつつあると言うだろう。実は、さまざまなことが分かってくると、かつて知っていたよりもはるかに多くの知恵が宇宙に存在することが分かった。ジョスリンは、すべての種が次第に進化したのは自然淘汰で説明できると言った。それは正しい。しかし、惑星の運動や重力やほかの多くの現象について完璧には説明できない。単純だと誤解されているが、最初の細胞の起源を自然淘汰では説明できない。

そして、頭の後ろに目ができるまで、家系図でどれくらいの時間がかかるかを科学的自然主義者に尋ねても、真剣に受け止めてくれない。私たちはだれでも、自分たちが殺す蚊よりも進化していると思っている。だが蚊は原始的ではあるが、私と同じく二つの目を持っている。これをどうやったら説明できるのだろうか。私は腕時計についても彼らに尋ねる。私は腕時計に秒針、ライト、アラーム、ストップウオッチが付いていてほしい。これらがあれば、私ははるかに効率的になれる。私の子孫の手首にこれらが発生するまで、どれくらいの時間がかかるのだろうか。

では、私からあなたへの質問だ。私がこういう質問をすると、自然主義者はどうして私が真剣ではないと思うのだろうか。私に必要な腕時計は自然淘汰によって出来上がった手首ほど複雑ではない。自然淘汰によって手首が出来上がったのならば、自然淘汰によって手首に腕時計ができても問題はないはずだ。

難しいのは、目に見えるものすべてを創造できる存在があり得ると考えるか信じることだ。当然、人間の頭でこれを想像するのは非常に難しい。

一方、それほど不思議なことが自然に起きたと想像するのも非常に難しい。これはまったく理解を超えている。信仰？　これらすべてを効率的に生み出す存在があるに違いないと信じるために、どうして信仰が必要なのだろうか。ここで検討した概念は信仰とは何の関係もない。これは常識についての議論だ。はっきり言って、有神論の代替案には説明が欠けている（私はちょっと一人になってこの章の編集を終えるために、家を出て近くの森林保護区に車で行き、小さな避難所のピクニックテーブルに座った。私のそばを歩いていたのは、カナダヅルのつがいだった。私は間近でカナダヅルを見たことがなかった。すべての読者がこの点では同意すると思うが、これは美しい光景だった。アラン・サンデージは生涯をかけて星を観察した。彼が撮影した写真はインターネットで見ることができる。彼は醜い星を一度も見つけたことがない、と言った。その点はよく分からないが、神がいなかったら醜いという言葉の意味が分かるとは思えない［ここで前に戻って、付け加えたい。私は最も素晴らしい音を聞いた。リズミカルに翼で六〜七回空を切って、上昇した。それは巨大なツルが飛び立って、私の避難所のすぐ上を越えようとしただけだった」。ところで、偉大な天文学者のサンデージは六〇歳でクリスチャンになった。私はそれが信仰に対する信頼とは何の関係もないと保証する。「天は神の栄光を語り、大空は御手の業を告げる」［詩編一九編二節、聖書協会共同訳］。彼の回心は、彼が「創造」の観察から学んだ真理から生じたものだ）。

しかし、生命の進化よりももっと基本的な問題、有神論者だけが答えられる問題を提起させてほしい。それは、自然淘汰説はどうやって始まったのか、という問題だ。私たちは、この説がなかった時期があったことを知っている。ダーウィンはそれを作り出したのではなく、発見しただけだ。では、だれがそれを考え出して、広めたのだろうか。懐疑論者は、それは説明するまでもないと思うしかない。彼らは、生命とはそういうものなのだ、と言うだろう。これが私の言いたい点だ。物事は「たまたま」完璧と言えるほどに非常にうまくいっただけなのだ。これは創世記の作者が書いたことでもある。

私の意見にまったく同意できなくても、時間をかけて考えを決める必要がある。私は何年も考えて、ひらめいた。それは突然の悟りで、自己の真実を見た瞬間としか説明できない。すべての草の葉が神の存在を証明しているとだれかが言うのを聞いた。それはまったく理解できなかった。私に起きたのは次のようなことだった。

コロラドは暑い日だった。私は冷たい飲み物を飲みながら、グラスの氷を見つめていた。頭に浮かぶのはとりとめのないことばかりだった（特に珍しくもない）。「この氷はどうして浮かんでいるのだろう」と思った。湖では湖面よりも底のほうが水温が低いことはだれでも知っている。冷たい物のほうが常に低いところに動く。物が何かは関係ない。熱い物が膨張するという単純な法則は普遍的だ。では、なぜ水が凍り始めるとパイプが壊れるのだろうか。沸騰したお湯でパイプが壊れる理由は理解している。それはだれでも知っている。しかし、凍り始めた水？　だれかが私に教えてくれた。特に複雑なことではない。膨張と収縮の法則は、水では四度で逆転するのだ。私は本当だろうかと思った。これはなんと好都合なのだろう。この逆転現象がなければ、世界中の水域は私たちの知る生物を破滅に追いやりながら、底から凍っていくはずだ。

これがいかに幸運だったかを説明するのに、無数の宇宙が必要なのもうなずける。無数のサルにタイプライターを打たせる話を覚えているだろうか。それは聖書が、不信心者は考えないと非難する理由の説明にもなっている。奇跡とも呼べるこの法則について考えていて、これが存在する理由を想像できなかったので、私は非常に頭の良い人がこのようにしたのだと結論付けた（科学は、水がこういう性質を持っていることを教えることしかできない。科学はそれがどうやって起きるかを説明できない。実際に説明しようとすれば、神の知恵を示すだけだ。神が不必要だということを示すことはできない）。

私は今まで聞いたことのある科学の法則すべてについて考え始めた。どれもがこの法則と同じくらい素晴らしかった。有神論にとって必要なことすべてを行えるほど賢くて強力な存在を想像するのが難しいことは確かだ。しかし、ほかに選択肢はない。

二番目の、はるかに難しい主張に進む前にもう一度思い出してもらいたい。私たちが議論しているのは、リッチーの精神的基盤に対する自信、エースのフォーカードについてだ。たとえ、あなたが独我論（申し訳ない。我慢できなかった。この言葉がジェパディというクイズ番組で出てきたので、入れたくなったのだ。この言葉の意味は、自分だけが唯一の存在であり、他人はすべて自分の想像で作り上げたものである、という考えだ。これは典型的な象牙の塔の産物だ。私たちはだれでも有意義なことをするのに忙しいため、こんな考えを学ぶほどヒマではないことに感謝すべきだ）という世界観を持っていたとしても、同じことをしなければならない。あなたが無価値の存在であっても、ドローダウンの最中に自分を支えるための適切な証拠が必要になるだろう。

二．神はキリストという人間の姿になって現れた

有神論の部分は簡単だった。前に述べた多様な世界観のリストに入るほとんどの人は有神論に同意する。有神論は信仰の問題ではなく、事実の問題であることを示すために、ここでスペースを割く。

さて、話は複雑になる。前に挙げた長いリストに入る大多数の人は有神論には同意するが、もっと多くの人が神の受肉を否定する。忘れないでほしい。私は神学のほうに寄り道をしているのではない。前の第五章で示したようなドローダウンに耐えられる、私の確信の源を伝えているのだ。だから、信仰に対する私の批判も出てくるのだ。しかし、その点についてはFYXの節で詳しく説明する。

私がイスラム教徒たちと育ったことはすでに話した。ある日、イスラム教徒の友人の一人と話をしているときにたまたま、アッラーが産道を通って世界に入って、そこで過ごす力を持っていると言った（私は彼に敬意を表して「友人」という言葉を使った。西洋人が

まだ「知人」と言っているときに、アジアのイスラム教徒は私たちを「友人」と呼ぶ。私たちが「友人」と言うところには、彼らは「兄弟」と呼ぶ。どちらも相手に敬意を表しているが、イスラム教徒の敬意のほうが深い）。友人は私が使った言葉に文字どおり体を震わせた。これは畏敬の念を抱かせる考えだと認めざるを得ない。

ポートランド州立大学の無神論者の教授が、「復活のような主張をしたければ、立証責任を受け入れなければならない」と言ったことを前に触れた。私たちは無神論が間違っていると指摘したし、今後も指摘し続けるつもりだ。しかし、彼らの主張のすべてが間違っているわけでも、クリスチャンの主張のすべてが正しいわけでもない。この重要な点を見逃しがちなのはクリスチャンのほうだ。これは私たちに対する褒め言葉ではない。この場合、無神論者のほうが的確だ。

この時点では下準備をするのに、私は普通の人よりもちょっと有利な立場にある。私は殺人ミステリー小説の愛読者なのだが、キリスト教には殺人事件の歴史のなかで史上最大のミステリー事件がある。遺体が行方不明なのだ。

何世紀にもわたって非常に多くの人が納得してきた証拠を簡単にまとめたい。そのあとで、それらを専門家に任せる。

遺体は行方不明だった。もしもキリストの敵が遺体を見つけだせていたら、それを誇示して見世物にしていただろう。当時、彼には敵がたくさんいた。それは今日でも変わらない。だから、彼が復活しなかったら、味方が遺体を隠して自分たちが有名になるように話をでっち上げたと考えるしかない。これは説得力のある説で、復活祭の朝に始まり、今でも信じられている。無神論者の教授はこれについてまとめて、「彼らが遺体をどうしたかなど、だれも気にしない。彼らが遺体を切り刻んで、ガリラヤ湖に投げ捨てることだってできたのだ」と言った。

この教授はこの点でも正しいが、それは彼らが有名になって、テレビで説教をする著名伝道師のようにぜいたくな暮らしをしていた場合に限る。その場合、この説が正しい可能性がある。弟子たちが自分のために天国での壮大な願いを持っていたことは知られている（マタイによる福音書二〇章二一節、マルコによる福音書一〇章三七節）。おそらく、彼らはそれを望んでいただろう。問題は、敵が彼らに対して別のことを計画していたことだ。壮大なことは起きなかった。彼らのほとんどは結局、十字架にかけられたが、一人も遺体の隠し場所を明かさなかった。もしも明かしていたら、磔刑の拷問は数分で終わり、壮大な望みはかなっていただろう。しかし、そうはならなかった。伝説によれば、アンデレは死ぬまでに三日もかかった。それは激しい水責めを思わせるものだった。優れた尋問者ならばちょっと圧力を加えただけで、簡単に陰謀を明らかにできたことを考えると、これら一一人の仲間が話をでっち上げたとは信じられない。

でっち上げという理屈を信じるには、想像力が必要だ。ガリラヤ湖岸の漁師たちがでっち上げを計画していたと想像する必要があるのだ。彼らの一人が、「ほかのウソに贖罪の教義も入れよう」と言う。ペテロとヤコブとヨハネは驚いて、この男を見る。彼はさらにこう言う。「イエスは人々の罪を償うために死んだと言おう。彼らが愚かにも復活を信じるのならば、大がかりなものにしよう。異教徒たちは気に入るはずだ。だれがこれを書こうか？」。復活を否定するためには、こんなことが起きる必要があった。彼らすべてが殉教したことを考えると、この説は信じがたい。

私が言及した説に対して、アカデミー賞を受賞した脚本家のウィリアム・ピーター・ブラッティは、「これが本当でなかったら、イエス・キリストはウソつきだ。そして、使徒たちもみんなウソつきだったはずだ。だが、それはありそうにない」。この発言からすると、彼は信者だと思うだろう。しかし、少なくとも、彼は信じる理由を信仰に求めてはいない。彼は証拠から合理的な結論を下した。

しかし、信者の話は信用できないと思うなら、『ザ・リザレクション・オブ・ジーザス（The Resurrection of Jesus）』を書いたユダヤ教正統派のラビだった故ピンハス・ラピーデの話を聞いてもらいたい。彼はキリスト教には改宗しなかった。それにもかかわらず、紀元一世紀の出来事に関する話は非常に説得力があるので、キリストが復活したに違いないと結論付けた。

読者自身で検討するための二人の権威

前に述べたように、さらに検討ができるように、二人の著者を紹介する。

ウィリアム・レーン・クレイグ

私が宗教哲学を研究しながらこれらの問題に取り組んでいたとき、クラスで隣に座っていた男がいた。クレイグが私を覚えているとはまったく思わない。彼は宇宙論的証明に焦点を合わせすぎていた。私たちは大学院卒業後も学び続けた。私はＣＢＯＴ（シカゴ商品取引所）の事務員になり、彼はヨーロッパのさまざまな大学で、他言語で哲学を学び続けた。すると、名前の後ろに外国語の発音の敬称が得られる。私は彼が著書でユーモアのセンスを失っていないと信じている。私の簡単な要約を読んで、あなたはきっと質問をしたいだろうが、彼はそれらに答えられるだけの文章を書いている。そして、彼と私の師匠に触れなければ怠慢のそしりを免れない。グーグルで検索していると、ノーマン・ガイスラーという名前がよく表示される。彼の著書はどれを読んでもきっと役に立つ。問題は、私の資料を読んでいる人は、八〇冊もの本を書いた著者に恐れを抱くだろうという点だ。彼はまだ生きているので、あなたがこの本を読んでいるときには、もっと著作が増えているはずだ。

リー・ストロベル

知る必要がある二人目も現代人だが、私は会ったことがない。しかし、彼は私と同じ町の出身で、シカゴ・トリビューン紙で調査報道をしていた元記者だ。彼はこの章の問題を率直に調査するように迫られた。彼の著作は私が省略せざるを得なかった多くの空白を埋めてくれる。

これら二人の思想家は私の同時代人だ。私の信仰が証明できるという考えは少数派の意見だ、と私は前に示唆した。だが、アンセルムスからC・S・ルイスまで、偉大な作家たちは私の意見を支持している。紹介した二人の著者はこの伝統に従っている。

C・S・ルイスという名前を出したので、触れておくことがある。彼は非常に説得力のある証拠を見つけたので、「蹴ったり叫んだりしても」強引に王国に引きずり込まれたと書いている。彼はイギリス紳士だった。小指を立てて紅茶を飲むタイプだ。彼は比喩的に書いたのだ。おそらく、蹴ったり叫んだりしたことは生涯に一回もなかっただろう。アメリカ人は違う。おまけに、イギリスのように壁を石で作ることもない。疑い深いリー・ストロベルは王国に引きずり込まれるのを避けようとして、実際に壁に穴を開けたこともある。

私の信仰心は非常に浅い。だが、大きなドローダウンに陥ったとき、その浅い信仰に少しでも頼って自分の世界観にしがみつこうとしたことはない。私の個性の基盤は客観的に観察可能な事実に基づいている。これは非常に重要だ。なぜなら、今では、ささやかな信仰心のおかげで、神がドローダウンを乗り越えさせてくれると信じられるからだ。

もちろん、適切なときにこうしたことを思い出させてくれる友人がいれば助かる。友人のラリー・バーケットは、私があるポジションで苦しんでいて、どうやって手仕舞うべきかまったく分からなかったときに、まさにそれをしてくれた。彼は私がどういう人間で何を目指しているかを納得させ、自分の将来に自信を持てる人間だと言ってくれた。私は翌朝に手仕舞い始めて、立て直すことができた。

だれかが「探せ。そうすれば見つかるだろう」と言った。実際には、多くの人にとって、探している余裕はない。

私がいわゆる落ち着いた自信をどうやって持てるようになったかを簡単に説明した。知っておいてほしいのだが、私は一度もドローダウン中に自分が落ち着いているとも自信があるとも感じたことがない。それでも、私はこの自信によって多くの窮地を脱してきた。この自信を松葉杖と呼びたがる人もいるだろう。あなたが何と呼ぼうと気にしない。大切なことは、相場が荒れたときにその自信のおかげで切り抜けられたことだ（私は親戚を一人雇っていたことがある。約半年後のある日、相場が荒れに荒れた。私たちは寄り付きから大引けまで叫び、走り、スコアを付け、必死に数えた。それがようやく終わると、彼は「マーク、君が生計を立てるために働いているとは思ってもいなかったよ」と言った）。それがトレードで必要なものだ。前に挙げた世界観のどれかを信じている場合、私が行ったように、自分の基盤を固めるために厳密な準備をする必要がある。クリスチャンであっても、それが必要だ。これを育ちや個人的な好みの問題と思っているのならば、とんでもない間違いを犯している。クリスマスが好きなのでクリスチャンになったか、ターバンが好きなので東洋の宗教団体に入っているのならば、ドローダウンを乗り越えるための支えとなる基盤はあなたにはない。

FYX（クリスチャンのために）

クリスチャンは科学の知恵をとても恐れてきたので、信念主義（believism）に引きこもってきた。これは私の造語だ。通常は信仰主義（fideism）と呼ばれ、信仰だけに頼ることを意味する。もっと学術的な呼び方もある。過去半世紀において学術的に最も敬意を表されてきたのは前提主義（presuppositionalism。前提が結論を決するとするキリスト教弁証論）かもしれない。

信仰が信仰心に基づいているのならば、あなたは準備ができていない。聖書は神の言葉であると書かれているので、そう思っているのならば、あなたの基盤は前に羅列したどの世界観の持ち主の基盤よりも弱い。それらすべての聖典でも、それらは神の言葉だと主張している。その主張が真実だと思うのならば、あなたは今後書かれるすべての論理学テキストで取り上げられる典型的な例になる。「論点先取（証明すべき命題が前提として使われているという誤り）」に、これ以上良い例はない。そして、これは褒め言葉ではない。

私はシカゴで、福音派の有名な牧師に会ったことがある。彼は神の存在について、私が宇宙論を使って証明することに反対した。「そういうことをすれば、無限の原因という問題を抱えることになる」（私がこれら有名な聖職者を知っているとか付き合いがあるとか思わないでほしい。私が彼らに会って貴重な言葉を受け取ることはめったにない。福音派の有名人であるノーマル・L・ガイスラーと親しいことは認める。彼が私の師になった四五年前から二人は親しい関係にある。また、故ラリー・バーケットとも親しかった。ほかに知り合いの有名なクリスチャンは一人もいない）と言われた。私はそういう問題を抱えていないとは、恥ずかしくて言えなかった。

このテーマについて、聖書がどう言っているか検討してみよう。「さあ、論じ合おう」（イザヤ書一章一八節［聖書協会共同訳］）は合理的思考を呼びかけているように思える。なぜイザヤはただ信仰するようにと要求しないのだろうか。ナタナエルが、「ナザレから何の良いものが出ようか」と言ったとき、フィリポは彼の信仰心の欠如を非難すべきだった。しかし、彼は、「来て見なさい」（ヨハネによる福音書一章四六節。「ナタナエルが、『ナザレから何の良いものが出ようか』と言うと、フィリポは、『来て、見なさい』と言った」〔聖書協会共同訳〕）と言った。また、なぜルカは、「イエスが生きていることの数多くの証拠」（使徒言行録一章四節。「イエスは苦難を受けた後、ご自分が生きていることを、数多くの証拠をもって使徒たちに示し」〔聖書協会共同訳〕）を使徒たちに示したと言ったのだろうか。パウロは、神は死者から復活させて、すべての人に証拠を与えたと主張して、締めくくった（使徒言行録一七章三一節。「神はこの方を死者のなかから復活させて、すべての人にそのことの確証をお与えになったのです」〔聖書協会共同訳〕）。

聖書が信仰を称賛しているのは確かだが、盲目的な信仰や何の理由もない信仰を称賛してはいない。多くのクリスチャンは、聖書を絶対に誤りのない神の言葉として受け入れることが正しい行為だと考えている。彼らはこれを知識の出発点にしている。

クリスチャンは、テレビ番組「サイエンス・ガイ」の司会者であるビル・ナイと「若い地球説（創世記にあるように、短期間に地球が創造されたとする説）」を支持するケン・

ハムとの「大論争」を思い出すだろう（これはすぐに世間の注目の的となり、科学者たちは大変驚き、多くの観衆と数人の優れた人が集まった。しかし、「大論争」という名称はやがて忘れ去られるだろう）。ケン・ハムが、「私たちは出発点が違う。私は聖書が神の言葉というところから出発する」と主張したとき、ビル・ナイがこの論争に勝った。私は彼の有神論やインテリジェントデザイン（「知性ある何か」によって生命や宇宙システムが設計されたとする説）、それに今では科学的に証明された創造の瞬間など、多くの立場に同意する。しかし、彼の真実についての出発点はまったく間違っている。

聖書は神の言葉だという主張は、私たちが利用できる歴史上のあらゆる事実から導き出される結論だ。ナイはどうすれば、証明しようとしている結論を出発点にしている人と有意義な議論ができるだろうか。これがよく分からないという人に。聖書は神の言葉だというのがあなたの出発点だと言うのならば、あなたは自分が証明しようとしていることをあらかじめ想定している。すると、聖書が神の言葉である理由を一つでも挙げると、結論に至る前提がなくなってしまう。

あなたがここまで読んだのならば、あなたはクリスチャンに違いない。あなたは自分の十字架を負って、どんな犠牲を払ってもキリストに従い、自分の存在に意味と目的を見いだし、永遠の運命を手に入れた。あなたはこれらすべてを一つの前提に基づいて行ったのだろうか？　うまくいくことを祈っている。

使徒トマスはあらゆる証拠を見ても、まだ信じようとしなかった。しかし、イエスがトマスのためだけに特別に姿を見せた。これは、あなたが何かを想定することを、イエスは期待していないことを示しているのではないだろうか。

第7章

あとは細かいこと

THE REST IS DETAILS

手仕舞いの逆指値

手仕舞いの逆指値を置くだけで、安心して重要なことに集中できる。例えば、あなたが家でトレードをしているとしよう。私の現役時代にはめったになかったが、今ではこれはごく普通になっている。コンピューターとインターネットの普及によって、市場に年々、アクセスしやすくなっているので、この傾向は間違いなくこれからも続くだろう。だから、子供が仕事部屋に駆け込んできて、トレードのじゃまをすることもある。あなたはトレードで負けていることで頭がいっぱいなので、子供のことまで気が回らない。これがあなたの奥さんで、子供たちはみんな学校に出かけている場合なら、この逸話をもっと面白くできる。

しかし、子供でも奥さんでも、あるいは市場で次に勝つ機会でも関係ない。うんざりするほど大負けしているトレードのことが頭から離れなければ、次のトレード機会を逃すだろう。一方、トレードで勝者を目指している人は取っているポジションの心配をしないだろう。すべてのポジションを手仕舞いの逆指値で守っているからだ。私の声が聞こえただろうか。取っているポジションのことが気にならないので、子供や奥さんや市場分析にきちんと注意を払える。あなたはすでに守られているのだ。あなたが計画的で、しっかりと規律を守る人ならば、利益目標さえ立てているかもしれない。どのトレードに対しても手仕舞いの逆指値と利食いの指値を同時に置くOCO注文を出しているかもしれない。

手仕舞いの逆指値は最大損失がそれで良いかを確認する最も良い方法であり、平均損失の管理にも役に立つ。これはすぐに学べるので、ここで取りかかろう。

利食いはだれにでもできるが、手仕舞いにはプロ並みの力が必要だ。

●当然の帰結一　損失をうまく管理できていれば、めったなことでは破産しない。
●当然の帰結二　破産を避けられたら、トレードを続けられる。

直感でトレードをしてはならない

この主張を個人的で独特なものか、気まぐれなものと思うかもしれない。好きなようにとらえてかまわない。だが、これは私の性格にとっては重要だ。トレードではさまざまな感情がわき起こる。あなたが読者にそうした感情を伝えたければ、作家にでもなってそういう感情を書けばよい。しかし、トレードで抱いた感情に指標としての価値があるとは、一瞬でも思わないように。トレードは頭脳を使う仕事であって、感情に頼る仕事ではない。これから行おうとしているトレードがうまくいかないのではないかという感情や不安や嫌な予感で圧倒されても、自分の判断に影響しないように心がけよう。私がこれまで行ってきたトレードで最悪だったもののいくつかは最初は最高に見えていた。それらの注文を出したときに感じた大成功の予感は今でも覚えている。しかし、それらの多くは損失に終わり、悲惨な損失を被った場合さえあった。そして利益が出たトレードでは、最初に最悪の予感がすることもよくあった。

いつになく大きなポジションを取ったとき、モーツァルトのレクイエムからマイナーコードが響いてきそうになった（音楽的才能の危険性）。それは私の耳の中でよく鳴り響いた。トレーダー、特に神に語りかけるクリスチャンにとって、トラブルから身を守るシグナルとしてこれ以上期待できるものがあるだろうか。あなたは、天使が現れて警告してくれることを期待するだろうか。そんな最悪の感情を引き起こしたトレードの一部が今までで最高のトレードになった。統計数字、確率、質の高い仕掛けのポイントに焦点を合わせよう。市場では自分の感情に振り回されないようにしてほしい。

トレードアイデアの見本（仕掛けと手仕舞い）

これについてだれにも話してはならない。脚注のように隠しておく必要がある。人々がこれを知ると、重要なことをすべて飛ばしてそこだけを読んで、トレードで損をするからだ（あなたが逸話にはもう興味がないことは分かっているが、これは外せない。私は最初に出した本『ゴッド・イン・ザ・ピット（God in the Pits）』でシュワッガーの最初の著書を強く勧めた。その本についてはこのあとすぐに取り上げる。それで、私の親友が出版前の原稿を読み始めると、すぐに読むのをやめて、シュワッガーの本を買い、あっという間に全財産を失った。一部ではなく、全財産だ。彼はそのことを恥じて、それについて何年も私に話さなかった。これは二五年前のことで、彼はそれ以来トレードをしていない。私の本では、そうした間違いを犯さないようにという警告をたくさんしていた。私はシュワッガーの著書に言及した部分をすぐに削除した）。

私が仕掛けのポイントを教えることはできないし、そのつもりもないことを、あなたはもう知っている。それでは、一つか二つ例を出そう。すべてのルールには限界があることを忘れないように。

次がトレードプランだ。

一．二日間の値幅を計算する。大豆の過去二日間の値幅が三〇セントだったとする。

二．値幅に〇・六七を掛ける。端数を切り捨てて二〇セントとする。

三．今日の終値からその値を足した数字と引いた数字を出す。終値が一〇ドルだったとすると、二〇セントを足した数字と引いた数字を計算する（一〇ドル二〇セントと九ドル八〇セント）。

四．明日、その価格で買うか売る。一〇ドル二〇セントまで上げたら買い、九ドル八〇セントまで下げたら売る。

五．終値で、翌日のために同じ計算をする。例えば、一〇ドル二〇セントで買い、ポジションをまだ維持している場合、手仕舞いの売りポイントを計算するだけで済む。売りポイントまで下げたら手仕舞って、ドテンする。

ブルース・バブコックはこのシステムをボラティリティエンベロープと名付けた。彼は、このシステムが三〇〇〇ドル以上で売られていると言い、ラリー・ウィリアムズは一万ドルで売ったことがあると書いている。もっともウィリアムズの場合、二〇〇〇ドルの頭金を払えば、残金はトレードの利益から払えばよかった（ブルース・バブコック著『ザ・ダウ・ジョーンズ・アーウイン・ガイド・トゥ・トレーディング・システムズ（The Dow Jones Irwin Guide to Trading Systems）』の一三九～一四一ページ。私はトレードシステムの購入についてすでにいろいろ語った。というよりも、わめき散らした。良いことが言えないのなら、黙っていなさいと、母親［最近では祖母かもしれない］に言われなかっただろうか。だから、トレードシステムの販売についてはあまり話せない。とにかく、これはタダで使える。私はバブコックの本を勧める。シュワッガーの本もお勧めだ）。

仕掛けと手仕舞いの出発点として、これは非常に役に立つだろう。ほかにもやり方があるかもしれないが、この二つ以上は必要ない。実際にトレードを始めたら、自分の性格に合った独自のアイデアを思いつくだろう。

では、少し詳しく見てみよう。バブコックはこのシステムを一九八〇年代の五年間で検証して、素晴らしい成果を得た。ただし、一九八七年の大暴落は外している。これはちょっとえり好みをしている。だが、ブラックマンデーの大暴落では間違いなく、だれでも悲惨な結果に終わった。だから、そこを検証から外したことで彼を責めることはできない。

ただし、これは大変な暴落だったので、自分にどう影響するのか知っておくほうがよい。私は現代の市場でこのシステムを検証してみたが、勝てる市場は見つけられなかった。ただし、私が使ったパラメーターの一部が彼のものとわずかに異なっていた可能性はある。

それでも、彼の検証結果を見ておこう。彼は一〇の銘柄で検証している。そのなかで二番目に良かったTボンドについて見てみよう。五年間で、このシステムは次のような結果だった。

総トレード数	一九三
勝ちトレード数	九〇
勝率	四七％
総利益	四万一二九〇ドル
勝ちトレードの平均利益	一五六九ドル
負けトレードの平均損失	マイナス九七〇ドル
最大ドローダウン	一万三四一八ドル
一トレード当たりの平均利益	二一四ドル

勝率は私たちが行ったものとほぼ同じで、五〇％を三％だけ下回っている。また、勝ちトレードの平均利益と負けトレードの平均損失の比率が一五六九対九七〇というのは優れたシステムだ。このようなシステムを使えば、裕福になれるだろうし、ラリー・ウィリアムズがどんな価格ででも大量に売れたのも不思議ではない。これらの数値を私の計算式に当てはめると、資金の一四％をこの戦略に投資すればよいことが分かる。これは完全に勝てる戦略だ。

あなたが大急ぎでこれを使ってトレードをし始める前に、この戦略で考えられる問題点をいくつか指摘しておきたい。

●その一　バブコックは最大損失を示していない。批判しているのではない。これが彼のやり方なのだ。彼は最大ドローダウンに焦点を合わせているが、それは私にとってはあまり重要ではない。私は損失が出ると、次のトレードでは必ずトレードサイズを小さくするからだ。そのため、彼の一万三〇〇〇ドルという最大ドローダウンは、私の手法ではもっと小さくなる。実は、最大損失が分からなければ、最初のトレードでのリスクが分からないので、彼の数字からはトレードサイズを計算できない。

●その二　これは小さな不満だが、このシステムではあまりトレードができず、週に一回以下だ。しかし、ポジションは維持しているので、資金は縛られたままだ。

●その三　この問題は彼のシステムや同様のシステムにとって致命的になり得る。詳しく見ると、どの日にも反対ポジションを取る手仕舞いポイントに達しない可能性があることが分かる。そして翌日には、そのポイントが動く。その日にも手仕舞いポイントに達しないかもしれない。実際、自分のポジションに逆行する緩やかなトレンドが形成されると、まったく手仕舞いポイントに達せず、含み損が膨らみ続ける可能性もある。ああ、私たちに慈悲がありますように！　質問はあるだろうか？

●その四　過度な最適化が組み込まれていることに注意する必要がある。これはバブコックが検証した一〇のシステムのなかで優れたものの一つだ。どうしてこれを選んだのか。ほかの八つよりも優れていたからだ。よろしい。これが過度な最適化だ。この点に気を付けなければならない。

三番目の問題に気づくと、最初の仕掛けと手仕舞いは設計をし直す必要があることに同意するに違いない。これは、最初のアイデアが悪いという意味ではない。システムは単独で使えるようにはならないという意味だ。

さて、この話のオチだ。私はこのシステムを使っている。どこで手に入れたかは思い出せないが、一九八〇年代にバブコックから入手した可能性が一番高い。ただし、私はこれを仕掛けの際のフィルターの一つとして使っている。どういう形にしろ、これだけで逆指値を決めることはない。私は売りで仕掛けるときには、このシステムのようなボラティリティに敏感な逆指値を好んで使う。もっとも、ここでの例は売りの仕掛けではないが。またボラティリティに基づいて置く逆指値は、相場の変動が激しいときには不利に約定したり、現在の価格から大きく離れてしまってヒットしない可能性がある。私はある日突然、逆指値を遠く離して置くことになる驚かされるようなシステムには耐えられない。私は、変動が激しい相場では損失を抑えるための逆指値を金額に基づいて離して置いて手仕舞い、変動が小さい相場では損失を抑えるためにボラティリティに基づいて逆指値を置いて手仕舞う。

次の二冊の本では、トレードを始めるための知識が身に付くだろう。必要なことはそれらで全部分かるかもしれない。さらに、その次の二冊を読めば、数十年にわたって市場で実際に使われてきた売買アイデアと哲学で、困難を乗り超えることができる。

ブルース・バブコック・ジュニア著『ザ・ダウ・ジョーンズ・アーウイン・ガイド・トゥ・トレーディング・システムズ（The Dow Jones Irwin Guide to Trading Systems）』

おそらく、現在入手できるシステム開発の入門書で最も良く、シュワッガーの本よりもはるかに読みやすい。仕掛けと手仕舞いのシステム開発の素晴らしい出発点になるだろう。ただし、バブコックやラリー・ウィリアムズのボラティリティエンベロープの分析で分かったように、どちらの本も自分の考えをそのまま実行できるようなトレードアイデアは提供されていない。

ジャック・シュワッガー著『ア・コンプリート・ガイド・トゥ・ザ・フューチャーズ・マーケット（A Complete Guide to the Futures Market）』

シュワッガーに会って、彼の『マーケットの魔術師』シリーズ（パンローリング）の一冊でインタビューを受けたあと、私たちは仲良く意見の相違を認め合った（トレーダーたちの意見が一致しない場合は、特に注意すべきだ。あなたがどちらかの側に付く必要はほぼない。意見が一致しなくても、両方とも正しい場合もある。同様に、その逆の場合もある。これに関して最もふさわしい話は、二人のトレーダーについてで、一人は私がかなりよく知っている人物だ。彼らは大豆ピットの真ん中に立ち、お互いの買いポジションについて話し合い、この市場が上昇するさまざまな理由をどちらも認め合った。話をしているときに、リチャードが「売り！　売り！　売り！」と叫び、ほんの数秒で三人のトレーダーに大豆五〇〇枚を売って手仕舞った。友人は「何をしてるんだ？　大豆は上げるはずだって同意したばかりじゃないか！」と言った。するとリチャードは「二人とも正しいはずはないと思う」と言った）。シュワッガーがどれだけ多くのウィザードにインタビューをしようと、この『ア・コンプリート・ガイド・トゥ・ザ・フューチャーズ・マーケット』を超えることはできない、と私は彼に言った。彼は『マーケットの魔術師』シリーズのほうが『ア・コンプリート・ガイド・トゥ・ザ・フューチャーズ・マーケット』をはるかに超えるだろうと言った。販売部数という点では、彼のほうが正しかった。市場を理解することが目的ならば、私は自分の意見を変えない。もっとも、本を買う人は私の意見など気にしないだろう。彼がもうウィザードを見つけられなくなっていないか、疑う必要がある。あなたは損をするたびに、あまりウィザードたちのようには感じないだろう。

マーク・ミネルヴィニ著『ミネルヴィニの成長株投資法――高い先導株を買い、より高値で売り抜けろ』（パンローリング）

私は株のトレードをたくさんしたが、ミネルヴィニの手法でトレードをしたことはない。だから、詳しい分析はできない。しかし、仲間のトレーダーがミネルヴィニの手法を用いて大成功するのを見てきた。推奨は信頼性に欠けるし、すぐに消えていく。しかし、この業界では入手しにくいトラックレコードの数字は信頼できる。

ピーター・ブラント著『一芸を極めた裁量トレーダーの売買譜――日記から読み解く戦略・心理・トレード管理術』（パンローリング）

数年前、私は自分の著書がアマゾンで星一つに評価されているコメントが大好きだと書いた。それらには誤解や不思議な感情や単なる無知が現れている（人類学の教授が私の前著について、「熱帯雨林の精神なんてウソばっかりだ」と言ったことがある。博士号を持つ人がこんな書き方をしたということは、学者らしく冷静ではいられなくなったということだ）。もちろん、著者たちは星五つの評価が大好きだ。しかし、星を一つしか付けない人たちは特に自分をあらわにすることがある。この点を示すために、アマゾンでブラントの本を星一つに評価したコメントを簡単に引用したい。

最初の星一つの評価者はブラントの本について、「チャートにたくさんの線を引いて、『もしも……だったら』をたくさん付けたものだ」と書いている。「もしも……だったら」が気に入らないのならば、トレードを好きにはなれないだろう（ところで、人生は「もしも」の連続だ。調整と対処を心がけよう）。

次の星一つの評価者は、「長年のトレード経験があると主張しているが、半年の経験で机上の空論を語っている新人が書いた本のようで、あきれた」と書いている。この人はトレード関係の本を二〇〇冊以上評価したと主張している。それは驚くべき成果だ。彼に本を読むのをやめるようにとは言えない。どうぞ、お好きに。しかし、遅かれ早かれ、トレードを始めなければならない。真剣な学習はそこから始まる。

ここに問題がある。物書きは書き、トレーダーはトレードをする。私はどちらも得意な人に会ったことがない。チャートに引かれた線が退屈だからといって、それがどうしたと言うのだろう。ブラントが文章力を鍛えて、読者の注意を引き付けられるようになることを期待しているのだろうか。

私たちはトレードを「楽しみ」ではなく、「仕事」と呼んでいる。ブラントは何十年も成功し続けている。これほどの成功をしているトレーダーで、自分の戦略を正直に公表しようとする人を私はほかに知らない。そんなトレーダーのアドバイスに従うことができれば、トレーダーとして良いスタートを切れるだろう。

三番目の星一つの評価者は、「あまり面白くない。商品のトレード法について励ましの言葉を探しているのならば、これはそういう本ではない」と書いている。これら星一つのコメントの傾向が分かっただろうか。励ましの言葉を探している読者は、本書をもう数章前にゴミ箱に捨てたはずだ。だが、私が間違っているとしたら、本物のプロと口達者ないんちきトレーダー（残念ながら、こういう人はたくさんいる）をどうすれば区別できるだろうか。次にオチを言うが笑いはない。口達者があなたを励ましてくれるだろう。

プロのトレーダーがあなたを励ますことは絶対にない。私たちはあなたがすべてのお金を失うことを恐れている。この本で、別の仕事を見つけるようにと繰り返し言ったのはなぜだろうか。トレードは危険なビジネスであり、多くの自殺者を出している。「あまり面白くない」と「励ましの言葉」に注目しているのならば、この本を今すぐに閉じて、ほかの仕事を探そう。

そして、アマゾンで四番目の星一つの評価は、ブラントの本を「平凡なプロトレーダーの日記」と呼ぶべきだと書いている。侮辱を装った褒め言葉を見逃さないでほしい。自分のトレードが平凡だと感じたら、とても役に立つ一貫性を身に付けたのかもしれない。黒字で退屈な日々。私にはこういう日がたくさんあった。ありがたいことだ。あなたにも同じ日々が訪れることを望む。これはあなたが大好きになる退屈さだ。

この本を書き始める前に、私はブラントに会ったこともなかった（実は、私は彼の名前を思い出した。彼は一九八〇年代にこの業界でニュースになった。眠りながら歩いていて、二階のテラスから落下したのだ。前にも言ったが、人生にはさまざまなドローダウン［大幅な落ち込み］が待ち受けている）。しかし、私の息子が彼のトレードスタイルをフォローしていたので、ブラントに連絡をして、この本の原稿について何か言ってほしいと頼んだ。そのとき以来、トレードが大幅に改善したのはブラントのおかげだと信じている数人のトレーダーに会った。これ以上の保証はない。

彼には「https://www.peterlbrandt.com/」で連絡ができる。

映画批評

『マネー・ゲーム　株価大暴落』

この映画は驚くほど正確だが、私たちの業界のほんの一部を描いているだけだ。私はその業界に入って、四時間ぐらいしか続かなかった。幸いにも、そちら側は評判が悪かったが、彼らの行いからすれば当然だった。この本で、そちら側に入る準備になるものは何もない。何もだ。実は、「売る」という言葉に二つの非常に異なる使い方があることに今ようやく気づいた。安く買って高く売れ、と言う言葉はよく耳にする。私は自分のキャリアのちょうど半分を売ることに費やした。しかし、「売る」という言葉をこの映画で使われているように、最も一般的な意味で使うならば、私は絶対にだれにも売ることはできないだろう。この映画の登場人物たちはトレードをしてはいない。彼らは売っているのだ。もう、違いが分かったはずだ。金融業界の人々の九九％はセールスをしている。トレードをしているのは残りの一％だけだ。

この映画は、セールスの世界でみんなが危険にさらされる方法をよく表現している。

『ウルフ・オブ・ウォール・ストリート』

まず、この映画をわざわざ見た人にお詫びする。この映画を私たちの業界と比べるのは、カーミット・ゴスネル（忘れたかもしれないが、ゴスネル博士とは、彼の妊娠中絶を子殺しと判断した陪審員によって終身刑になった元医師のことだ）を立派な医療業界と比べるようなものだ。

次に、この映画の重要なテーマについて話そう。これは人間の本性とそれがいかに容易に損なわれるかの物語だ。いつものように、私が重要だと思っているのは、あなたが見ていないところだ。この映画では、それはR指定（一七歳以下は保護者同伴）にした人々のことだ。彼らは少なくとももどの登場人物とも変わらないほど不誠実だった。映画業界は登場人物をいくらでもX指定（一七歳以下は鑑賞不可）に設定できたはずだ。私たちは今でも自分たちの業界を立派なものにしようと取り組んでいる。二〇〇一年の同時多発テロ事件で建物はがれきと化したが、私たちは七日後に業務を再開させた。この映画で描写されたような業界は私たちのビジネスのためになっていない。

映画には「とにかく、ツケが回ってきたんだ（the chickens had come home to roost, whatever the f-- that means）」という印象的なセリフがある、この知恵は善人である主人公の口から出た。回ってきたツケは前置きだ。本当の知恵は、彼がその意味を分かっていないことが明らかになるところで見つかる。「復讐するは我にあり」というビジネスで、彼はまだ何も見ていない。

この映画の売りは「マネーゲーム」と同じだ。読者はもう分かったはずだ。この業界にはトレーダーとセールス担当がいる。トレーダーは安く買って、高く売る。セールス担当は彼らが支払った金額よりも高く、ほとんどは本来の価値よりも高く売った場合にのみ利益を得る。それしか利益を得る方法はない。私は生涯に多くのプロのトレーダーを見てきた。彼らのだれ一人として、だれかに何かを「売る」ことはまったくなかった。トレーダーの仕事、つまりあなたの仕事は、本来の価値と認識した価格から離れたところで仕掛けて、価値に等しくなったところで手仕舞うことだ。価値と等しいと認識した価格で仕掛けることは絶対にない。それは時間と労力の無駄ではないだろうか。

私はかつてセールス担当者に、私が顧客に売った「お買い得」をその人が手仕舞いたがった場合はどうすればよいのか、と尋ねたことがある。彼は「くそったれ、ずらかるんだ」と言った。おそらく、彼はこの映画のコンサルタントに雇われただろう。汚い言葉を数える速さと才能にもよるが、私はこの映画で五五〇回以上は汚い言葉を聞いた。

『大逆転』

これは良い映画で、この業界のセールス担当を描いている。実際のトレードは映画で描かれているのと同じくらい危険が潜んでいる。オープニングベルを待つトイレでのシーンはかなりリアルだった。作況報告書の不正行為もまずまずだった。映画では、作況報告の仕事をしている男が登場する。報告は大引け後にならないとけっして公表されなかった。正午ごろ、彼は窓に近づいてブラインドを調整した。ブラインドを上げた場合は作付けが少なく、翌日の相場は強気を意味した。ブラインドを下げた場合は作付けが多く、翌日の相場は大幅下落を意味した。窓の中央に動かした場合、作付けは予想どおりを意味した。この映画はこれを利用して素晴らしい筋書きを作った。私はそのような事前情報を入手したことは一度もないが、そんなものがあればどんなに良いか、と想像したことはある。

サブプロットは、トレードでの成功は生まれつきの才能によるのか、それとも教えられるものかだった。あなたはこの答えが知りたいだろうし、知る必要がある。この本を手に取ってから、あなたはこの疑問について自分自身を分析してきたはずだ。答えは、両方とも必要だ。野球殿堂入りを果たしたハンク・アーロンのように熱心に野球をしていたら、私は大学卒業後も一年か二年は野球を続けられていただろう。だが、殿堂入りはしていなかったはずだ。彼が私と同じくらいの運動能力に「恵まれて」いたら、彼は無名で終わっていただろう。それでも、彼があれほどの業績を達成するためには、熱心に仕事をする必要があった。私の望みは、この本を読んだ読者が自分について決断を下し、仕事を成し遂げるための動機と方向性を与えることだ。

トレーダーたちの対照的な見方

トレーダーたちの意見が対立している場合には見逃せない機会がある、と前に述べた。性格が異なれば、とるリスクも異なる。以下はマーク・ミネルヴィニのトレードルールだ。彼は非常に高い評価を得ている「マーケットの魔術師」の一人だ。これを書いているとき、私は彼のルールが書かれたコーヒーカップからそれを読んでいる。それらを一から一〇で評価し、一〇を最も効果的とする。

「すべてのトレードで、まずリスクを考えること」

一〇。まだこのことを理解していないのならば、このページから読み始めたに違いない。言うまでもなく、最初にトレードに注目するのは利益を得たいからだ。だが、その後はまずリスクに焦点を当てなければならない。あなたの事業が失敗しないかのように、「うまくいかないはずはないよね?」と言う人とは取引をすべきではない。

「予想リターンよりも大きなリスクをとらないように」

一。私が言ったことが分かるだろう。トレードはその人の性格に強く左右される。このルールはミネルヴィニの個人的な好みによる（私が「一、三、五」の評価を付けて述べたことよりも、このルールと次に一〇の評価を付けた二つで述べたことについて、はるかに同意するというメモをミネルヴィニから受け取った。彼の本で詳細を知れば、彼の立場が分かると思う。コーヒーカップに書かれている文ではあまり具体的な話はできない。彼の著書『**ミネルヴィニの成長株投資法**』［パンローリング］についての私のコメントを参照してほしい。この本を手に入れて、自分で判断してもらいたい。彼のトレードスタイルは息子のマーク・リッチー二世のトレードに大きな影響を与えた。これは最高の推奨だ。詳しくは第8章を参照してほしい。コーヒーカップの文からトレードを学ぼうとしないでもらいたい）。私が行ってきたトレードの大部分はこのルールに反していた。自分の性格を否定してはならない。マーク・リッチーやマーク・ミネルヴィニと同じようにトレードをしようとしてはならない。あなたは自分の性格に合った手法を見つけ、トレードをしなければならない。五ティックのリターンを得るために一〇ティックのリスクをとるのならば、私の手法でトレードをしている。一〇ティックのリターンを得るために五ティックのリスクをとるのはミネルヴィニの手法だ。一〇〇～五〇〇ティックのリターンを得るために五ティックのリスクをとるのは、リチャード・デニスの手法だ。これらはすべて実行可能な手法だ。私は、あなたがどんな手法でトレードをしようと気にしない。利益を出してほしいだけだ。自分に合った手法を見つけよう。私の手法では、ミネルヴィニやデニスの手法よりも勝率をはるかに高める必要がある。彼らは私よりもはるかに低い勝率で利益を出せる。そんなことはどうでもよい。私たちの望みは、自分が落ち着けて、長期にわたって着実に利益を生む手法を考案することだ。

「含み損が少ないうちに、早く損切りをすること」

三。これを低く評価するのは、私の手法では約定したらすぐに損切りの逆指値を置く必要があるからだ。そのため、損切りを早くということを考える必要はない。自分に代わって、市場がこの判断をしてくれる。

「逆指値をできるだけ早く損益ゼロの位置まで近づけること」

五。繰り返しになるが、これは手法の問題なので、私が高く評価しないことは分かるだろう。このルールに何の問題もない。あなたが損失を嫌うのならば、これはあなたにふさわしいルールだ。自分で評価を一〇にすればよい。しかし、トレンドに乗りたいのならば、小さな損か小さな利益で終わるトレードをたくさん行う必要がある。重ねて言うが、この手法自体に何の問題もない。

「含み益が得られたあとでのみ、増し玉をすること」

一〇。「おいおい」と言わなかったのならば、この章まで飛ばし読みをしたはずだ。なぜこれが自明でないのかは依然として謎なので、この本に需要があるのだ。ほかにいつ増し玉ができるだろうか。ほかの機会が考えられると言うのならば、ほかの本を手に入れて、別の仕事を見つけたほうがよい（ミネルヴィニの主張の数学的証明が必要であれば、第4章を読み直そう）。

「すべてのことに対して、必ず緊急時の対応策を立てておくこと」

一〇。だれがこれについて反論できるだろうか。手仕舞いの逆指値を置いておけば、天才である必要がなくなり、緊急時対応策を立てるために貴重な時間を費やさずに済む。

「絶対にナンピンをしないこと。含み損の銘柄に増し玉するのは負け組」

一〇（最初の二年間のトレード）、五（その後）。私はこれをたくさんやってきた。これをすることに何の問題もない。例えば、私が一五ドルで買い、一〇ドルに損切りの逆指値を置くとする。次に、一二ドルで再び同じ銘柄を買い、それに対して七ドルに損切りの逆指値を置いたとする。二回目の買いが良い増し玉の機会だと考えた場合、私はミネルヴィニのルールを破って大損を被る恐れがある。しかし、私が二つの大きく異なる戦略を用いていて、それぞれに別の損切りの逆指値を置き、それぞれに異なる理由がある場合、ナンピンができるかもしれない。ただしこの場合、二倍のリスクをとっていることを認識しておく必要がある。数年の経験と数百回のトレード経験を積むまで、私ならこれをしない。

「トレードスタイルのぶれを避けること。自分だけの手法を極めよう」
一〇。自分にとって落ち着けるトレード手法に集中しよう。トレードスタイルを毎週変えないように。私は週末ごとにシステムを最適化し直す人に会ったことがある。一貫性のなさを磨き上げても、一貫性はないままだ。どんな状況でも、市場を打ち負かせる最新の戦略を持っているなどと言う人に注目しないように。彼らは熱く語るが、あなたのすべきことはトレードだ。

「利食いをすること。目標は儲けることだ」
一〇。そのとおりだ、利食いをして、利益を増やそう。ただし、これはトレードで成功する伝統的な手法ではない。「利食いして破産することはけっしてない」という格言がある。しかし、この戦略ではトレンドに乗り続けることもできない。トレンドが形成されているときにトレードはできても、トレンドに乗ることはけっしてできないのだ。あなたが投資家であるのならば、利食いはせずにトレンドに乗るべきだ。しかし、トレーダーになりたいのならば、これがあなたの守るべきルールだ。統計が好きな人はこの点について計算をしたいと思うだろう。利食いをして次にトレードに移るのが早ければ早いほど、利益を早く増やせる。ミネルヴィニのモットーは、「小さな利益が複利で増える力をけっして過小評価しないこと」だ。本当にそうだ。

「真実を知ろう。定期的に事後分析を行おう」

これは私の苦手な領域なので、評価をしない。しかし、これをやり遂げられるのならば、貴重なアイデアのようだ。フロアトレーダーだったときにこれを実行しようとしたが、後知恵や後悔などに悩まされ、欲求不満が生じ、口にしたくない「タラレバ」の文句が絶えず出てきた。しかし、オンラインのトレードではこの種の分析が非常にしやすい。ミネルヴィニに学んでいる私の息子はこのルールを芸術の域に高めた。次の章を参照してほしい。

お金は諸悪の根源

これを入れずに終えることはできなかった。真実は至るところでねじ曲げられ、損なわれ、ゆがめられることを理解しておく必要がある。正気の人がこんなことを言ったことは一度もない。お金とは無関係の犯罪は山ほどある。この言葉は、使徒パウロが弟子にお金持ちへの警告を書いたときのものだ。彼は、「お金に対する執着は諸悪の根源だ」と言った。お金が問題なのではない。問題なのは見当違いの執着で、その結果として悪いことがいろいろと起きるのだ。

ウソつき、ウソつき、ズボンが燃えてる（私が今までデートをしたなかで最も美人だった女の子が、私にこの言葉を言ったことがあり、それ以来これをずっと楽しんでいる。あなたが私のユーモアのセンスに共感するか見てみよう）

私は信頼できる同僚で友人だった人に、彼がたどった道を詳しく述べた本を書いてもらいたいと思う。彼はかつて信心深くて高潔を望み、神に従っていた。数年後、彼は大ウソつきの泥棒になっていた。どうしてそうなったのか、順を追って説明してもらえたら、私たちは人について多くを学べるだろう。

あなたに尋ねたい。あなたはそういう本を買うだろうか。私なら買う。うぬぼれが非常に強い人を除けば、「明日はわが身」という言葉が私たち全員に当てはまるからだ。私は人がウソつきに変わる兆候を見たい。

ほとんどのウソつきは、自分がウソをついていることに気づいていない、と私は主張したい。これで、ウソつきは告白しやすくなるはずだ。「私は自分がウソつきになったことに実は気づいていなかった。いつの間にかそうなったんだ」と言ってみよう。笑ってもよい。しかし、この弁解にはほんの少しだが真実がある。こういうことは私たち全員に起きている可能性があるのだ。

確かに、この問題は流行と言えるほど広まっている。ある州は自分の軍歴についてウソをつくことを禁じる法案を可決した。だが、裁判所はそれを無効にした。それは言論の自由の侵害だと考えたのだ。

私が一緒に仕事をし、トレードをしてきた人々はウソつきではなかった。しかし、そういう人はまれだ。第1章で私は不動産屋の故ジョン・キーパーについて言及した。彼はウソつきではなかった。そして、私が取引をしたブローカーでウソつきでない人全員の名前を書き出す脚注をそこに付けた。このリストはあまりにも長くなったので、省かざるを得なくなった。私は恵まれている。数十年後の今日、私はお金持ちだ。それは彼らがウソつきではなかったことを証明している。

それでも、このリストは短すぎるかもしれない。この本では、正直でない人々について多くの話をした。古い傷を見直すのはやめて、ほかの方法を採ろう。

あるブローカーが私に、「良い点をすべて指摘して、悪い点は言わないことのどこが問題なのだ」と言った。この質問に対してあなたが「おいおい」と反応しないのならば、もちろん無意識のうちにだが、ウソつきという偽りの道に踏み込んだのかもしれない。

私の考えでは、ほとんどのウソつきはいつの間にかウソをつくようになる。これは説教ではない。あなたがこうなっていたら、自分にウソをつくせいでトレードに悪い影響が出る、と言いたいのだ。

あなたにやってもらいたいことはこうだ。これには三〇日かかる。他人と会話をするたびに、特に何かについて説得しているとき、相手に言ったことを非常に簡単にまとめて書き留めてほしい。もちろん、あなたが中古車か何かを売ろうとしている場合もだが、どんな会話でも書き留めてほしい。明日の天気のように当たりさわりのない会話も含めてほとんどの場合、あなたは相手に何らかの説得をしている。

数時間後にそのまとめを読んで、次のように自問する。この会話の相手側にいた場合、こんな言い方をされて満足できるだろうか、と。これは会話に適用できる黄金律だ。

数年前、私はあるブローカーに会い、一緒に多くの仕事をした。彼は熱心なクリスチャンで、第2章で述べた説明責任のように、できるだけ誠実に仕事ができるように手助けをしてほしいと私に頼んだ。彼は、私が彼の仕事のやり方に完全に満足しているわけではないことを知っていた。私の質問に対する彼の答えはそれほど率直でも簡潔でもなかった。そこで、私は今説明した課題を彼に課して、すべての会話の要約に黄金律を当てはめるようにと言った。一ヵ月ほどすると、彼から電話がかかってきた。私はこのことをすっかり忘れていた。彼は、「マーク、私は今まで出会ったなかで一番のウソつきだった。どうして気づかなかったのだろう」と言った。私はそのときに、いつの間にかウソつきになることがいかに簡単なのかが分かったのだ。

アメリカでの商取引では正直さが求められる。最高裁判所が言論の自由について何を言おうと、どうでもよい。お互いに正直でなければ、ビジネスでの費用は大幅に増えるだろう。ほとんどの読者は、傷つくのは裕福な実業家だけと考えて気にしないだろう。それは大変な誤解だ。経済が非効率になれば、すべての人が被害を受ける。稼ぎが少ない人ほど、影響は大きい。

信者でない人たちのために

章を終えるにあたって、寂しい雰囲気だ。そこで、FYX（クリスチャンのために）の節をやめて、信者でない人たちに挑みたい。私たちクリスチャンの偽善には断固として立ち向かってほしい。私の話をよく聞いてほしい。これは大切なことなのだ。

若いころ、全員がクリスチャンの私たちトレーダー仲間にマイケル・モスという立派な友人がいて、付き合っていた。彼はフロアで情報を収集していたが、仲間のために秘密にしていて、だれについての情報かをけっして話さなかった。それで、私たちは彼をミステリーモスと呼んでいた。彼はユダヤ教徒だった。ある日、IRS（内国歳入庁）に関することでよくある倫理的状況が発生した。私たちは開示をぼかすか何かしたほうがよいか、話をした。私が紛らわしい反応をすると、モスは私がIRSをだますつもりだと思い、即座に、「聖書についての話を散々して、すぐに税金をごまかそうとするとはなんて偽善的なんだ」と言った。私は自分の意図をはっきりさせて、訂正した。

私の目標は、疑わしいことをするクリスチャンの友人に対して、信者でない人はミステリーモスのように即座に立ち向かうように勧めることだ。この本で取り上げた不正行為のほとんどはクリスチャンが行ったものだ。そのうちの一人は解雇された。しかし、彼の同僚たちには彼の不正行為を問い詰める機会がいくらでもあった。そして、それは政府文書の改竄が発覚するよりもずっと前に行われるべきだった。

信仰心を持つ人々には、あらゆる場面で私たちに立ち向かう非信者が必要だ。次の不正行為を見てほしい。初めてポンジスキーム（出資金詐欺）を働いたチャールズ・ポンジはローマカトリック教徒だった。バーナード・マドフはユダヤ人だった。ショーン・メリマンはモルモン教の司教で、アレン・スタンフォードは南部バプテスト教徒だった。リード・スラトキンはサイエントロジーの牧師だった。そして、私の属するクリスチャンコミュニティからはジョン・G・ベネット・ジュニアがいた。彼は福音派だったが、福音派はすべての人が罪人であるという熱烈な教義を持っている。そして、彼らは何たる証拠を提供したのだ！　私たちが示した前例が何かを意味しているとしたら、信者でない人が私たちの仲間に加わるとどうして期待できようか。しかし、あなたたち信者でない人は必要ならば、少なくとも私たちをとがめることで圧力をかけることができる。動揺してそれに不服を唱える人はクリスチャンとは言えないかもしれない。これについては私の言葉を引用してもかまわない。私は光栄に思う。これはあなたたち信者でない人にとって、それほど大変なことではないと思う。

今述べたことで私が感じた悲しさは、次の朗報で十二分に相殺される。次の第8章について教えるのはすべての作家の義務だ。そして良いことに、その章は私が書いたものではない。そこには一〇年近くキーボードで大量のトレードを実行してきたトレーダーの考え方が示されている。これは間違いなくあなたの環境と同じであり、大きな進歩だ。

約一〇年ごとに相場に大変動が起きて、若手トレーダーが年配トレーダーに取って代わると、あるベテランのフロアトレーダーに言われたことがある。彼は多くのトレーダーを引退に追いやった一九六二年の下落相場を思い出していた。確かに、第四次中東戦争があった一九七三年にも同じことが起きた。私はハント家によって穀物市場が荒れた一九七七年にこの業界に入った。その後、一九八三年の干ばつと一九八七年の株価大暴落があった。

今日、市場はこれまでで最大の変化を遂げている。叫び声や怒鳴り声からキーボードでの不器用な入力への移行だ。そして、私の世代はフロア外に誘導されている。なんて心地良いことか。

私は子供たちにこの業界に入るように勧めたことは一度もないし、彼らも最近まで興味を示したことがなかった。息子の一人がたまたまトレードにかかわるようになったので、私はじゃまをせずに新しい世代に引き継ぎたい。

混乱しないように言っておくが、次の最後の第8章は息子のマーク・リッチー二世が書いたものだ。この混乱は私のせいだ。私は非常にくだけた「マーク・ザ・グレイター」と「マーク・ザ・レサー」を使うように勧めた。しかし、この区別はみんなをしらけさせただけだった。そして、「マーク・ザ・レサー」のトレードの成果からすると、この呼び名はすぐに入れ替える必要がある。

だから、「ウソつき、ウソつき」の節に少しがっかりしても、嘆かないでほしい。代わりに、次の箴言を見てほしい。「正しき者の父は喜び躍り、知恵ある子の親はその子によって喜ぶ」（箴言二三章二四節、聖書協会共同訳）。次の第8章で、私が何について話しているかが分かる。

第8章

実践的な補足

マーク・リッチー二世

PRACTICAL AFTERTHOUGHTS

人々が私をトレーダーだと知り、この業界か私の名字について何か知っている場合、彼らは何らかの誤解をする。一つは、父か叔父の成功を知っているせいで、私を億万長者のトレーダーに違いないと思い込むという誤解だ。もう一つは、家族のために富を生み出したとっておきの「秘密の情報」をいくらか知っているはずだと思い込む誤解だ。

トレーダー向けのセミナーに参加したとき、私は渡された名札を思わず付けてしまった。ある男が、「おい、君は伝説のトレーダーと同じ名前なのを知ってるかい。確か、本を一～二冊書いているはずだよ」と話し始めた。

私は、「ああ、それは聞いたことがある」とごまかすしかなかった。私はこの数年間にこんな経験を五～六回はした。最悪なのは、父が私に同じ名を付けたことだ。だから、私はお金持ちでトレードが得意なだけでなく、本まで出していると誤解されてきた。もちろん、私は良いほうに誤解された。紙面の都合上、あとは省略する。言うまでもないが、この仕事をしようと決めたとき、私はまず腕を上げてから父の跡を継ぐべきだった。

私は約八年前に父の元同僚の下で働き始めた。当時は、自分がどういう世界に足を踏み入れたのかまったく分からなかった。実際のトレードの知識もほとんどなく、最初のトレードがいかにひどい終わり方をするかも分かっていなかった。私がここで伝えられるのは、父が最初に教えてくれた知恵だ。それはここまでのページでは詳しく説明されていないだけでなく、不変の知恵と言えるものだ。

父との会話はほぼ次のようなものだった。

「お父さん、トレード業界について分からないことがあるんだけど」

「何が分からないんだい」

「トレーダーの九〇％は結局、損をすると言われてるよね。と言うことは、実は少数のトレーダーしか儲けていないはずだよね」

「それはまったく違う」

「統計は少し違うかもしれないけど、おそらくかなりのトレーダーが損をしていると思う」

「私の意見では、一〇〇％のトレーダーが儲けている」と父が言った。

「ええっ！　そんなこと、あるわけない」

「儲けていないトレーダーは結局、トレードをやめてしまう。つまり、九〇％の人は本物のトレーダーじゃない。本物のトレーダーなら儲けているよ」

そのときは気づいていなかったが、この最後の発言はやがて私のトレードの見方に関する哲学的な基礎となる。皮肉なことに、私を雇っていた紳士は実際には利益を出していなかったので、終わりは悲惨だった。人は自分の分析、仕掛けと手仕舞い、ベンチマークをどれだけ上回っているか、リスク管理法についていくらでも自慢できる。しかし、利益を出していなければ、自分をだましているだけだ。

前の会話で示唆されたことから、私が考え方を変えてトレード法を考え直したように、あなたの考えが変わればよいと思っている。

私はフロアでのトレード経験がないので、それがどういうものか知らない。電話で注文を入れる必要があった時代にフロア外からトレードをした経験がないので、それがどういうものか分からない。父は一〇年以上トレードをしていた大豆先物や大豆油・大豆粕の先物についてほとんど何も教えてくれなかった。父はオプション取引で有名な会社の設立を手助けしていたが、オプションの価格付けやボラティリティについても何も教えてくれなかった。彼がこの二〇年間に実際に行ってきたのは、銀行株でときどき起こる特別な状況でのトレードだったが、それについてもほとんど何も教えてくれなかった。

父が私に教えてくれたのは、推論法や思考法についての重要なことだ。それは先ほど話した会話のように、私の私生活や仕事に非常に大きな示唆を与えた。トレードについては、あまりにも大きなポジションを取って破産したり、あまりにも小さなポジションしか取らずに巨額の利益を取り損ねたりしないようにする方法を教えてくれた。これは、父が「投資の公式」と呼び、本書でリッチールールと呼んだものを使うことを意味した。この公式とその根底にある原則は私の心に刻み付けられている。

数年前、このアプリやそれについて本を書くか話すかするという話が持ち上がったとき、私はかなり懐疑的だった。私は、「お父さん、今ではほとんどのトレーダーグループでこの公式は広く知られている。だから、まともなトレーダーに教えることは何もないよ」と言った。その後の話し合いで、父は「ケリー基準」や「オプティマルf」の式が多くのソフトウェアやリサーチ用ツールに入っていて、簡単に利用できることを知った。父はその公式の本当の名前が「ケリー基準」だということを知らなかった。

父は、「これが数学の教科書のどこかに載っていることは知っていたが、私の時代にはだれもそれに気づいていなかった」と言った。私がいつ、どこでその式を思いついたのかと尋ねると、「一九八〇年代前半に自分で考えた」と言った。

これは、「必要は発明の母」ということわざの魅力的な例だ。この公式がすでに存在していたという事実は関係ない。この例では、公式を作り出すことこそが必要であり、それは自由市場という極めて過酷な環境ですぐに使われたからだ。対照的に、ケリーは現実世界で自分の公式を使ったことが一回もないと言われている。悲しいことかもしれないが、これが人生で最大の発見や新事実のよくあるたどる道だ。レオナルド・ダ・ヴィンチやジョージ・ケイリーといった人たちは、ライト兄弟が自転車にグライダーの翼を付けてキティホーク近郊で飛ぶ勇気を持つよりも前に、飛行機の時代が到来する可能性について書いている。ベンジャミン・フランクリンは雷の日にたこに鍵を結んで飛ばし、テスラやエジソンたちが電気の利用法を学ぶ一世紀前に電気の力を発見していた。エジソンの場合はそれによって利益を得ることができた。他人の仕事を利用して、それから利益を得続ける機会はたびたび訪れるわけではない。ケリーの場合、まだそれができる。すべてのトレーダーやトレーダー志望者に言おう。良いトレードアイデアを思いついたら、以前に学んだ知識を利用してそのアイデアを実行してみよう。ケリーは評判を得たが、私たちは利益を得続けられる。

私がすでにほのめかしていて、本書中でも述べられていたように、「秘密の情報」や「聖杯」というものは存在しない。しかし、この公式には、トレードや投機で使うと得られる直接的な効果以上の価値がある。まず、これを効果的に使うためには勝ちトレードの平均利益や負けトレードの平均損失や勝率など、基準となる数値が良いことが前提になる。これらの前提はトレードを真剣に記録するトレーダーしか得ることができない。また、これには豊富な情報を得るだけでなく、トレードの結果を直視する規律が必要になる。

短いトレーダー歴のなかで私が驚かされたのは、非常に多くのトレーダー志望者が私にアドバイスを求めながら、自分のトレードを記録していないことだった（私の名前のせいで、私は彼らから億万長者か秘密の情報の持ち主と思われていた）。驚きなのは、どこに問題があるのか分かっていないように見えるのに、自分のトレードを記録していなかったことだ。一例を挙げよう。招待されたセミナーで会ったある人と私は気が合った。その後しばらくして、彼は自分があまり成功していないと言った。私は以前に、時間の九〇％を自分のトレードの研究に費やして、残りの一〇％をチャートと仕掛けの基準の研究に費やせば、うまくいくだろうという話をしていた。それで、私は自分の成績を記録しているのかどうか尋ねた。最初は話したがらなかったが、私の以前のアドバイスに従って記録していた。

それを見ると、勝率が五〇％、勝ちトレードでの利益が約五％、負けトレードでの損失が約五％だった。彼はこの結果を見せるのを恥ずかしがった。しかし、私はとても良い傾向だと思った。トレードを記録していることと、トレードの約三分の二がとても素晴らしいことを指摘して、彼を褒めた。彼は私がとても前向きなことに驚いた。私は重要な要素が一つだけ欠けているのが数字から分かることや、その問題を解決する方法がいくつかあることを彼に伝えた。それは勝率を上げるか、損切りを早くするか、含み益になったポジションをもっと長く維持するかだった。この三つのうちのどれかを実行できれば、彼は成功するだろう。話し合ったあと、彼は損切りを早くすることも、勝率を大幅に上げることもできそうにないと言った。しかし、含み益になったポジションをもっと長く維持することはできそうだと言った。私は、損切りはうまくやっているので、勝ちトレードの平均利益が負けトレードの平均損失の少なくとも二倍になるまで勝ちトレードを維持すべきだと言った。彼は私のアドバイスを受けて、自分の数字に注意を払うようになり、利益を上げられるようになった。

この例を読んで、リッチールールの式を使うことに興味をそそられた人はあまり多くないだろう。しかし、自分のトレードの期待値を知らなければ、この式を使って適切な予測をすることはできない。また、これらの数値を注意深く記録しなければ、予想をすることもできない。まだ納得していない人が多いと思うので、私自身の経験から例を挙げよう。

数年前、私は自分でトレードをやろうと決めた。最初、トレードアイデアを五つ考えて、自信の程度とリッチールールで計算した数値に基づいて資金を割り当てた。最も自信がなかったのは先物の短期トレードだった。そのアイデアはうまくいかないだろうと考えて、一万ドルだけを割り当てた。驚いたことに、この戦略は一年目の終わりに一〇〇％以上のパフォーマンスを示した。このパフォーマンスをほかの戦略と比較したあと、私はこれに一万二〇〇〇ドルを追加した。それ以来、この戦略には一度も資金を追加せず、利食いをしていただけだ。四年あまりたった時点で、この戦略の純利益は一〇〇万ドルを超えている。自信がなかった手法がこれほどうまくいったことは今でも信じられない。言うまでもなく、私は数字について議論しているわけではない。この手法は私のポートフォリオの主戦略になっている。

本書をここまで読んできて、新しいことは何も明かしても、教えてもいないと批判している人に言えることは、あなたは「見返りをすべて受け取った」ということだけだ。この引用はＦＹＸ（クリスチャンのために）の節のために取っておく必要があるが、魔法のルールか金の卵を産むガチョウを探している人に言えることは、あなたは勘違いをしているということと、通常はだれでも自分が求める報酬を得ているということだ。彼らはただその報酬が気に入らないだけかもしれない。

ＦＹＸ（クリスチャンのために）の節での私の試み

私はあるトレーダーから、トレード心理の手助けにするためにどんな本を読んだのかや、推薦書籍はあるかと尋ねられたことがある。しばらくして、私は多くの素晴らしいトレード本を読んだと言った。それらは相場やトレード手法についての考え方を改善するのに大いに役立った。しかし、私の全人生に最大の影響を与えた本はほかにある。それは私の性格や感情や精神の形成に役立った。もちろん、あなたはおそらく私が新約聖書について話していると気づいただろう。これは彼にとってはまったく新しい考えだった。

イエスは最も優れた教師であり、人間のありようをだれよりも深く理解していると思う、と私は彼に説明した。その時点で、彼は私をかなり尊敬していたので、私は彼に偏見を持たずに福音書をいくつか読んで、イエスの言ったことに知恵がないかどうか確かめてほしいと言った。しばらくして、よく考えた末に、私はイエスがただの賢い教師と思うか、それとも救世主だと思うかと尋ねた。彼は結局、どちらも本当だと結論付けた。

トレードの知恵で私のお気に入りの金言は、「小さな利益が複利で増える力をけっして過小評価しない」だ。これがだれからの引用なのか確信があるわけではないが、一九二〇年代にE・F・ハットンを創設した一人で、**『投資を生き抜くための戦い――時の試練に耐えた規律とルール』**（パンローリング）を書いたジェラルド・M・ローブの言葉だと思う。彼が正確にそう言ったかどうかは、彼の話や引用自体から得られる教訓ほど重要ではない。一九二九年に起きた株式市場の大暴落と一九三〇年代の不況は、ローブの哲学全般に大きな影響を与えた。彼はリスクが高すぎると感じた株式投資の手法を、そのときに捨てた。当時、一般的だったよりも小さな利益、短期保有、少ない証拠金を好んだ。興味深いのは、数千年前に箴言の著者が「小まめに集めた財産は増えていく」（箴言一三章一一節、聖書協会共同訳）と、同じ結論に達していたことだ。

どちらの著者も一回の取引で過大なリスクをとるのは賢明ではないと気づいた。おかしなことだが、極めて多くの知恵が苦難から得られる。そして、これは聖書のテーマでもある。ヨブ記を読むと、大きな苦難に耐え、信じがたいほどの知恵や主の恵みによって再び大成功を収めた人物に出会うだろう。

次は、マーク・ミネルヴィニの感情についての主張だ。彼によると、負けるトレーダーのほとんどは恐れと後悔という二つの感情の間を行き来している。恐怖にとらわれると、適切な市場で適切な時期に適切なトレードサイズでトレードを実行することができない。

後悔をしているときには、タラレバから仕掛けたり手仕舞ったりする。これらの感情は自信や明快な思考力を大いに損ねる。ミネルヴィニはもっと重要なことに気づいていると思う。恐怖や後悔と闘ったことはない、と言える人がいるだろうか。

クリスチャンには朗報がある。聖書における最大の命令は、「恐れてはならない」というものだ。聖書からの引用はしない。それはどこにでも書かれているからだ。私たちが感情と闘っていることを神が知っていて、究極の希望や信頼をどこに求めるべきかを思い出させてくれる、というのは皮肉ではないだろうか。後悔について言えば、十字架は、愚かなトレードの判断を含めて、後悔をするような過去、現在、さらには将来の行動をすべて終わらせることの象徴だ。

多くの懐疑論者は、宗教や信仰は必ずしも悪いわけではなく、時に役立つ虚構だと言うだろう。私のある友人は、私がトレードで成功したのは、信仰のおかげで精神状態が安定したからにすぎない、と実際に言った。これまでの章で父が行ったように、こうした考えに反論するつもりはない。だが、これらの対立する世界観を検証するには、現実世界に勝るものはない。

恐怖も後悔も、トレードや人生から完全に取り除くことはけっしてできない。しかし、お金や人間関係や健康といった貴重なものを失っても耐えられるほど確固たる基盤が信仰によって得られるならば、使徒パウロと同じく大きな痛手を被ることはない。彼は苦難に遭ったとき、「私たちには信じがたいほどの強みがある」、あるいは聖書の言葉を用いるならば「祝福されている」と言った。信者と懐疑論者が同意すべきことの一つは、人生やトレードでは苦難が訪れる可能性があることではなく、確実に訪れるという点だ。唯一の問題は、偽りの救命ボートにつかまって取り残されるのはだれなのかだ。これは読者の判断に任せたいと思う。

エピローグ――ようこそ、この世界へ

ある日、私はフロアに近いラウンジで休んでいた。どういうわけか、アルファ・トレーディングのオーナーでベテラントレーダーのエベレット・クリップが唯一残っていた私の隣の席に座った。私たちが座っているところからでも、フロアから二階半上にある相場表示スクリーンが見えた。当時、私には数年の経験があった。しかし、私はまだ若かったので、彼を長期にわたる成功者の象徴として見ていた。当時、私たちは彼と同じ年齢になるとは思ってもいなかった。私は伝説的なトレーダーたちでも人を萎縮させることはないと分かる程度には、CBOT（シカゴ商品取引所）にいた。そこで私は、「こんにちは、エベレットさん」と言った（そして、フロアで一日目に学ぶことがもう一つある。私は「ミスター」という言葉を聞いたことがない。だれもがファーストネームで呼び合う。尊敬に値する人がいた場合にはミスター・エベレット・クリップと呼ばれた）。

エベレット・クリップは、見かけも歩き方も振る舞い方も親戚のラッセルおじさんに似ていた。叔父はオレゴン州東部の小麦農家だった。彼が乗っていた五七年型パッカードは五分かけると時速一〇〇キロまで加速できたが、急いでいるときしかそうしなかった。だが、オレゴン州東部の小麦農家で急ぐことはまったくなかった。また、彼が収穫に遅れることもまったくなかった。

　私はときどき、フロアの周辺でクリップ氏を見かけていた。彼を見かけるたびに、叔父のオーバーオールを着ている姿を想像してしまった。彼は着用義務のあるコートとネクタイを身に付けていたが、彼の人柄のせいで、オーバーオールを着て農場から訪ねてきた人に見えた。

　彼は損失が最小ティックである〇・二五セント以下であるかぎり、大豆ピットのトレーダーの損失を進んで引き受けることで知られていた。彼はすぐに損切りしさえすれば、どんなトレーダーでも儲けられると主張していた（数字を見直すのに遅すぎることはない。彼がトウモロコシの大口トレーダーで一トレードにつき一〇〇枚を売買していたとする。トウモロコシ一〇〇枚をトレードして〇・二五セントを損すると、損失は一二五〇ドルになる［一ティック一二・五〇ドルの一〇〇倍］。彼が一〇〇万ドルの資金をリスクにさらしていたら、一トレードでのリスクは総資金の約〇・一％［〇・一二五％］になる）。彼がこの方法でフロアトレーダーを何人、社員に雇ったか知らない。一人いることは知っていた。彼は、その方法はうまくいくと主張していた。

だから、私は冷静だ（と、ひそかに思っている）。私は萎縮するつもりはなかった。それに、すでに言ったように、偉大なトレーダーは人を萎縮させるようなことはしない。彼はのちにＣＢＯＴのベーブ・ルースと呼ばれるようになった。

私はそれまで、彼と話をしたことも、トレードをしたことも、ばったり出会ったこともなかった。私は彼をトウモロコシのスペシャリストだろうと思っていた。私はトウモロコシを一度もトレードをしたことがなかった。しかし、彼の息子は知っていた。私と同じ世代で同じピットのトレーダーだった。彼は熱いトレーダーだった。自分の出す注文で簡単に相場を支配できた。彼がピットにいると、いつでも場が盛り上がりそうだと予想できた。

そこで、私は世間話として、クリップ氏に彼の息子について尋ねた。これは三〇年前のことだが、そのときの彼の反応は忘れられない。

彼は、「マーク、注文を出すたびに、損切りの逆指値も置かないといけないよ」と言った。彼の反応は少なくとも話題からはちょっと外れていた。だが、そうではないのかもしれない。私は一〇分間のお説教に身動きができなかった。彼はそのお説教で有名になった。離れたピットの音を背景に、彼はあまりにも一般的な常識を長々と話した。「私は自分の損が大好きだ。私は自分の損を引き受けて、損切りをするんだ」

彼の反応は直接的ではなかった。私は彼の声に、ほとんど願うような父親らしい口調を感じた。おそらく、私が若いので、彼のトレードスタイルには勤勉さと忍耐が必要なことを理解できないと思ったのだろう。しかし、私は理解できた。そして、その日にフロアのすぐそばのラウンジで彼から得たことが、あなたにこの本で伝えようとしてきたことだ。

今筆を置こうとして、思ったことがある。自分のトレードを見直して、何か共通点がないか確かめると役に立つかもしれない、と。ここまでの七つの章には共通点があるかもしれない。私は以前、破産したトレーダーは二人しか知らないと言ったことがある。

実際には、破産した人をもっとたくさん見てきた。だが、彼らは本物のトレーダーではなかった。彼らはトレーダーを気取っていたが、トレーダーのまねごとをしていただけだ。彼らは何になりたかったのだろうか。推測にすぎないが、組織を束ねるボスかやり手の典型的なタイプ、映画『ウォール街』のマイケル・ダグラスのようになりたかったのだろうと思う人もいるだろう。彼らはあまりにも見る目がないため、この業界の成功者がオーバーオール姿のラッセルおじさんやエベレット・クリップにはるかに似ていることが分からないのだ。

これが問題なのだ。これが自分の問題かどうか知る必要がある。今では、エベレット・クリップや私の叔父を手本にしたいと思う人はいない。叔父は五七年型パッカードでシカゴまで行ったことは一度もない。彼は高速道路に入って、合流するために加速することはできなかっただろう。今どき、だれがそんなことで評判になりたがるだろうか。今世紀のこの国の今の世代に、億万長者になると自慢できる人はあまりいない。二〇代までに、そうする必要があるからだ。

エド・スィコータは、「マーケットでは、だれもが望むものを手に入れる」という言葉で知られている。戸惑っただろうか。興奮を望む人はそれを味わえるが、終わりは悲惨だ、と彼は言いたかったのだ。彼は、「経験を積むにつれてトレードでの興奮は徐々に減っていく。目標はそれを完全になくすことだ」とも言っている。

簡単な質問を自分にしてみよう。ただし、ウソをつかないように。あなたは亡きエベレット・クリップかラッセルおじさんの精神的遺産を受け継ぐ気があるだろうか。その気があるのならば、鉛筆と紙とオーバーオールを用意してほしい。あなたはこの仕事で成功するために必要なものを持っているかもしれないからだ。ようこそ、この世界へ。

■著者紹介

マーク・アンドリュー・リッチー（Mark Andrew Ritchie）

アフガニスタンやテキサス州のディープサウスやオレゴン州の海岸線に近い林業の町で育った。ベトナム戦争によって反抗心に火がつき、葬儀場の作業員、シカゴ交通局のバスの運転手、ギャンブラー、長距離トラックの運転手、刑務所の警備員などの職を転々とした。大学院で宗教哲学を学んだあと、シカゴの金融市場で働き始めた。リッチーのような経歴の持ち主は金融の世界ではまず見られなかった。その後、CRT（シカゴ・リサーチ・アンド・トレーディング）の4人の創立者の1人になり、フロアトレーダーになった。シュワッガーの『新マーケットの魔術師』（パンローリング）に取り上げられ、リッチールール（Ritchie Rule）というトレード用アプリを考案した。第三世界を広く旅行したあと、アマゾンのジャングルでシャーマンをしていた人と一連の本を書き、講演をした。この友人は人々から、「差別に配慮していると見せかけるための黒人」と呼ばれていた。5人の子供たちを育てたあと、妻の夢であるアジアの孤児たちと仕事をした。そして、そこで「ベアフットバンカー」としての仕事に没頭するようになった。子供たちが歌うのを聞いて、ボイシズ・オブ・ミャンマー・ゴスペル聖歌隊を創設し監督した。現在はトレードグループであるRTM2の取締役会長を務め、シカゴ近郊に在住。ウェブサイト（https://markritchie.me/）にリッチーとは反対の意見や見方や批判について書いてくれることを、特に歓迎している。

■監修者紹介

長岡半太郎（ながおか・はんたろう）

放送大学教養学部卒。放送大学大学院文化科学研究科（情報学）修了・修士（学術）。日米の銀行、CTA、ヘッジファンドなどを経て、現在は中堅運用会社勤務。全国通訳案内士、認定心理士、2級ファイナンシャル・プランニング技能士（FP）。『ルール』『不動産王』『その後のとなりの億万長者』『IPOトレード入門』『株式投資　完全入門』『知られざるマーケットの魔術師』『強気でも弱気でも横ばいでも機能する高リターン・低ドローダウン戦略』『パーフェクト証券分析』『トレードで成功するための「聖杯」はポジションサイズ』『1日わずか30分間の作業ですむ株式自動売買戦略』『バリュー投資達人への道』『新版　バリュー投資入門』など、多数。

■訳者紹介

山口雅裕（やまぐち・まさひろ）

早稲田大学政治経済学部卒業。外資系企業などを経て、現在は翻訳業。訳書に『フィボナッチトレーディング』『規律とトレンドフォロー売買法』『逆張りトレーダー』『システムトレード基本と原則』『一芸を極めた裁量トレーダーの売買譜』『裁量トレーダーの心得　初心者編』『裁量トレーダーの心得　スイングトレード編』『コナーズの短期売買戦略』『続マーケットの魔術師』『アノマリー投資』『シュワッガーのマーケット教室』『ミネルヴィニの成長株投資法』『高勝率システムの考え方と作り方と検証』『コナーズRSI入門』『3%シグナル投資法』『成長株投資の神』『ゾーン　最終章』『とびきり良い会社をほどよい価格で買う方法』『株式トレード　基本と原則』『金融市場はカジノ』『「恐怖で買って、強欲で売る」短期売買法』『「株で200万ドル儲けたボックス理論」の原理原則』『ルール』『知られざるマーケットの魔術師』（パンローリング）など。

2022年２月３日　初版第１刷発行

ウィザードブックシリーズ㉜㉔

財産を失っても、自殺しないですむ方法
――マーク・リッチーのトレーディングバイブル

著　者　マーク・リッチー
監修者　長岡半太郎
訳　者　山口雅裕
発行者　後藤康徳
発行所　パンローリング株式会社
〒160-0023　東京都新宿区西新宿7-9-18　6階
TEL 03-5386-7391　FAX 03-5386-7393
http://www.panrolling.com/
E-mail　info@panrolling.com
編　集　エフ・ジー・アイ（Factory of Gnomic Three Monkeys Investment）
装　丁　パンローリング装丁室
組　版　パンローリング制作室
印刷・製本　株式会社シナノ

ISBN978-4-7759-7293-9

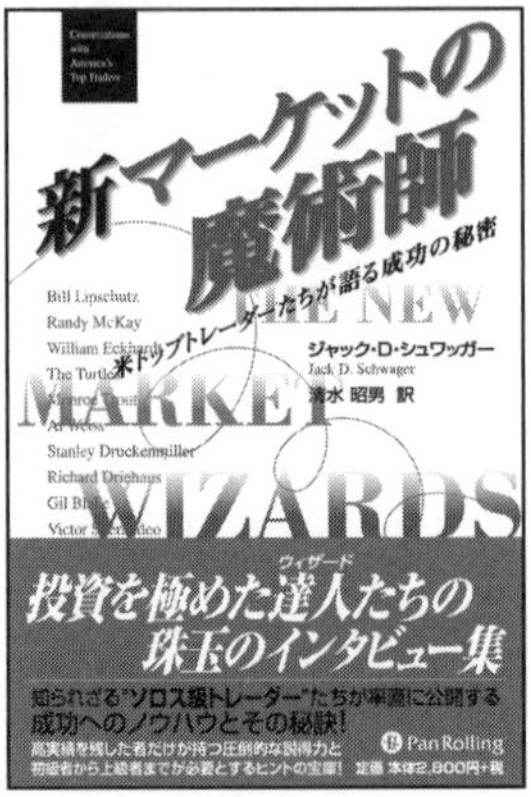

ウィザードブックシリーズ 13

新マーケットの魔術師
米トップトレーダーたちが語る成功の秘密

ジャック・D・シュワッガー【著】

定価 本体2,800円+税　ISBN:9784939103346

知られざる"ソロス級トレーダー"たちが、率直に公開する成功へのノウハウとその秘訣

「新マーケットの魔術師」は、世界のトップ・トレーダーたちのインタビュー集。17人のスーパー・トレーダーたちが洞察に富んだ示唆で、あなたの投資の手助けをしてくれることであろう。成功を願う投資家にとって、必読の書である。

ウィザードブックシリーズ 213

ミネルヴィニの成長株投資法
高い先導株を買い、より高値で売り抜けろ

マーク・ミネルヴィニ【著】

定価 本体2,800円+税　ISBN:9784775971802

高い銘柄こそ次の急成長株!

一貫して3桁のリターンを得るために、どうやって正確な買い場を選び、仕掛け、そして資金を守るかについて、詳しく分かりやすい言葉で説明。株取引の初心者にも、経験豊かなプロにも、並外れたパフォーマンスを達成する方法が本書を読めば分かるだろう!

ウィザードブックシリーズ 187

一芸を極めた 裁量トレーダーの売買譜

ピーター・L・ブラント【著】

定価 本体3,800円+税　ISBN:9784775971543

パターン認識だけで稼ぎ続けてきた驚異の男!

本書では、トレーディングにつきまとう不確実性とトレーダーの感情の起伏をありのままの形で明らかにして、トレードでエッジが得られる効果的方法を詳しく述べている。